Chronique de mon erreur judiciaire

Alain Marécaux

Chronique de mon erreur judiciaire

Victime de l'affaire d'Outreau

Flammarion

ISBN : 978-2-0812-6168-6

Conformément aux dispositions de la loi sur la presse du 29 juillet 1881, les prénoms des mineurs victimes d'une agression ou d'une atteinte sexuelles ont été modifiés. Par ailleurs, pour préserver la vie future de mes enfants, j'ai aussi modifié leurs prénoms.

À maman, morte de chagrin.

« Si Louis peut être l'objet d'un procès,
il peut toujours être absous ;
il peut être innocent : que dis-je ?
Il est présumé l'être jusqu'à ce qu'il soit jugé ;
mais si Louis est absous, si Louis peut être innocent,
que devient la Révolution ? »

Robespierre

À l'heure où je reprends ce récit, cinq ans après la parution de ce livre aujourd'hui réédité, je ne suis plus tout à fait le même homme. Voici tout juste dix ans, le 14 novembre 2001 au petit matin, la police nous a raflés, ma femme d'alors, nos trois enfants, pour nous séparer les uns des autres et nous jeter dans l'horreur d'Outreau, ce carnage judiciaire qui a broyé ma vie.

J'ai d'emblée été présumé coupable, traité comme le dernier des derniers par une police et une justice devenues folles.

Puis, au bout de cette longue nuit, après vingt-trois mois d'incarcération, quatre-vingt-dix-huit jours sans m'alimenter et trois tentatives de suicide, est arrivé l'acquittement ; enfin. Le 1er décembre 2005. Je suis donc un homme libre, un homme réhabilité. Je suis libre, mais je m'effondre. Je pleure ma mère morte de chagrin, mes bonheurs perdus à jamais. Ma femme d'alors m'a quitté pour refaire sa vie, je suis séparé de mes enfants, j'ai vendu mon Étude et ma maison. Je n'ai plus rien. Le vide.

*

Outreau m'a plongé dans les affres d'un précipice immonde, un précipice dont je suis aujourd'hui parvenu à m'extraire, mais sans pouvoir prétendre en guérir. Souvent, dans la rue, des gens viennent spontanément me tendre une main amicale et s'enquièrent avec chaleur de ma nouvelle vie. « Maintenant, monsieur Marécaux, ça va ? » Ma réponse est toujours la même : « Je vais mieux. » Au fil des ans, la plaie béante s'est progressivement muée en fracture douloureuse, une fracture qui, peut-être, un jour, pourra devenir une simple frontière, sorte de gros trait rouge délimitant deux vies : celle d'avant Outreau et celle d'après. Seule certitude, Outreau fait partie intégrante de mon existence. Mais si j'aspire à vivre heureux malgré ce que je nomme « mes fantômes d'Outreau », ceux-ci s'invitent à toute heure. Ils me hantent et me hanteront toute ma vie.

Chaque jour, aussi joyeux soit-il, un détail les fait ressurgir. Une odeur, un son, une vulgaire série américaine où des flics en uniforme aboient sur un prévenu soumis à la torture, un enfant qui pleure. Un tribunal. Dans la rue, c'est une fourgonnette à gyrophare hurlante qui vient soudain me glacer le sang, moi, l'ex-menotté honteux qu'on embarquait comme un veau à l'abattoir pour un énième transfert vers une destination inconnue.

Parfois, c'est un simple bruit qui me prend aux tripes, au moment où je m'y attends le moins. Par exemple, je dépose ma voiture au garage pour une révision, et à mon retour, le mécanicien fait tourner son trousseau de clefs dans la serrure d'une porte métallique. Là, d'un coup, je flanche. Je sens mon ventre se rétrécir, j'ai la chair de poule. Je meurs... J'y suis à nouveau, à Amiens, à Beauvais, à Fresnes. Rituel immuable : trois bruits secs, d'abord, en haut de la porte clac, clac, clac, deux fois, suivis de deux roulements de verrou, en bas, clap significatif d'une mise à l'isolement jusqu'au petit matin. Adieu le garagiste, retour à ma geôle glaciale et enfumée : le gardien vient de faire sa dernière tournée, je crève en silence. Le malaise ne dure que quelques secondes, le temps de me souffler à moi-même : « Allez, c'est fini tout ça, c'est du passé... »

Les repas de famille, pourtant si chaleureux, si festifs, ne se font jamais, aujourd'hui encore, sans passer par la case prison. Mon père, surtout, ne peut s'empêcher d'évoquer « Burgaud ». Le juge Fabrice Burgaud s'invite alors à notre table, malgré nous, la famille Marécaux, qu'il a humiliée, meurtrie. Et ce en dépit du désir farouche que nous avons tous de le rayer de nos pensées.

*

Les nouvelles pages de cette réédition m'entraînent sur les chemins de ma propre reconstruction. Heureusement, j'ai conservé les précieux cahiers d'écolier sur lesquels je consignais chaque soir le contenu de chaque journée.

Que suis-je devenu, depuis ce procès de Saint-Omer qui, le 2 juillet 2004, m'a condamné à dix-huit mois de prison avec sursis pour les faits les plus odieux, les plus répugnants, les plus honteux, pour ce qu'il y avait de plus monstrueux à mes yeux : le pire des outrages qu'un père puisse faire subir à son fils ?

Un homme innocenté au grand jour, un an plus tard, dans ce théâtre de la cour d'assises de Paris, où les accusateurs, enfin, confirment leurs inventions ; où la presse s'enflamme pour nous, les faux coupables d'Outreau, victimes du plus grand fiasco judiciaire de tous les temps ; où les juges, dont nous attendrons, en vain, les excuses, n'émettent que de pitoyables « regrets ». Même si je l'ai vécu d'une manière beaucoup plus douloureuse qu'on pourrait l'imaginer, l'acquittement fut la première étape décisive sur le chemin de ma résurrection.

Désormais, qui suis-je ? Un homme qui se soigne par les petits bonheurs de tous les jours. Dont l'amour, que j'ai retrouvé sur mon chemin alors qu'Outreau a détruit ma vie conjugale d'« avant » ; mais aussi la famille, si précieuse, qui fait bloc autour de moi ; l'amitié, bien sûr, dont on sait le vrai prix quand la vie vous jette dans le néant. Et mon travail d'huissier enfin, avec lequel j'ai renoué, un matin de 2007, en prêtant à nouveau serment au sein de ce même palais de justice de Boulogne-sur-Mer qui, six ans auparavant, avait requis ma mise en détention.

*

Oserais-je dire qu'Outreau m'a « apporté » quelque chose ? Oserais-je avouer que l'après Outreau m'a plongé dans une aventure inimaginable ?

Écrire un livre a été une vraie thérapie, tant l'écriture « libère » en ce qu'elle allège votre fardeau. Ce livre est né du courage d'un éditeur, Flammarion, qui a cru en mon innocence alors même que la cour d'assises de Saint-Omer venait de me condamner.

Devenir, bien malgré moi qui n'en voulais pas au départ, le héros d'un film [1], fut une autre énorme surprise. Se voir « joué » par un acteur de génie, Philippe Torreton, un Marécaux si vrai que je pleure en le voyant être devenu moi par le miracle d'une gémellité sidérante, a quelque chose d'à la fois impressionnant et effrayant.

Et pourtant, comme je voudrais que tout cela ne me soit jamais arrivé ! Comme j'aimerais être resté le petit huissier de cette bourgade du Pas-de-Calais, l'ex-étudiant en droit d'origine modeste dont la famille se disait si fière de sa réussite, l'homme heureux, entouré d'une belle famille qui vivait dans une si jolie maison ensoleillée des cris joyeux de ses trois enfants.

Oh oui, j'aurais voulu rester le petit notable de Samer, à qui le garde-champêtre remettait en main propre un carton l'informant de sa présence en tête de cortège des défilés du 11 novembre et du 8 mai, côte à côte avec le receveur des Postes et le percepteur. Demeurer celui que je veux rester, de toutes mes forces, tout en ayant conscience que je deviens un peu un autre...

*

Car une telle épreuve ne fait pas que vous marquer au fer. Elle vous transforme. Mes goûts ont changé, même ceux que je pensais immuables. Mes priorités, surtout. Si je continue d'exercer mon métier d'huissier avec la même humanité que celle qui fut toujours mienne, je l'exerce néanmoins de manière différente. Surtout, le travail n'est plus toute ma vie. La vie, aujourd'hui, je la savoure tel un déporté qui, revenu des camps, se jette sur la moindre miette. Les loisirs, mot hier inconnu de mon parcours, prennent désormais toute leur place dans ma nouvelle existence auprès de Sabine. Ma femme d'avant Outreau connaissait uniquement un acharné du boulot qui ne s'autorisait que

1. *Présumé coupable*, de Vincent Garenq.

quelques jours de vacances, le portable vissé à l'oreille. Aujourd'hui, auprès de ma nouvelle compagne, je prends le temps de savourer les heures, d'aller au théâtre, de partir en vacances.

*

Rien ne sera jamais plus comme avant, mais pour donner toutes ses chances à ma renaissance encore en devenir, je fais aujourd'hui ce serment : ne plus parler d'Outreau.

Le 14 novembre 2001, j'ai été arraché au bonheur par un tsunami judiciaire aux conséquences irréparables ; le 14 novembre 2011, je cesserai définitivement de m'exprimer publiquement sur « l'affaire ».

Une affaire que cet ouvrage raconte avec détails et dans toute son horreur, un drame qui ne me quittera jamais vraiment...

Alain Marécaux
Janvier 2011

Préface
Par maître Hubert Delarue

Outreau se présentait comme la terrible chronique d'un désastre judiciaire annoncé.

Nous étions quelques-uns à savoir, ou plutôt à espérer, que le procès de Saint-Omer mettrait, selon le mot de Stéphane Durand-Soufflant, « le vide en lumière ».

Et la lumière est venue, quotidienne, terrible, bouleversante, salvatrice, mais à quel prix ? Celui de l'enfance et de l'innocence bafouées par l'arrogance des uns, la suffisance des autres, et le conformisme de tous.

*

Alain Marécaux vous convie à partager son incompréhension douloureuse, à cheminer dans la quotidienneté des jours qui se ressemblent, dans la nuit carcérale, dans sa vie volée, détruite, à travers cette chronique de la souffrance et du mépris ordinaire.

Dans ce récit où vous allez le suivre, jour après jour, pendant un peu plus de vingt-trois mois, le mythe de la prison « quatre étoiles » est totalement dissipé. C'est la crasse, la promiscuité, les injures, les bagarres, les trafics en tout genre, et « la fiole » pour dormir, pour tenir, pour oublier cet enfer carcéral d'autant plus douloureux qu'il est totalement injustifié.

La prison surpeuplée est une zone de non-droit, d'arbitraire parfois, la face cachée, honteuse de la justice française.

Vous l'accompagnerez aussi dans les hôpitaux psychiatriques, où il sera conduit quand, aux portes de la folie, il tentera de retrouver sa liberté volée dans le suicide ou la mort lente, et découvrirez une galerie de portraits, émouvante, d'hommes et de femmes également blessés, brisés, oubliés.

L'hospitalisation d'office, c'est la prison, avec la folie en plus.

*

La mort ne voudra pas de lui, mais c'est un mort-vivant qui quitte l'hôpital-prison de la maison d'arrêt de Fresnes, après quatre-vingt-dix-huit jours de grève de la faim dans une indifférence quasi générale.

Pour les médecins qui le soignaient, avec dévouement et sollicitude, le pronostic vital était engagé.

Le garde des Sceaux en avait été averti par mes soins. De guerre lasse, il sera remis en liberté et domicilié chez une nièce dans le Doubs, où il aura pendant plusieurs mois à s'occuper des trois jeunes enfants du couple... comprenne qui pourra.

Dans cet univers carcéral et médical glauque et insupportable, Alain Marécaux va rencontrer quelques bons samaritains, gardiens de prison, infirmiers, compagnons de misère, qui redonnent un peu de chaleur et d'humanité à cet hiver sans fin.

*

Que pouvait-il faire ou dire, que l'on aurait pu voir ou entendre alors que sans la moindre preuve, au mépris de la raison élémentaire et du bon sens, avec son épouse Odile, on les avait en quelque sorte « jetés aux chiens » ?

En quelques instants, les vies d'Alain Marécaux, de son épouse Odile et de leurs trois enfants ont basculé pour toujours.

Il devient ce notable dévoyé et perverti qui s'en allait faire son marché d'innocence, satisfaire ses turpitudes et ses fantasmes dans les quartiers défavorisés de la banlieue boulonnaise.

L'émotion, la réprobation légitime que suscitent ces crimes terribles, a tout emporté sur son passage.

Les digues de la raison se sont rompues, les sécurités judiciaires évanouies, nous étions seuls, désemparés, découragés parfois, mais en même temps convaincus de la justesse de notre combat. Il n'était pas possible que, confrontés à une telle somme de mensonges, d'incohérences, les protagonistes de ce drame, et au premier chef les magistrats chargés de le conduire, de le contrôler, et enfin de le juger, ne finissent pas par convenir que la justice tout entière s'était fourvoyée.

*

Une question reste lancinante, sans réponse : pourquoi a-t-il fallu tant et tant de temps pour que l'on s'aperçoive enfin que le dossier d'Outreau reposait principalement sur la parole d'une femme fantasque, manipulatrice et perverse et sur celle d'enfants blessés, tourmentés que l'on avait sexuellement pervertis ?

C'est en apportant un crédit immodéré à la parole, et principalement à la parole de l'enfant, en la sacralisant au-delà de tout, sans se soucier des conditions dans lesquelles elle avait été recueillie, sans chercher à la vérifier, à la décrypter, à la replacer dans le contexte traumatique et pollué des quartiers d'Outreau, que l'on a commis la première erreur.

C'est en refusant de prendre en compte les éléments matériels, médicaux, scientifiques, qui venaient combattre et contredire le déluge de mots incohérents, fantasques et contradictoires entre eux, que l'on a commis la deuxième erreur.

Enfin, c'est en s'abandonnant aux passions et aux modes et en s'affranchissant des grands principes fondateurs de notre justice, que sont le respect scrupuleux et non incantatoire de la présomption d'innocence, la culture du doute et la recherche laborieuse de preuves indiscutables et de qualité, confortées par des éléments objectifs, que, par inexpérience, par complaisance et par conformisme, on a commis cette troisième erreur qui est sans doute la plus grave.

*

C'est aux hommes et aux femmes composant le jury de Saint-Omer que nous devons d'avoir accompli le premier pas dans la reconnaissance tardive mais salutaire de l'erreur judiciaire qui était en train de se commettre.

Pour une fois, le hasard, auquel bizarrement l'institution s'abandonne pour décider des affaires les plus graves, a bien fait les choses.

En quelque sorte, la revanche du bon sens populaire, fruit du tirage au sort, sur la compétence, l'expérience, la connaissance de magistrats professionnels qui sont restés sourds, insensibles, autistes au drame qui était en train de se commettre sous leurs yeux.

En plaidant à Saint-Omer, je n'ai rien dit d'autre que ce que j'avais écrit au juge d'instruction, et répété sans cesse dans les mémoires déposés au greffe de la chambre de l'instruction de Douai.

*

Mais il ne suffit pas d'écrire, encore faut-il être lu, à défaut d'être cru, ou d'être compris.

À l'heure où j'écris ces lignes, le procès d'Outreau n'est pas terminé, la réserve s'impose.

Rien n'est encore définitivement joué.

Il ne fait pas bon, soyez-en convaincus, de se prévaloir aujourd'hui de la « jurisprudence d'Outreau » devant les tribunaux de France – la mauvaise conscience suscite ironie et dédain – « Ah, encore Outreau... »

La justice française, qu'on le veuille ou non, reste d'inspiration monarchique. La procédure pénale comme le rappelle mon confrère Thierry Lévy, reste d'inspiration autoritaire. L'archaïsme du système inquisitoire, le pouvoir discrétionnaire, les explications « sommaires » devant la chambre de l'instruction (qui conditionnent d'ailleurs peut-être une justice du même nom...), le secret qui entoure la procédure, l'indifférence au doute, et l'incapacité à reconnaître que l'on s'est trompé, font de notre institution un bastion isolé du corps social, corporatiste, qui se nourrit de l'incompréhension des autres et se satisfait de lui-même dans le dédain policé des autres acteurs que sont les auxiliaires ou supplétifs de justice, qu'il tient alors pour des gêneurs.

*

Alain Marécaux a fait le choix de tout dire de ce qu'il a surpris, vu, entendu dans les geôles misérables où il s'est trouvé confiné, dans le bureau du juge, ou au procès de Saint-Omer.

Attentif à lui-même comme aux autres, son récit minutieux, étonné parfois, nécessairement répétitif, terrifiant à bien des égards, mais riche d'humanité, est aussi l'outil de sa reconstruction, et l'appel à un avenir meilleur.

Pour la justice dont il a été paradoxalement le serviteur inconditionnel et zélé, et dont il ne veut pas désespérer, pour sa famille surtout, endeuillée, meurtrie, séparée, et pour lui-même enfin, à travers ce qui s'apparente à une thérapie : témoigner, dire l'injustice pour la conjurer, et renaître enfin, peut-être, à une vie nouvelle.

Hubert Delarue,
Avocat à la Cour

Avant-propos

Tout a commencé à Samer, une petite bourgade pittoresque de trois mille âmes dans la région boulonnaise, un 14 novembre 2001, date qui aurait dû être celle d'une journée comme les autres pour ma famille et pour moi. Un jour normal parce que ma profession, huissier de justice, laissait peu de place à l'imprévu. Amoureux de mon métier, j'étais plutôt fier d'être arrivé à me constituer une telle clientèle, heureux de voir mes parents, ma femme, mes enfants se réjouir de ma situation d'officier ministériel. Conscient de bénéficier d'une réputation excellente, je voyais l'avenir sereinement. Ne m'avait-on pas proposé, peu de temps avant cette date fatidique, un poste honorifique de chargé de cours en faculté ? Il était même question, toujours durant cet incroyable hiver, de faire passer des examens à mes étudiants. Certes, au goût de ma famille, j'avais sacrifié trop de choses à ma carrière, et mes trois enfants, comme ma femme, ne manquaient pas de pester contre mes horaires tardifs, puisque tout juste nous accordions-nous un petit dimanche de loisir en commun. L'éducation de mon fils aîné, Thomas, commençait d'ailleurs à en pâtir, et on parlait de lui à l'école comme d'un enfant à surveiller. Mais, malgré ces légers accrocs, tout me paraissait plutôt positif.

Ce fut pourtant à ce moment que le destin vint frapper à ma porte, très tôt, le matin. À 6 h 30, pour être précis. Au son de « Police, ouvrez ! », un jeune juge fit son entrée dans ma vie comme une tornade folle. En l'espace de quelques minutes, un commissaire de police et quinze de ses hommes prirent possession de ma maison, réveillant femme et enfants, fouillant à tout-va, laissant entendre qu'ils étaient mandatés pour cela. Leur motif ? « Vous êtes mis en examen pour viol sur mineur, monsieur. » Cette phrase, qui résonne encore en moi comme un tremblement de terre, me laissa sans voix et j'assistai, impuissant, à la perquisition de mon domicile. Un parfum d'irréel plana bientôt au-dessus de toute cette agitation policière. Pour faire face à la brutalité des méthodes employées, je décidai d'appeler au plus vite un avocat. « Ils vont vite comprendre qu'il s'agit d'une erreur ! » me dis-je. Mauvais pronostic, hélas ! Je découvris en effet, effaré, au fil des minutes, qu'une tierce personne nous avait faussement accusés. D'un coup, nous sombrions, ma femme et moi, dans le drame d'un film à la Alfred Hitchcock, et devenions les jouets d'une machination infernale et mystérieuse. Qui se cachait derrière tout cela ? Et au nom de quoi me soupçonnait-on de pareils crimes ?

D'après les gros titres de la presse, ce fameux 14 novembre 2001, les autorités venaient de procéder à une nouvelle vague d'arrestations d'un réseau pédophile international, prétendument situé entre la France et la Belgique. Quelques mois auparavant, à en croire les articles, plusieurs enfants avaient été abusés sexuellement, notamment par six notables de la région... dont ma femme et moi ! Trois prévenus me désignaient même à la vindicte publique, se répandant contre moi en déclarations tonitruantes qui allaient me vouer aux assises de Saint-Omer. Mais si leurs avocats m'étaient familiers, grâce à mon métier, je ne connaissais, en revanche, aucun d'entre eux. Il y avait une certaine Myriam Badaoui, un dénommé David Delplanque et une autre femme appelée Aurélie Grenon. Leurs aveux allaient transformer mon existence jusqu'alors paisible en un cauchemar insoutenable.

*

À la première de ces prévenus, j'adresserai en guise de préambule de cet ouvrage un message tout particulier que l'on voudra bien me pardonner. Je voudrais en effet tirer un grand coup de chapeau à Myriam Badaoui, épouse Delay, pour la prouesse qu'elle a réalisée dans son rôle d'« accusée-accusatrice » au cours de cette affaire. Cette femme, on le sait aujourd'hui, a brisé mon existence à coups de mensonges répétés avec, vraisemblablement, l'espoir de minimiser sa propre responsabilité dans les viols réitérés de ses enfants et... on l'a crue !

En nous impliquant, moi et quelques autres, dans ce sinistre dossier, elle a tenté de rendre moins isolés ses actes odieux. L'affaire d'Outreau, à cause de ses « aveux » intempestifs, est devenue le procès d'un « réseau » qui n'existait pas, soutenue dans cette perspective par un juge d'instruction qui se montra plus clément avec elle qu'avec nous.

Alors, encore bravo, Myriam ! Pour le coup, si je n'avais pas tant souffert de vos coupables délations, triste accusatrice, moi, Alain Marécaux, je rédigerais mon histoire sur un ton bien plus badin. Mais votre irruption dans mon quotidien a meurtri et détruit ma vie avec une telle violence que je n'ai pas le cœur à rire de tout cela. Je salue la détermination dont vous avez fait preuve dans cette immense machinerie, l'énergie herculéenne que vous avez déployée pour mettre dans votre poche le gratin policier et judiciaire de la région Nord-Pas-de-Calais, mais j'ai toujours des haut-le-cœur en pensant au calvaire enduré à cause de tant de mensonges.

Un calvaire qui m'a fait connaître l'humiliation, le délitement de ma famille, la prison, la perte de mes biens, des moments de dépression absolue, un procès éprouvant devant les assises, une tentative de suicide et une incroyable condamnation – craignait-on de déjuger des hommes de loi ? – à du sursis, dont j'ai fait appel.

Tout cela, tant d'horreur à cause d'une seule personne. Quelle pitié !

*

À la lecture de ce livre, certains diront, j'en suis sûr : « Il fait comme tous les condamnés, il clame haut et fort son innocence. Mais qu'est-ce qui la prouve ? »

Si tel était le cas, les choses démarreraient mal pour moi. On ajoutera que l'erreur judiciaire existe, mais aussi que l'instruction a été conduite par des personnes instruites et intelligentes, donc qu'il devait y avoir quelque chose de pas net là-dessous. L'opinion ajoutera qu'on peut commettre une erreur judiciaire, mais que, tout de même, quatorze, c'est un peu trop. Et de conclure vraisemblablement par cette sentence qui, désormais, me poursuivra toujours : « Il n'y a pas de fumée sans feu. » Aujourd'hui, je le sais : de ces accusations horribles de pédophilie, il faudra me défendre encore et toujours.

Il serait bon pourtant de rappeler que les magistrats peuvent commettre des erreurs, forts de leur autorité, sans que personne n'ose les contredire sur le moment. Mais qui me croira ?

Et si je souligne que de nombreux exemples historiques racontent les méfaits et les horreurs gravissimes d'hommes de pouvoir prenant de mauvaises décisions – le général Gamelin envoyant nos troupes vers la Belgique en 1939-1940 au moment où les chars allemands perçaient la défense française dans les Ardennes – sans qu'on ose les arrêter avant qu'ils ne commettent d'énormes dégâts, on me rétorquera sans doute que mon cas n'a rien à voir. Et pourtant ?

Ce dossier Outreau – le procès de mai 2004 l'a mis en évidence – n'a-t-il pas été conduit de bout en bout avec maladresse ? Les assises n'ont-elles pas prouvé les invraisemblables aveux des accusateurs, l'aveuglement de l'enquête, la mise en branle d'une machine à broyer infernale qui a happé maints innocents ? N'a-t-il pas attesté une nouvelle fois que la fable du loup et de l'agneau selon laquelle « la raison du plus fort est toujours la meilleure » reste d'actualité ? Car, au bout du compte, n'ai-je pas été condamné à du sursis alors que je suis innocent de tout ?

Aussi, à la veille d'être à nouveau présent devant la cour d'assises d'appel de Paris, je souhaite qu'après tant d'années, on écoute enfin ce que j'ai à dire. Qu'on découvre ce que j'ai enduré, supporté, vécu, perdu aussi ! Que l'on me suive dans ma descente aux enfers, qu'on me juge – peut-être – en véritable connaissance de cause. Pour prendre conscience qu'un drame comme celui dans lequel j'ai sombré peut arriver... à chacun d'entre nous.

Prologue

« Ceci est mon testament : Je, soussigné, Alain Marécaux, sain de corps et d'esprit, etc. »

Sur ces tristes paroles, en juillet 2003, je m'apprêtais à mettre un terme au cauchemar implacable qu'était devenue ma vie. N'en pouvant plus, j'avais rédigé cet acte durant un internement, pour cause de grève de la faim, à l'hôpital psychiatrique d'Amiens et l'avais remis en mains propres à ma sœur Dany, chargée de le déposer en l'Étude d'un notaire de son choix. Ce testament ne contenait rien d'extraordinaire, puisque mon épouse et moi-même étions mariés sous le régime de la séparation de biens, avec donation au dernier vivant ; il visait surtout à organiser dignement mes funérailles. En effet, après le rejet d'une demande de mise en liberté le 1er juillet précédent par la chambre de l'instruction de la cour d'appel de Douai, je savais que ma vie touchait à sa fin. Puisqu'une cour d'appel jamais ne se dédit, je refusais de lui laisser le dernier mot. Pour mes obsèques, j'avais même tout préparé jusqu'au moindre détail, ayant choisi le lieu, les chants et les lectures auxquelles mes trois enfants devaient prêter leur voix.

Détenu depuis des mois sous de fausses accusations et à cause d'une instruction judiciaire qui s'éternisait, je préférais tirer ma révérence plutôt que de subir plus longtemps l'emprisonnement. Au bout du rouleau, je voulais aussi montrer par ce geste grave à ceux qui m'avaient plongé depuis des mois dans l'univers carcéral que je savais garder la tête haute. Ni aveu, ni fuite, le suicide correspondait dans mon esprit à une dénonciation.

Pourtant, cette détermination n'alla pas à son terme, à cause d'une conversation avec un personnage que je n'aurais évidemment jamais, en d'autres circonstances, croisé dans ma vie : Pierre Chanal ! Ma rencontre avec ce tueur présumé à l'hôpital-prison de Fresnes intervint alors même que je me croyais au plus près de la fin. Tandis qu'il attendait son procès et que j'espérais une bouffée d'air dans un dossier qui m'étouffait, nous nous livrâmes à un étonnant échange de confidences. Des confidences d'autant plus importantes pour lui que je fus son dernier contact, puisqu'il mourut quelques semaines plus tard. Si j'avais pu savoir que ma disparition n'était pas au rendez-vous, j'aurais vraisemblablement refusé, ce jour-là, de l'écouter. Certains secrets, il faut bien l'avouer, se montrent fort lourds à porter. À tel point que je me trouve aujourd'hui embarrassé du poids de ses ultimes révélations. Je n'avais rien à faire en prison, lui y trouvait sa place, mais nous aurions tout aussi bien pu ne rien avoir à nous dire. Sans le destin, la malchance, je n'aurais même pas dû partager sa cellule.

*

Il faut bien dire ici que mon parcours ne me prédestinait en rien à croupir en prison. Entre une existence paisible, un métier honnête et l'abîme de l'opprobre, la frontière est parfois très proche. Un simple coup de dé du hasard, aidé par la malchance, la malveillance, l'acharnement de la machine judiciaire et une vie bien tranquille bascule dans l'horreur. En effet, il aura suffi d'une série d'accusations mensongères proférées par une mythomane, Myriam Badaoui, pour téléporter mon existence vers les enfers.

Avant l'explosion de ce que l'on a coutume d'appeler « l'affaire d'Outreau », j'ai connu une vie de travail et d'ambition, comme beaucoup d'autres. Une vie simple, en somme, banale presque, mais bousculée malgré moi. Je suis né en 1964 et ma scolarité a été celle d'un élève moyen jusqu'à mon entrée en seconde, date à laquelle j'ai ressenti une espèce de « déclic ».

Inscrit dans un lycée professionnel pour préparer un bac technique, je me suis dit que si cette orientation n'était pas pour me déplaire, ma curiosité de jeune adolescent pouvait s'épanouir autrement. La perspective d'un bac classique me parut alors préférable, parce que j'allais pouvoir y conserver toute la liberté de mes choix. Je redoublai donc d'efforts pour décrocher un bac « littéraire et économique », comprenant dès lors que le travail se montrait indissociable du succès, et même qu'il le précédait. Depuis, je n'ai jamais cessé de bosser, jusqu'à en faire même un véritable mode de vie qui me permettait de diriger mon existence à mon gré. Si bien que, peu à peu, tout fut subordonné chez moi au travail. Mes loisirs, mes parents, mes futures petites amies compteraient, bien sûr, mais je m'étais juré que jamais ils n'empiéteraient sur ma volonté d'arriver et de m'épanouir par l'étude et le labeur. Je ne savais toutefois pas précisément ce que j'allais faire de ma vie. Ma foi protestante prenant une grande place dans mon existence, j'ai un moment envisagé de suivre des cours de théologie, mais mes parents s'y opposèrent. Ces études coûtaient cher et eux-mêmes n'étaient pas forcément convaincus de mes dispositions d'homme de foi. La nécessité, plus qu'autre chose, voulut donc que je m'inscrive en faculté de droit à Lille, à la grande fierté de mes parents.

*

Parallèlement – et paradoxalement – ma vie privée franchit un nouveau palier lors d'une communion ayant eu lieu juste avant les épreuves du bac, où j'avais rencontré une jeune femme se prénommant Odile. À la fin de cette fête, je lui avais benoîtement lâché du haut de mes dix-huit ans : « Salut, à la prochaine, peut-être... », sans savoir que le destin allait nous précipiter dans les bras l'un de l'autre puisque, quelques semaines plus tard, elle me fit parvenir un courrier où elle m'avouait sa flamme. Ayant ressenti un coup de foudre, elle désirait me revoir. Hélas, moi, ce n'était pas mon cas puisque mon cœur vagabondait alors ailleurs, et il fallut attendre une rupture pour que je me décide à prendre le téléphone. Lorsque je décrochai le combiné, j'ignorais donc que j'appelais, plus léger qu'un moineau, ma future femme.

Très vite, je ne tardai pas, à mon tour, à tomber amoureux. Odile et moi n'avions pas encore le projet de nous marier, mais je l'aimais et ne pouvais concevoir ma vie sans elle. Nous avons, dès lors, convenu de célébrer nos fiançailles en décidant à l'avance qu'elles n'étaient pas une promesse de mariage mais une sorte de déclaration commune et officielle de notre passion. Notre jeune couple nageait dans l'allégresse, juste préoccupé par la perspective de devoir s'assumer comme tel. De quoi allions-nous bien vivre ? Car quand j'ai connu Odile, elle préparait un bac en sciences sanitaires et sociales dans l'espoir d'entreprendre des études d'infirmière. De mon côté, après avoir redoublé ma deuxième année de droit, j'ai commencé des études de criminologie, où je me suis enflammé pour le droit pénal et ses différentes composantes : criminologie, pénologie, psychiatrie criminelle, science pénitentiaire, médecine légale... J'avais trouvé ma voie : devenir professeur de faculté.

*

Après la licence, j'ambitionnais de préparer une maîtrise de sciences criminelles à la faculté de droit de Montpellier, tout en suivant les cours dispensés par l'institut de criminologie, espérant entreprendre par la suite un DEA à Paris, puis un doctorat en droit pénal et en sciences criminologiques. Mon premier vœu s'est réalisé : après avoir été chargé de travaux dirigés à Boulogne-sur-Mer dans le cadre de la licence, je suis devenu chargé de cours en DESS de droit des affaires et des nouvelles technologies. Tout en préparant, à la faculté de Lille, un mémoire en criminologie consacré à « la protection de l'huissier de justice dans le cadre de ses fonctions ».

Pourquoi ne suis-je pas finalement devenu professeur ? La réponse se trouve en toutes lettres sur le faire-part de naissance de Thomas : « Mon papa et ma maman ont croqué la pomme et il leur est arrivé un pépin : moi. » Eh oui ! Odile était tombée enceinte et comme nos convictions nous interdisaient l'avortement (sauf pour motifs médicaux), nous avons choisi de garder l'enfant. Odile, à l'époque, entrait en deuxième année à l'école d'infirmière tandis que j'avais à peine décroché ma licence en droit : comment, dans ces conditions, assumer une famille ? Il nous fallait changer de cap. Et, là, nos parents respectifs nous ont aidés à franchir le pas en souhaitant notre mariage. Dans leur esprit, un couple non-marié, avec un enfant, ne se concevait pas. Aujourd'hui, si j'admets que cette union fut quelque peu dictée par les lois de l'urgence, je n'ai aucun regret ni remords dans ce choix.

Ce problème réglé, en survint un autre : sans emploi ni l'un ni l'autre, comment vivre ? Abandonnant ma future carrière de professeur des universités, sacrifiant mon doctorat, j'annulai mon projet montpelliérain pour me mettre en quête d'un job. L'amour, pour la première fois de ma vie, l'emportait sur le reste, y compris sur l'essentiel. Car si l'importance d'un choix de carrière, aussi grand soit-il, s'incline parfois devant une femme qui vous appelle « chéri », il disparaît complètement aux premiers mots d'un enfant qui vous surnomme « papa ».

*

Faisant feu de tout bois, j'ai d'abord passé un entretien dans une grande société d'assurances où, après avoir subi une batterie de tests, je fus accepté. Je n'oublierai d'ailleurs jamais la magie de cette simple phrase : « Votre candidature a été retenue, vous avez le V de la vente, monsieur. » Le V de la victoire, si cher aux alliés durant la Seconde Guerre mondiale, ouvrait ce jour-là ses ailes pour moi ; mais étais-je vraiment formaté pour ce poste ? Toujours désireux d'assurer une liberté de choix, je postulai dans la foulée à un poste dans la fonction publique pour devenir assistant technique des métiers, sorte de conseil chargé d'aider les artisans. Je fus là aussi retenu, mais rapidement refroidi par les faibles perspectives de promotion. Finalement, une troisième opportunité emporta mon adhésion : assister un huissier, devenir clerc stagiaire, et suivre les cours à l'École nationale de Procédure, durant deux ans, en vue d'obtenir l'examen professionnel d'huissier de justice.

Si Odile empocha son diplôme d'infirmière brillamment et trouva aisément un emploi, de mon côté, ce fut plus compliqué. Les huissiers étant officiers ministériels, leur nombre est soumis à un *numerus clausus*, et leur charge doit être achetée. Je devais donc en trouver une en train de se libérer puis payer le lourd droit de présentation du titulaire au garde des Sceaux. Après mûre réflexion, je conclus qu'il était urgent de se modérer : après tout, mon emploi de clerc suffisait à mes besoins et mon maître de stage, devenu ensuite mon employeur, se félicitait de mon travail. Quant au prix d'une charge d'huissier de justice, il était tellement énorme que mieux valait patienter plutôt que de s'endetter. Autres critères ayant tempéré notre ardeur, le fait que nos familles résidaient dans la région et qu'Odile attendait notre deuxième enfant, Sébastien.

Malgré tous les conseils de prudence, je me mis néanmoins à prospecter alentour, jusque dans le Calvados. Un jour, une charge importante semblant se libérer à Boulogne-sur-Mer, nous nous sommes décidés, avec un ami stagiaire dans la même Étude, à étudier la possibilité de la reprendre. Mais, tandis que nous montions notre dossier, un concurrent nous devança. Ma désillusion fut intense, l'affaire étant intéressante. Certes, son prix se montrait astronomique, mais son chiffre d'affaires conséquent.

Quelques jours après ce premier échec, le président de la chambre départementale des huissiers de justice m'avertit qu'une autre charge se libérait dans la région boulonnaise. Si son champ d'action paraissait plus modeste que la première, cette Étude était saine, implantée dans un bourg de trois mille habitants. Ni une, ni deux : banco ! J'en devins vite le suppléant, puis le titulaire en octobre 1992.

*

Il y avait de belles perspectives, à condition toutefois de retrousser ses manches. Ce que je fis ! Au fil des mois, l'affaire devint une Étude honorable, employant jusqu'à huit collaborateurs. Les clefs de ce succès ? Travailler énormément, respecter le magistrat dans la décision de justice rendue et, par là même, respecter le créancier, ainsi que le débiteur. Je prenais en effet le temps d'expliquer à la personne poursuivie ses droits, et m'efforçais de la prévenir qu'elle pouvait bénéficier de délais de paiement, que limiter au maximum les actes de procédure permettait d'envoyer rapidement les sommes disponibles au créancier mais aussi de réduire les frais supportés par le débiteur.

Au fil des années, j'appris énormément. Professionnellement, certes, mais surtout sur la nature humaine. Ce métier, pour peu qu'on l'exerce correctement, constitue un observatoire social privilégié. À travers les situations de crise et la misère que l'on rencontre malheureusement trop souvent, il vous propulse en effet à l'avant-garde des angoisses du lendemain. Un affrontement avec la réalité qui augmenta mon sentiment de compassion devant ces hommes et ces femmes en proie aux situations d'urgence les plus aiguës.

Assister son prochain – dans la mesure du possible – me commandait de travailler sans compter. Trop, diront certains, puisque bientôt des amis me mirent en garde. « Tu passes trop de temps à ton Étude, tu oublies ta famille. Tu ne penses pas assez à toi et aux tiens. Et tes enfants, tu t'en occupes un peu ? » Autant de remarques que je n'écoutais pas, pris par mon désir d'arriver, de faire mieux encore. Et pourtant, comme j'aurais dû les écouter ! Aveugle, je suis hélas passé à côté de ma femme, de mes enfants, qui ont grandi sans moi. Les petits plaisirs qui font le sel de l'existence, les moments de loisirs, les voyages, les fêtes en famille, les soins du couple, je les ai négligés sans deviner les dégâts que mon manque de disponibilité engendrait. Si bien qu'avec le recul, j'ai aujourd'hui le sentiment d'avoir quelque peu oublié de vivre, négligeant même notre troisième enfant, Cécile, née en 1995. Cette frénésie de travail était dans ma nature, en fait ! Je bossais douze heures par jour, samedi compris, et parfois même le dimanche, poussé par l'objectif de réussir, par ma volonté de faire en sorte que la décision du magistrat soit honorée coûte que coûte, conscient d'être titulaire d'une parcelle de puissance publique et d'avoir une mission à remplir. Profession noble, vieille comme le monde, utile au citoyen, mon métier représentait à mes yeux une bonne administration de la justice et la non-exécution d'une décision judiciaire constituait selon moi une grave atteinte à la démocratie.

Pire, au lieu de me « contenter » d'assumer pleinement une charge, je me mis de nouvelles activités sur les épaules. Comme je n'avais pas renoncé au projet d'enseigner en faculté, le jour où l'on me proposa d'être chargé de travaux dirigés en droit des sûretés (droit bancaire), pour ensuite être chargé de cours en voie d'exécution, je ne pus résister. Porté par la fierté d'enseigner, sachant que seuls y étaient habilités les titulaires d'un doctorat ou les professionnels avertis, je flottais de bonheur, comme sur un nuage.

*

Mais l'éclaircie ne dura pas et le ciel s'assombrit d'un coup en cette fin 2001. Sans que je puisse anticiper quoi que ce soit, un cataclysme incroyable s'abattit sur ma famille et moi.

Au matin du 14 novembre, à 6 h 30, la foudre de l'affaire d'Outreau nous tomba dessus.

Chapitre 1

Un jour comme les autres...
ou
L'effroi d'une perquisition

Le 14 novembre 2001 aurait dû être un mercredi comme les autres. Un de ces jours que les enfants attendent avec bonheur parce qu'ils n'ont pas école. Mais pour ma famille et moi, il ouvrit les portes de l'enfer.

*

La nuit s'était passée normalement quand, tout à coup, nous avons entendu le chien aboyer. Il était 6 h 30. Des lumières violentes éclairaient les fenêtres de notre chambre. Que se passait-il ? Qui venait de si bon matin ? Subitement, nous avons pris peur : peut-être était-ce des cambrioleurs, une attaque, où étaient nos enfants ? N'en menant pas large, je rassure mon épouse, les trois enfants sont à la maison.

J'en étais là de mes conjectures quand des individus se sont mis à frapper bruyamment aux portes de la cuisine et du vestibule. En pyjama, hagard, inquiet aussi, je me dirige vers le couloir du premier étage dont j'ai ouvert la fenêtre. Et là, je découvre la présence d'un groupe de personnes qui me somment de les faire entrer en hurlant : « Police, ouvrez ! »

D'un coup, ma crainte baisse d'un cran. Travaillant souvent avec la police dans le cadre de ma profession, je me dis qu'un accident s'étant produit à proximité de la maison, ils viennent tout simplement requérir mes services. De retour dans la chambre, je rassure Odile, vérifiant au passage que les enfants ne sont pas réveillés. Puis, j'enfile une robe de chambre et descends ouvrir la porte de la cuisine tout en calmant le chien.

Un jeune individu, qui se présente comme commissaire de police, entre *manu militari* dans la pièce, suivi d'une escorte de quinze hommes. Un autre déclare :

— Je suis Fabrice Burgaud, juge d'instruction. Vous êtes mis en examen pour viol sur mineurs. Vous pouvez consulter un avocat.

Les bras m'en tombent, je reste abasourdi : il doit s'agir d'une plaisanterie de mauvais goût. Je lui demande alors sa carte professionnelle, sachant qu'un juge d'instruction n'a pas besoin de commission rogatoire. Sans sourciller, il me met son titre sous le nez avec désinvolture. Bien que désemparé, je suis très loin de réaliser la gravité de la situation.

À ce moment, Odile surgit, hors d'elle. Des agents viennent de lui expliquer ce qui se passe. Elle aussi est mise en examen pour viol sur mineurs.

Mus par un commun réflexe, nous décidons de téléphoner à une amie avocate, Isabelle Pauwels, dont nous avons été les témoins de mariage.

Très vite, je suis éloigné de ma femme. On me prend par le bras, on m'isole au salon, la porte communicant avec la salle de séjour étant fermée. Quand j'entends Odile faire une crise de nerfs, je m'apprête à la rejoindre pour la réconforter mais les policiers m'en dissuadent, menaçant de me plaquer au sol, menottes aux poignets. Au moment où les cris de ma femme s'estompent un court instant, je perçois aussi du bruit au premier étage. Je réalise alors que les enquêteurs sont en train de réveiller mes enfants. Bientôt, ma fille arrive en pleurs et se jette contre moi. Et, presque immédiatement, on l'arrache de mes bras.

*

Sans perdre de temps, la horde investit le salon. La bibliothèque est fouillée sans égard, les photos de famille crânement exhibées. Nos ouvrages préférés, les albums chéris, les tiroirs, tout est vidé de son contenu ainsi qu'une poubelle. J'assiste en direct à un cauchemar méthodique. Comment ces étrangers peuvent-ils se permettre de violer notre intimité, de compulser sans respect les images de nos amis, des anniversaires, des fêtes, des réveillons ?

Je cherche mes enfants des yeux et des oreilles. Visiblement, ils ne sont plus là. Je m'en émeus et, pour toute réponse, on me rétorque : « La police fouille ! » Malgré mon trouble, je garde mon calme, persuadé que les policiers font erreur sur ma personne, bévue qu'ils vont forcément bientôt reconnaître avant de prendre congé. Virtuellement, je rédige déjà les courriers à adresser au procureur de la République et à mon président de chambre pour protester énergiquement contre cette attitude. Le rythme infernal de la perquisition ne faiblit pas. Si je me dis, durant un court instant, qu'il ne faut pas en vouloir aux policiers qui agissent sur ordre du juge, ma mansuétude ne résiste pas lorsqu'ils ne prennent aucun soin des objets déplacés et manipulent des antiquités comme de vulgaires bibelots. En mon for intérieur, je pense même que si je ne savais leur qualité de policiers, avec pareille dégaine je les aurais pris pour des voyous. L'un d'eux, muni d'un appareil photo impressionnant, reste sur sa réserve. Se contentant à peu près de ne rien faire, il affiche en permanence un énigmatique rictus, et un air narquois. Je continue à me comporter comme si de rien n'était, intervenant seulement lorsqu'on me le demande.

Soudain, Odile apparaît. Blême, elle vient vers moi, suivie par deux personnes et m'informe qu'elle part à Hardelot, commune où nous possédons une maison en construction.

*

Peu de temps après arrive maître Pauwels. Les yeux rouges et le regard anxieux, elle semble gênée et m'informe que la rumeur colportait depuis des jours l'infâme accusation mais que jamais elle n'avait osé m'en parler. Aujourd'hui, je lui ai pardonné. Si j'avais eu vent de cette affaire plus tôt, je me serais rendu moi-même chez le procureur de la République et j'aurais avisé mon président de chambre, ayant toujours observé un respect scrupuleux des règles de bienséance et de déontologie.

Isabelle Pauwels détaille le dossier et les accusations qui pèsent sur moi. Sa mine est sombre, son ton grave, son humeur défaitiste. Et de m'expliquer qu'elle ne peut intervenir pour nous étant déjà commise d'office dans cette affaire. Au passage, elle nous recommande d'engager chacun notre propre défenseur. Ma femme opte pour un avocat connu de ses parents et, pour ma part, je suis ses conseils en contactant maître Hubert Delarue, du barreau d'Amiens. Une trouille bleue, irraisonnée, monte alors en moi. Même si je puise du courage en l'idée que le cauchemar va bientôt toucher à sa fin, j'ai de plus en plus peur.

*

Quand je retourne au salon, je découvre l'équipe en train de visionner... des films vidéo. Les miens ! Ma dignité, une nouvelle fois, est mise à mal en voyant des inconnus piétiner un peu plus mon jardin secret. Ai-je seulement le choix de me taire, de mépriser leur mépris ? Même pas : on me somme de commenter ces images, et de justifier le moindre de mes souvenirs. Tout est passé en revue : le baptême des enfants, leurs anniversaires, nos soirées entre amis, nos dimanches à la maison...

*

L'ensemble du salon fouillé, la ruée passe ensuite dans la salle à manger où le juge ordonne la saisie de l'agenda familial et du répertoire téléphonique. Les buffets sont mis sens dessus dessous. Ensuite, direction le hall, dont le semainier se voit « mis à sac ». Après la cuisine, les recherches se poursuivent au sous-sol. Tout cela au tempo d'une symphonie de téléphones portables, les policiers entrant dans notre domicile comme dans un moulin. Ils se considèrent, en quelque sorte, en terrain conquis. Comme tout le monde, en ayant vu des perquisitions à la télévision, j'avais soupçonné les auteurs de fiction de forcer le trait, sans doute pour discréditer un peu les forces de l'ordre. Devant le spectacle que l'on m'inflige, je constate que la réalité dépasse la fiction, que certains membres des forces de l'ordre ne prennent soin parfois ni des biens ni des individus.

Montés au premier étage, les enquêteurs se ruent sur les armoires. Un policier investit mon placard, tandis que les deux autres fouillent la penderie d'Odile. À la découverte d'un sachet de poudre blanche, on m'interpelle : « De quoi s'agit-il ? » Mais que sais-je, moi, de son contenu ? Après tout, ma femme n'est-elle pas infirmière ?

Surgissent aussi une revue pornographique et un vieux catalogue de jeux Playmobil. Des pièces saisies par les policiers, apparemment satisfaits de ces découvertes qui semblent pour eux avoir un sens. Je suppose que le catalogue de jouets a été caché par mon épouse pour compléter la collection des enfants au moment des fêtes. Quant à la revue pornographique, il s'agit d'un achat, pas de bon goût je l'admets, destiné à saluer le départ de sa sœur en Bretagne : ma femme prévoyait en effet de confectionner un pêle-mêle garni d'images de « beaux étalons » pour elle, comme cadeau gag. Finalement, les images nous ayant semblé trop osées, nous avions abandonné l'idée et sans doute Odile avait-elle oublié de jeter la revue. Et puis, après tout, ce journal étant en vente en kiosque, pourquoi en détenir un exemplaire se révélerait-il répréhensible ou prouverait-il quoi que ce soit ?

Après la chambre, les policiers investissent la salle de bains, puis la lingerie. Là, ils mettent à jour, cachées dans du linge, une cassette vidéo et une cassette audio. L'enquêteur ayant fait cette découverte appelle ses collègues qui me demandent ce qu'elles contiennent. Je n'en sais à nouveau rien, puisqu'il s'agit d'une cachette de ma petite femme : Odile a la manie de conserver ce que l'on jette. Cette fois, ils sont persuadés d'avoir décroché le pompon ! Mais quand ils visionnent le film, la désillusion se lit sur leurs visages. Il s'agit d'une cassette de foot, le match France-Brésil. Leur déception est palpable. Policiers et juge espèrent beaucoup de l'autre cassette, audio celle-là.

Le problème, c'est que le seul lecteur de cassettes des lieux se trouve dans ma voiture. Deux policiers m'y accompagnent, tandis que le magistrat et le reste de la troupe m'attendent sur le pas-de-porte de la cuisine. La surprise est à nouveau de taille, puisqu'ils entendent... la musique de notre mariage ! Là encore, leur enthousiasme faiblit.

*

Dans la lingerie, je les vois ravis de trouver des préservatifs dont le juge ordonne aussitôt la saisie. Sur le moment, je m'interroge quant à cette découverte. À quoi peuvent-ils servir puisque Odile porte un stérilet ? J'apprendrai plus tard que ma femme tenait ces capotes du lycée où elle travaillait.

*

Dehors, un policier reste en faction pour interdire l'accès à tout visiteur. À l'intérieur, mon téléphone ne cesse de retentir, mais on m'a interdit de répondre. La jeune fille engagée par Odile pour s'occuper des enfants se voit refoulée et ma comptable, inquiète de ne pas me voir à l'Étude et de n'avoir pu me joindre, chassée sans explications. En revanche, Jean-Pierre Bavière, président de la chambre régionale des huissiers de justice du Pas-de-Calais, arrive sur les lieux et assiste à la perquisition.

*

Retour à l'étage. La visite se poursuit dans les chambres de Thomas, Sébastien et Cécile, puis dans la chambre d'amis, meublée de lits superposés et d'une armoire, et qui sert surtout de seconde salle de jeux. Les trois placards du couloir de distribution sont également fouillés sans que rien ne soit évidemment remis ensuite à sa place.

La perquisition au bureau est plus longue ; le juge ordonne la saisie de l'unité centrale de l'ordinateur, des CD-ROM – ce sont des jeux gravés – et des disquettes trouvées au fond d'un tiroir. J'ignore leur existence mais sans doute en avons-nous hérité à l'achat du PC. Un des policiers précise qu'elles sont vierges, mais le magistrat insiste pour les emporter ! Enfin, nous nous rendons dans l'autre chambre d'amis, quasiment vide, avec seulement un vieux sommier posé à même le sol.

En voyant la trappe qui mène aux combles, condamnée et calfeutrée, le juge demande ce qu'il y a à l'intérieur. Comme je lui réponds qu'il y a juste de la laine de verre posée sur le sol, il ordonne son ouverture. Je le sens très intrigué, voire content de sa perspicacité. Un policier commis arrache le papier isolant, puis enlève les vis avec bien des difficultés. L'intérieur étant évidemment vide, la déception se lit à nouveau sur le visage du magistrat qui tourne les talons. Quant à la trappe, personne ne la remet, bien sûr. La visite des dépendances et du second étage se fait à la même allure, une course folle qui fait négliger les deuxième et troisième greniers, ainsi que les vieilles écuries.

Avec le recul, la « vitesse de cette perquisition » m'étonne encore. En fait, ces enquêteurs donnaient l'impression de chercher sans chercher. Pourquoi, par exemple, dans notre chambre, n'ont-ils pas regardé sous les armoires, voire sous le lit, où ils auraient trouvé des bijoux ? Pourquoi, dans le buffet de la lingerie, n'ont-ils pas pris trois romans érotiques « classiques » dissimulés par Odile afin que les enfants ne tombent pas dessus ? Les ont-ils volontairement négligés ?

*

Au bout de quelque temps, on m'informe que la perquisition du domicile s'achève mais qu'il va falloir aller à mon Étude. Par un réflexe d'humanité, quelques policiers s'enquièrent du sort de Mistral, notre labrador, me demandant ce que je peux en faire. Je me propose de téléphoner à mes parents, mais c'est interdit. Comme j'imagine tout haut que le chien peut rester à la maison, puisque je le retrouverai dans la journée, mon idée rend hilares le juge et les policiers qui me conseillent de le lier et de le nourrir. Je l'attache donc dans le garage, après lui avoir versé une large gamelle d'eau et une bonne provision de croquettes. Je ne peux évidemment pas imaginer qu'il restera ligoté ainsi quatre jours et trois nuits, dans un endroit glacial.

*

Pour aller à l'Étude, un policier me passe les menottes. Mes poignets sont attachés, serrés comme on n'imagine pas, et je suis envahi par la honte. Qu'ai-je fait pour être traité sans ménagement tel un criminel qui chercherait à s'enfuir ? Ne suis-je pas officier ministériel notoirement et favorablement connu ? Ne suis-je pas, en outre et surtout, présumé innocent ?

Placé à l'arrière d'une voiture banalisée, avec deux policiers à mes côtés, nous partons.

Nous sommes en route pour Samer, commune où se trouve ma charge d'huissier de justice. Deux véhicules de police s'immobilisent sur le parking, à proximité de mes bureaux. Des policiers en sortent et investissent la place. Après cinq minutes, je vois mes collaborateurs évacuer leur lieu de travail, la mine déconfite. Une fois les locaux vidés, on me fait sortir du véhicule sous haute surveillance. Le cauchemar se poursuit ! Je supporte de plus en plus mal le courroux du juge et encore moins de traverser la commune, où je suis honorablement réputé, les mains entravées.

En voyant l'Étude vide, l'impatience monte en moi. Je pense notamment à mes enfants. Quand, à plusieurs reprises, je demande où ils sont, on me répond vaguement que tout va bien, sans jamais me préciser l'endroit où ils se trouvent. La colère monte, mais, en homme de droit, j'obtempère. Le magistrat me tend une liste de noms et m'invite à interroger le système informatique. Une quinzaine de cas semblent les intéresser, qu'ils passent un temps fou à ausculter dans le détail, sans succès. Décidément, ils ne s'attendaient pas à si peu de résultats.

Évidemment, durant cette perquisition, de nombreux clients se sont présentés à l'Étude et, comme à son habitude, le téléphone n'a pas arrêté de sonner. Une personne a même tellement insisté pour entrer et régler un acompte sur son dossier que c'est un policier qui lui donna son reçu. Sur le coup, l'anecdote me divertit quelques secondes mais, très vite, je réalise que c'est ma vie – et mon honneur – que cette razzia sans discrétion met à mal, notamment quand j'entends qu'on va stopper l'activité de l'Étude jusqu'à ce que mon cas soit réglé. Là, d'un coup, je comprends vraiment que le ciel me tombe sur la tête. Si bien qu'en sortant de mon bureau, toujours menotté, je le contemple comme un aveugle.

Que se passe-t-il ? Qu'ai-je fait pour connaître cet outrage ?

Chapitre 2

Le Purgatoire
ou
Les affres du premier centre de détention

Dehors, il fait noir. Et je crains toujours de rencontrer quelqu'un dans cette commune où je suis connu de tous. Heureusement, l'Étude est excentrée. Quand je demande où nous allons, on me rétorque que « je verrai bien ». Le silence et l'ignorance me mettent un peu plus sous pression.

Nous prenons la direction de Boulogne-sur-Mer, puis l'autoroute vers Calais, et nous sortons à Coquelles où je suis conduit vers un centre de détention.

Commence alors ma garde à vue.

*

J'ai peine à croire ce qui m'arrive. Je dois dormir ! Je vais me réveiller.

Mais non, on m'enferme dans une pièce, me retire les menottes, puis on me fait asseoir sur une chaise devant un bureau. Là, on m'attache la main droite. Par une courte chaîne, je suis aussi tenu au sol. Cette position inconfortable a pour effet de me déstabiliser et de me fatiguer : en effet, comme la chaîne est trop courte, la position assise, bien droit sur la chaise, m'est impossible. Grâce à ce système, je penche toujours du côté où ma main est retenue. Et je m'épuise.

Au bout d'une demi-heure, un des policiers venus à mon domicile s'installe en face de moi. En ajustant sa machine à écrire, il expose les faits qui me sont reprochés. Des assertions horribles, indescriptibles. La nausée m'envahit. Le détail ignoble de son récit, les souffrances endurées par ces enfants me révoltent : j'apprends qu'ils ont été violés, pénétrés par des godemichés, voire victimes d'actes de zoophilie ! Et c'est moi qu'on accuse de maux aussi ignobles, de tortures aussi ignominieuses. Sous le choc de ces perversions et de ces accusations, je plonge dans un désarroi irréel.

Pire, je suis accusé d'avoir participé à ces orgies de nombreuses fois. Odile et moi ferions même partie d'un vaste réseau de pédophilie passant par la Belgique, et serions en possession de cassettes de ce genre destinées à la vente. Je tombe des nues. L'histoire est tellement énorme, les accusations qui pèsent sur nous tellement scandaleuses et grotesques que je ne parviens pas à réagir. D'autant, m'explique-t-on, que cette affaire, paraît-il, ne date pas d'hier. Elle aurait commencé voilà six ans ! Au fil du récit de ces immondices, je sors de mon hébétude. Comment ose-t-on me confondre avec de pareilles pratiques ? Pourquoi m'accuse-t-on d'avoir été mêlé à de telles horreurs ?

À ce stade, j'entre dans le moule du présumé coupable qui clame son innocence mais que l'on refuse de croire. Pire, puisque j'ai été dénoncé, je semble aux yeux des enquêteurs obligatoirement coupable.

Dès lors, ce premier interrogatoire ne se passe pas bien puisque je conteste les faits. L'officier de police judiciaire qui m'interroge fulmine parce que je nie ce qui lui semble être l'évidence. Je me fais même copieusement insulter, traiter d'« enculé », de « salopard », de « monstre ». Et, pour ponctuer ses phrases, ce fonctionnaire n'hésite pas à taper du poing sur le bureau. Un interrogatoire de film policier au détail près que je n'ai pas de projecteur dans les yeux et que je ne suis pas face à un comédien, mais devant un représentant de l'ordre qui joue avec ma liberté et ma vie.

Après ce déferlement verbal et psychologique inimaginable, ce déluge d'injures, de vociférations haineuses, le policier se lève d'un bond et fond d'un trait en ma direction. Tout à coup, il est presque sur moi. Apeuré, je lui demande s'il va me frapper. Il lève alors la main et me dit : « Pourquoi, t'en veux une ? » Je tremble de peur, m'attendant à recevoir une gifle, voire un coup de poing. Je ferme les yeux, n'ayant que cette solution pour occulter la sinistre réalité. Je ne peux pas m'enfuir, je n'ose même pas crier. Mais rien ne se passe. Et lorsque j'entrouvre les paupières, le policier, redevenu miraculeusement calme, est à nouveau à sa place et m'observe.

*

L'interrogatoire s'achève. Je signe ma déposition après l'avoir relue. Ma main droite est enfin détachée ; j'ai le poignet rougi et mal dans le bas du dos.

Il est 22 heures. Dans mon esprit, on va me reconduire chez moi où je vais retrouver ma femme et mes enfants.

Hélas, je me trompe encore. En passant devant le juge d'instruction, celui-ci m'informe que ma garde à vue est prolongée. Il ajoute même, semblant satisfait, qu'un de mes fils a fait des révélations importantes et que j'ai tort de m'entêter. De quoi s'agit-il ? Je l'ignore. J'apprendrai plus tard que Sébastien a raconté que je lui avais une fois tiré le zizi, terme transformé en « masturbation ». Peut-être qu'un jour, lorsque nous chahutions et jouions à la bagarre, comme beaucoup de pères et fils, l'ai-je touché sans le faire exprès afin de repousser ses attaques ? Sous la pression d'un interrogatoire policier, a-t-il mal interprété ce geste ? Je ne sais pas. En tout cas, si cela s'est produit, c'était par inadvertance. Mais quand j'entends qu'il aurait aussi accusé son frère Thomas d'avoir invité sa petite sœur Cécile à lui toucher le sexe, je devine qu'on nage en plein délire. Et que ce délire n'augure rien de bon. Sébastien est un enfant fragile, influençable, et j'ai hâte de savoir ce qu'il a bien pu raconter ou cru bon de dire...

*

Alors que, quelques heures plus tôt, je croyais pouvoir revenir chez moi le soir, je sais désormais que ma vie a basculé. Après avoir vu le juge, je reste au centre de détention.

J'emprunte un long couloir au bout duquel se présentent deux policiers, en tenue, qui m'apprennent que je vais passer la nuit en ces lieux. Ils me demandent si j'ai été fouillé et je réponds par la négative. Furieux, ils laissent exploser leur colère, dénigrant sans hésiter leurs collègues qui m'ont amené ici, expliquant que cette tâche leur incombait. Élevant la voix, ils refusent de faire ce « boulot » à leur place... et moi je reste planté là, ne sachant que faire. Peu à peu, les larmes me viennent tandis qu'ils médisent sur les manquements de leurs pairs. Quand surgit enfin celui qui m'a conduit au centre, ils se calment subitement et, en bons subalternes, s'exécutent sans plus tarder.

Que me demande-t-on ?

De vider toutes mes poches avant d'être conduit dans une cellule où je dois entièrement me déshabiller, enlever ma chaîne et ma croix huguenote. L'un des policiers ganté de blanc me fusille du regard : je suis en sous-vêtements, par ce froid intense, et je peine à enlever les lacets de mes chaussures.

En passant dans le couloir desservant les geôles voisines, je distingue une personne gémissante, allongée en « chien de fusil ». Recouverte d'un manteau épais, je crois reconnaître ma femme, sans oser l'appeler.

On me jette alors dans une pièce d'environ neuf mètres carrés aux murs couverts de *tags*, et parfois d'excréments. Sans parler de quelques traces de sang sur le sol. Sur un banc en béton gisent des couvertures sales et repoussantes. L'odeur est infecte et la lumière blafarde. Où me poser ? J'avance vers le banc, où je reste un long moment, versant toutes mes larmes, songeant à Odile et aux enfants. C'est alors que j'aperçois ma femme, dans le couloir, qui se rend aux toilettes. Je suis content de la savoir en vie, et triste de deviner ce que révèlent ses yeux rougis. Quand je la vois revenir dans sa geôle, jouxtant la mienne, je crie son nom. Mais elle ne m'entend pas. Je frappe alors très fort sur le mur. Enfin, elle me répond. Des signaux que nous avons répétés à de très nombreuses reprises, afin de conserver un minimum de contacts humains.

Dans la puanteur et la lumière, j'essaie, ce soir-là, de dormir. En vain ! Je n'ai plus aucune notion du temps, ayant été privé de ma montre sans m'en rendre compte. Le banc en béton réveille mes souffrances dorsales. Au reste, il ne m'a été proposé ni nourriture, ni boisson. Ni même un peu d'eau, pour un semblant de toilette.

J'avance dans cette première nuit de détention avec effroi. À la honte, au sentiment d'injustice, se mêlent des cris provenant d'une cellule voisine. Quand les policiers interviennent, les hurlements reprennent de plus belle, je comprends qu'il s'agit d'un étranger héroïnomane « en manque ». Après un quart d'heure, je n'entends plus rien.

*

Je n'ai pas dormi, j'ai froid, je suis toujours à jeun et je songe à *L'Archipel du Goulag* de Soljenitsyne. Au petit matin, je suis conduit devant une avocate qui m'indique en vingt minutes mes droits et me dit tout ignorer du sort de ma femme et de mes enfants.

De retour dans la cellule, n'ayant pas vu Odile, je m'inquiète et reste assis sur mon banc de béton, grelottant de froid dans les couvertures. Un policier en tenue vient me chercher pour prendre mes empreintes, me mesurer, me photographier et m'attribuer un numéro. Je lui fais part de mon problème de dos, mais il rétorque tout net n'en avoir « rien à faire ».

Je reviens ensuite dans le même bureau que la veille. Je marche avec difficulté, tant mes douleurs dorsales sont aiguës, mais personne ne s'en émeut. De nouveau, ma main droite menottée est retenue par une chaîne courte, fixée au sol. Et quand je sollicite une visite médicale pour obtenir des médicaments antidouleur, on me répond sans fioritures : « Ta gueule ! Tu ne vas pas nous faire chier avec ça ; si tu veux des cachets, on t'en donnera. » Je préfère ne pas insister, étant toujours sur le qui-vive. On me réinterroge avec la même violence verbale et je persiste à proclamer la vérité, sachant pourtant pertinemment qu'on attend autre chose de moi. Après tant de pressions, je signe ma déposition dans un état second et regagne ma geôle comme un fantôme.

*

Quelques heures plus tard, rebelote. Même pièce, nouvel interrogatoire. Comme dans un feuilleton américain, plusieurs policiers me questionnent, à tour de rôle, ou en même temps. En usant d'un vocabulaire violent et grossier. Vais-je être « passé à tabac » ? En tout cas, ils doivent confondre « pédophilie présumée » et « acte sexuel pleinement avéré ». Sans que je voie aujourd'hui encore l'intérêt de cette question pour l'enquête, l'un d'entre eux me demande la date de ma dernière relation sexuelle avec Odile. Dans un état second, je lui fournis l'information. Ce dont j'ai honte aujourd'hui : en quoi mon intimité conjugale peut-elle faire avancer le dossier ? Je me souviens même lui avoir dit que ma femme était réglée. Il m'a répondu que je devais alors « la sodomiser, étant un spécialiste » !

*

Fin de la séance. Je suis reconduit en cellule où je moisis sur mon banc, perdu dans mes pensées qui vont vers ma famille, ma femme et mes enfants. Que nous arrive-t-il ? Les mâchoires de ce piège vont-elles s'ouvrir enfin pour révéler la vérité ? Hélas non. Un nouvel interrogatoire survient. Cette fois, le policier vociférant change de tactique : il se montre plus conciliant, ne crie plus, m'injurie peu. Il m'assure simplement que je suis un malade qui doit se faire soigner. J'ai beau lui répéter n'être pour rien dans cette horrible affaire, il ne bronche pas, persuadé du contraire, maugréant juste qu'il n'est pas là pour « se faire un huissier », n'ayant rien contre la profession, tout en précisant que je suis « son premier ».

À l'entendre, j'ai l'impression d'être devenu une chose, une proie, un objet qu'il cherche à manipuler à sa guise. Il m'informe ainsi qu'un prêtre est aussi mis en examen pour des faits similaires et, se voulant toujours rassurant, précise bien aimer les curés, mais que cela ne l'empêchera pas de « l'interroger dans les mêmes conditions ».

Le ton de l'interrogatoire évolue. Les policiers qui passent à intervalles réguliers dans le bureau pour me questionner se montrent plus gentils, conciliants. Est-ce une nouvelle ruse ? Devant mes dénégations, ils restent néanmoins incrédules.

*

Encore un autre interrogatoire ! Les mêmes questions réapparaissent, mais prononcées de façon plus courtoise. Les autres enquêteurs arrondissent eux aussi leurs manières. Il y en a même un qui me propose un *deal* : arguant de penser avant tout à ma femme, il me suggère de reconnaître les faits, « même s'ils sont faux ». De la sorte, Odile serait ainsi « libérée sur-le-champ » et pourrait retrouver les enfants.

Je reste prostré, en larmes, devant l'idée ; mais, après tout, ne serait-ce pas mieux pour mes enfants ? Doivent-ils endurer l'absence, eux qui entament leur parcours dans l'existence, alors que moi j'ai déjà vécu ? Ne devrais-je pas me sacrifier pour leur bonheur, même si je signe mon arrêt de mort ?

Épuisé, je craque. Je suis seul avec mon « interrogateur » habituel lorsqu'il me demande d'avouer. Au bord de la catastrophe psychique, le dos en compote, la réflexion en berne, je suis sur le point de reconnaître des faits que je n'ai pas commis quand un sursaut retient mon geste : j'exige de voir ma femme pour lui expliquer ce que je m'apprête à faire. Mais ma requête est rejetée par un policier répondant en ces mots : « Inutile de compter sur ton avocat. Du reste, ce sont tous des connards et seuls les flics peuvent aider les gens. »

Que faire ? Céder ? « Avouer » ? Mentir pour sauver les miens aurait un sens. De nature un peu mystique, je me remémore les Écritures... « Donner sa vie pour ceux qu'on aime », etc. Mais encore faut-il que le jeu en vaille la chandelle !

Après avoir balancé un instant, un éclair de lucidité vient à mon secours. Requinqué un peu par l'exigence de vérité, je refuse de signer un texte de cette nature. La réaction du policier qui me fait face est immédiate : une avalanche d'injures s'abat sur moi, dans un langage tellement ordurier que ma bonne éducation m'interdit de les relater. Je suis d'accord pour signer ma déposition du jour, mais en aucun cas de faux aveux. À ce moment, un autre enquêteur entre en jeu. Et je me retrouve dans une scène de théâtre miniature. Le rédacteur de mes aveux fictifs se prend en effet à fustiger son subalterne, furieux de constater la teneur de mes propos niant les faits.

*

Quand on me demande si j'accepte une analyse ADN, je me crois sauvé. Enfin, on pourra se rendre compte de mon innocence. Je subis donc le prélèvement de salive sur un Coton-Tige, sûr que la vérité éclatera bientôt. Erreur ! Grave erreur ! Emporté dans le circuit policier et judiciaire, le calvaire ne fait que commencer.

Peu après, on m'isole un instant et un policier de service s'assoit en face de moi. Très correct, bienséant, j'ai envie de lui faire confiance puisqu'il joue le rôle du gentil. Je renouvelle mes protestations d'innocence. Finit-il par me croire ? En tout cas, il me dit qu'une erreur a pu être commise. Néanmoins, il me conduira le lendemain devant le juge d'instruction.

Revenu en cellule, j'entends Odile pleurer. Je frappe sur le mur mitoyen, lui crie que je l'aime, qu'elle ne doit pas s'en faire, que c'est bientôt terminé. Elle ne m'entend pas. Malgré le froid et mon mal au dos, je parviens à dormir par intervalles successifs de petits quarts d'heure. Au milieu de la nuit, un autre détenu est poussé dans la pièce. Un clandestin, vraisemblablement. Je lui prête deux de mes couvertures sales et nous essayons de communiquer. Mais il ne parle ni français, ni anglais, ni allemand. Les yeux dans les yeux, nous utilisons des gestes et quelques bribes d'italien. Le langage des mains est-il plus sincère que la parole des hommes ? Et moi, pourquoi persiste-t-on à ne pas vouloir me croire ?

Chapitre 3

Face à l'opprobre
ou
Le palais de justice de Boulogne-sur-Mer

On vient m'extirper de ma geôle, je marche difficilement. Harassé, épuisé, courbatu, on me presse car nous sommes les derniers. Le policier qui m'accompagne dit m'accorder confiance et me fait grâce des menottes. Ses collègues en tenue me rendent mes lacets de chaussures et mes effets personnels. Je signe que tout m'a bien été restitué. C'est seulement après être monté dans une voiture de police que je m'aperçois qu'ont été oubliées ma chaîne et ma croix. Je ne les reverrai jamais. Dieu m'a-t-il abandonné ?

*

Palais de justice de Boulogne-sur-Mer. Une foule se presse devant le tribunal. De très nombreux journalistes sont présents, les flashes crépitent. Nous sommes le 16 novembre 2001. Les médias multiplient les gros titres sans nuances : « Seconde vague d'arrestations dans le réseau pédophile international » et encore « Arrestation de six notables : l'huissier de justice et son épouse, le chauffeur de taxi, le prêtre-ouvrier, un supposé gérant de sex-shop et son fils ». Un flot de honte me submerge. Je m'allonge au pied de la banquette pour ne pas être vu. La voiture s'engouffre dans le garage du palais et je me tiens caché jusqu'à l'arrêt. Moi qui ai toujours été étonné de voir, aux informations télévisées, des personnes se dissimuler le visage devant les cameramen, aujourd'hui je comprends pourquoi. Il faut vivre ce moment pour savoir ce que l'on éprouve : on a honte d'être « mis en pâture » et le fait de se cacher amenuise la peine.

En cellule d'isolement, un local un peu plus grand et moins sale que la geôle habituelle, je rencontre pour la première fois mon avocat, venu avec une de ses adjointes. Nous discutons du dossier et sa collaboratrice m'apporte un café réconfortant. Par deux fois, il sort de la pièce en quête de bonnes nouvelles et m'apprend ce que je sais déjà : le dossier est vide et il n'y a aucune charge sérieuse contre Odile et moi. Rassuré, je me vois déjà sortir du palais la tête haute, fier d'expliquer aux journalistes la bévue commise, et l'horreur des heures pénibles perdues en garde à vue. Mes illusions sont vraiment immenses.

*

Je passe devant le juge d'instruction, celui-là même qui s'est présenté à mon domicile lors de la perquisition. Il renouvelle l'énoncé des horribles charges. À nouveau, je clame mon innocence, espérant qu'enfin le cauchemar va prendre fin. Mais c'est l'inverse qui se produit : Fabrice Burgaud demande ma mise en détention provisoire.

Je ne comprends pas. Mon avocat non plus, d'ailleurs. Nous nous entretenons un court instant, avant qu'on me conduise dans un autre bureau où siège le juge des libertés et de la détention. Je reste confiant, notamment quand le procureur me salue. Lorsque maître Delarue m'apprend qu'Odile a été placée en détention provisoire, j'aurais dû tilter, mais non. J'ai alors droit à un débat contradictoire, durant lequel le procureur de la République intervient, lit d'un air agacé un texte qu'il a dû parcourir de nombreuses fois et achève sa péroraison en réclamant à son tour la détention provisoire. Quand la parole m'est donnée, je clame une énième fois mon innocence, exposant les suites néfastes de cette décision, tant pour moi, ma famille que mon Étude. Maître Delarue intervient à nouveau avec éloquence pour confirmer la faiblesse des accusations, corroborant le fait que les conséquences d'une telle décision seraient catastrophiques, et propose un contrôle judiciaire avec, pourquoi pas, une caution si nécessaire. Sans succès aucun.

Comme si nos arguments, frappés au coin du bon sens, n'avaient servi à rien, le magistrat prononce la détention provisoire et mon transfert à la maison d'arrêt de Beauvais. Il indique à mon avocat le bureau pour faire appel de sa décision et ajoute que, « de toute façon, il existe une commission d'indemnisation si besoin est » !

*

Brisé, éberlué, n'en pouvant plus, je suis emmené au sous-sol par trois policiers en tenue qui me passent les menottes derrière le dos, me poussent à l'arrière d'un fourgon et me conduisent vers la maison d'arrêt. Avec un peu de bienveillance, ils me suggèrent de m'allonger par terre et de poser mon manteau sur ma tête pour éviter la meute de journalistes et de photographes qui m'attendent. Je me cache et le fourgon surgit du sous-sol, gyrophare allumé et sirène en marche. Nous roulons très vite sous prétexte de la poursuite d'éventuels photographes et ce n'est qu'une fois arrivés sur l'autoroute que je peux m'asseoir normalement.

Là, je ne sais plus quoi penser. Moi qui ne croyais guère aux erreurs judiciaires, je suis dorénavant obligé de reconnaître qu'elles existent et que j'en deviens une victime.

Chapitre 4

Un aller simple pour Beauvais
ou
La première maison d'arrêt

14 h 15. J'arrive à la maison d'arrêt de Beauvais. On me retire les menottes et me propulse dans une cage infecte d'environ un mètre carré, aux murs tagués tapissés de crachats. Là, je suis une énième fois fouillé, déshabillé et on me laisse mariner une bonne heure avant de passer au greffe où l'on relève mon identité et mes empreintes. On me prend ensuite en photo avec mon matricule et le surveillant me gratifie d'une explication succincte du fonctionnement de la maison d'arrêt. Tout en confisquant mes *chewing-gums,* il me remet une trousse de toilette. Mon argent est immédiatement placé sur un compte qui me permettra de commander les denrées alimentaires me faisant défaut.

Un autre gardien me conduit ensuite chez le médecin où une infirmière prend ma tension, mesure mon poids. L'entretien dure cinq minutes et le médecin cherche à savoir si je me drogue, suis alcoolique...

Le même surveillant m'amène après à la lingerie, où un détenu me tend un matelas, des draps, deux couvertures, une mousse informe à usage d'oreiller et une taie. Je reçois aussi une fourchette, un bol et une assiette. Une petite cuillère ? Il faut l'acheter. Quant à ce qu'ils appellent « un canif », il s'agit d'un mini « coupe-chou » à bout rond sans aucun côté tranchant. Aux prisonniers de l'aiguiser... même si ce geste est interdit !

J'apprends à ma grande surprise que je serai placé dans une cellule de neuf personnes, n'imaginant pas que des espaces aussi encombrés puissent encore exister, m'attendant plutôt à trouver, dans le pire des cas, trois ou quatre codétenus. Quand je sollicite des nouvelles d'Odile et de mes enfants, je ne recueille en réponse qu'un silence souverain !

*

À peine arrivé dans la cellule, le ton est donné. Les détenus m'attendent, assis autour d'une table, la mine renfrognée. La télévision marche tellement fort qu'on s'entend à peine parler. À vrai dire, je ne suis pas franchement le bienvenu. Le local est bondé et on me prévient d'emblée qu'il n'y a pas de place pour moi. Le surveillant choisit sur une liste celui qui va débarrasser les lieux. Mais comme le malheureux est au parloir, on défait son lit puis on range ses affaires sans lui. Le surveillant part et me laisse dans la cage aux fauves.

Empli d'effroi, je ne sais ni que faire ni quoi dire. Finalement, un des détenus se présente, bientôt imité par tous les autres. Éludant toute question, ils me résument le fonctionnement de la prison et m'apprennent à la fois comment remplir un bon de cantine et faire mon lit suivant la consigne. En tant que nouvel arrivant, j'ai droit à une douche, toilette suivie du repas, réellement infect. Deux œufs durs nagent en effet entre des choux-fleurs trempant dans une eau blanchâtre tandis que le dessert se résume à un misérable yaourt.

À 18 heures, je me couche en songeant à ma femme et à mes enfants. Quand le journal télévisé annonce les titres du jour, un frisson me saisit : il est question de « l'affaire d'Outreau ». « Un huissier et son épouse y sont incarcérés », explique le reportage. Le présumé coupable, c'est moi ! Mais je n'ai pas le temps de m'angoisser plus encore. Mes yeux se ferment irrésistiblement. Après deux nuits blanches, le sommeil tombe comme un verdict.

*

Je me réveille le lendemain vers 7 heures, prends mon petit déjeuner et passe le plus clair de ma journée le nez collé à la fenêtre, ignorant les autres qui regardent la télévision. À midi arrive le déjeuner, toujours aussi mauvais. À travers la vitre j'observe les pigeons, très nombreux et appréciés puisqu'ils servent d'éboueurs aux détenus qui leur jettent leurs détritus.

À 17 heures, maître Delarue demande à me voir. Je m'entretiens avec lui de ma femme et de mes enfants et le découvre plutôt confiant, assurant de nouveau que, le dossier étant vide, cette incroyable erreur sera vite réparée. De toute façon, m'explique-t-il, il a déjà fait appel de la décision de mise en détention provisoire. Il me délivre en outre de précieux conseils, dont celui de cacher à la fois ma profession et les motifs de mon arrestation, sachant pertinemment que les violeurs reçoivent de la part des prisonniers un traitement pour le moins spécial. « Les pointeurs », comme ils les surnomment, se voient en effet régulièrement molestés, injuriés et frappés. Pour me protéger de ce genre de sévices, j'invente donc une histoire à dormir debout : pour eux, je serai désormais un escroc ayant officié dans l'immobilier.

De retour dans ma cage, je réalise un peu plus l'enfer du décor et l'exiguïté de l'endroit. La cellule est composée de trois lits superposés, de deux tables, de quelques chaises, d'armoires et d'étagères. Les toilettes sont fermées et l'on se débarbouille dans un évier sans eau chaude. La télévision reste la seule ouverture sur l'extérieur puisque les trois fenêtres ont des barreaux pour unique horizon.

Quant à la pire atteinte à la liberté, c'est évidemment l'œillet de la porte d'entrée, judas qui nous observe et nous réveille, nous scrute et nous épie. La porte, elle, est fermée la journée d'un simple tour tandis que le soir, après le repas, et le matin à 7 heures, les verrous sont actionnés. Rien qu'à y songer, ce bruit sourd me fait pâlir aujourd'hui encore, claquement sec qui restera à jamais l'une de mes phobies. Je me réveille à plusieurs reprises pendant la nuit. Et, chaque fois, s'offre à moi la vision de mes codétenus. Certains arrivent à fermer l'œil, mais c'est essentiellement grâce aux somnifères. Quant au surveillant de nuit, à plusieurs reprises il vérifie notre présence à travers les trous grillagés en allumant grand les lumières, ce qui réveille ceux qui comptaient sur l'obscurité pour dormir et qui maudissent alors ce flash maudit.

*

Au fil des jours, ma vie s'organise à l'intérieur de la cellule et je commence à remplir mes tâches, notamment, dès le matin à 7 heures, la sortie des poubelles et des boîtes de médicaments. Le premier dimanche, je vais à la messe où je peux prier à volonté et fais la connaissance d'un prêtre et de deux aumôniers. Je persiste à manger peu car la nourriture est vraiment trop repoussante. De même ai-je beaucoup de mal à dormir puisque constamment dérangé dans mes rêves et mes songes par le son terrible d'une télévision qui dévide à tue-tête des programmes affligeants. Heureusement, il me reste le refuge de la lecture. Parmi la liste des livres de la bibliothèque, je me saisis d'une méthode d'anglais, d'une vie de Clovis et de plusieurs nouvelles d'Alfred Hitchcock.

Le lundi suivant, je subis la procédure habituelle pour les arrivants : la rencontre avec l'assistante sociale. Ma première question porte sur ma famille et elle me promet de se renseigner. Après quoi elle me fait décliner mon identité et mon niveau d'éducation. Je me confie à elle, éprouvant l'impérieux besoin de m'exprimer, lui relatant la bévue commise par le système judiciaire.

Le lendemain, nouvelle démarche. J'ai droit à une radio des poumons, puis à un entretien avec le chef de détention. Quand j'entre dans la pièce et lui tends la main par politesse, je fais chou blanc. J'ignore quelle déontologie lui interdit un simple geste de courtoisie, mais sans doute qu'en milieu carcéral les codes éducatifs n'ont-ils pas les mêmes valeurs. Heureusement, il paraît à l'écoute et quand je lui expose les raisons de mon incarcération, il me conseille, compte tenu de la tournure médiatique de l'affaire, de ne pas bouger de ma cellule et de ne pas me risquer en promenades.

*

Après une semaine d'insomnie et de malnutrition, un surveillant m'apporte un courrier du procureur de la République relatif à la suppléance de mon Étude. Ce qui me fait tout drôle. Pensant que je n'en ai pas pour longtemps, je lui réponds en nommant les confrères que j'imagine pouvoir me remplacer provisoirement.

En fin de journée arrive de la maison d'arrêt d'Amiens un détenu condamné à vingt ans de détention et qui a fait appel. Nous sommes désormais dix ! Vu le manque de place, il doit dormir par terre, sur un matelas à ce point gorgé d'humidité que l'on doit réclamer un carton à poser à même le sol pour l'assécher. De mon côté, je passe mon temps à regarder par la fenêtre, lire, jeter un œil sur certaines émissions télévisées, à faire quelques parties avec un partenaire d'échecs. De quoi essayer de tuer le temps en attendant que le ciel s'éclaircisse. Le lendemain, mon avocat me dévoile les conclusions qu'il va présenter à la Cour et, une fois encore, il se montre confiant.

*

La gorge nouée, les yeux en permanence au bord des larmes, l'esprit broyé par l'horreur des accusations, je n'en peux plus. Voilà maintenant dix jours que je suis emprisonné, endurant l'opprobre et la diffamation, tenu à l'écart de ma famille, transpirant l'angoisse d'un quotidien affreusement vil dans les mêmes habits et sous-vêtements. Au nom de quel droit la société m'a-t-elle retiré ce que j'avais de plus cher au monde ? Ma femme, mes enfants, ma liberté : je suis sûr que je les retrouverai, mais quelle relaxe pourra me laver du déshonneur ? Et puis, comment retrouver mon Étude ? Je me perds en bouffées de colère et crises de désespoir : va-t-on enfin comprendre que nous sommes victimes d'une erreur judiciaire ? Le train infernal qui m'emporte en renversant tout ce que nous avons construit sur son passage s'arrêtera-t-il un jour ? Et si personne ne tire le signal d'alarme, qu'adviendra-t-il, des miens, de moi ?

À défaut, je me laverai par la mort. Je prévois déjà mes funérailles, avec ma dépouille enterrée dans le parc de la maison, sans cercueil mais avec une graine plantée à quelques centimètres de moi pour qu'elle y puise la force que j'ai eue durant ma vie. Des idées noires me gangrènent peu à peu. Mais n'est-ce pas normal chez quelqu'un qui, en moins de quinze jours, a vu son univers se déliter et ce qu'il avait bâti s'effondrer ?

*

J'apprends aussi la nécessité de ne pas manquer d'argent en prison. Notamment à cause de la liste de tickets alimentaires – les bons de cantine – mise à la disposition des détenus et destinée à améliorer l'ordinaire. En puisant dedans, on peut acheter des pâtes, des bonbons, du tabac, des boissons, des timbres ou des enveloppes... si on possède quelque pécule. Des revenus obtenus soit grâce à des mandats envoyés par les familles, soit en travaillant à l'atelier de la prison. Dans mon cas, je recours à la première solution pour ne pas fréquenter l'atelier où mes codétenus plient des feuilles destinées à devenir les tirelires de l'opération « pièces jaunes ». Le travail permet aussi, je l'apprendrai par la suite, de se procurer de la drogue.

Dans la cellule, la promiscuité rend l'ambiance pesante. Quand le pain arrive vers 7 h 30 du matin, nous nous levons et n'échangeons pas un mot même si certains, quelquefois, se risquent à un : « Bien dormi ? » Et ce n'est pas le « café », liquide jaunâtre élaboré à base de Ricoré, qui nous rend de meilleure humeur, le vrai café étant interdit en prison. Néanmoins, j'en bois le matin et plusieurs fois dans la journée parce que ça passe le temps et me permet d'ingurgiter un breuvage chaud. Pour faire un « café », nous faisons bouillir l'eau sur la plaque chauffante à l'aide d'une vieille casserole cabossée, sans manche, dont le bec verseur a été façonné à la main. Le récipient, qui se trouve dans un état lamentable, souillé par un calcaire collé aux parois, nous sert également à chauffer l'eau de lavage du sol, ou l'eau pour se faire la barbe.

En bruit de fond permanent, il y a la télévision, qui fonctionne depuis 8 heures du matin jusqu'au lendemain 4 heures du matin avec simplement une pause au moment de l'atelier, où défile une succession de feuilletons que j'ai toujours détestés. Le soir, c'est évidemment le film qui est choisi, jamais une émission littéraire, historique, économique ou politique, et encore moins un documentaire. À part les chaînes nationales, il y a Canal Plus, une chaîne musicale que mon codétenu Maurice apprécie lorsque nous sommes seuls, ainsi qu'Eurosport et une chaîne Cinéma.

Évidemment, se mettre d'accord sur le programme suscite des débats parfois houleux et quelques coups de gueule. Vivre dans un tel climat, les uns sur les autres, rend chacun irascible. Et oublieux des règles d'hygiène.

Ainsi, au coucher, personne ne se lave ni ne se met en pyjama. Alors je fais comme tout le monde et, sans aucune toilette, je me couche en slip. Avec tee-shirt et chaussettes en plus parce que les nuits sont très froides, les fenêtres restant ouvertes la nuit pour aérer cet espace confiné. Un espace où la promiscuité atteint des sommets de nuisance à cause des flatulences d'un codétenu surnommé Hitler et d'un nuage de crasse et de fumée qui flotte dans la pièce en permanence.

Beaucoup des prisonniers tenant grâce aux somnifères, les rythmes de vie sont désaccordés. Dans la cellule, chacun dort, se réveille, fume, pense, vocifère, plonge à nouveau dans le sommeil, avant de refaire surface, et finalement de rester au lit pour tromper l'ennui jusqu'à l'appel sonore de la télévision ou celui, plus bruyant encore, des jeux de cartes, comme le poker où certains parient leurs cigarettes. Moi, pour tenter de tromper l'ennui autant que l'angoisse, j'ai trouvé, au hasard de mes lectures, un livre dans lequel des détenus demandaient pardon aux victimes. En songeant à mon propre cas, je souffre plus encore : étant à la fois détenu et victime, à qui dois-je pardonner ?

*

Deuxième lundi en prison. Une épreuve plus longue que je ne le pensais. Alors qu'en arrivant, je me voyais remis en liberté sans délai et reprendre mes occupations d'huissier avant de rejoindre le soir mon foyer entouré de l'amour des miens, je continue à moisir en détention. La litanie de mes rancœurs et récriminations me vrille l'esprit. Comment s'extraire de ce piège ? Comment faire rendre raison à ceux qui m'accablent ?

Vers 8 heures, un surveillant vient chercher ceux qui désirent aller à l'atelier. Cinq codétenus se lèvent, s'habillent en vitesse et s'en vont. Jugeant ce travail trop dangereux vu les circonstances, je préfère rester au lit et, vers 9 heures, me forcer à boire un café. Le ventre vide, je me rendors en pensant aux miens avant d'être extrait de ma torpeur par un surveillant me notifiant l'ordonnance désignant un suppléant à l'Étude : il s'agit d'une Société civile professionnelle du ressort du tribunal d'instance de Montreuil-sur-Mer qui, évidemment, n'a rien à voir avec les suppléants que j'avais conseillés. Je ne comprends pas ce changement alors que j'avais désigné mon meilleur ami Hervé, huissier de justice à Calais, ainsi qu'une consœur de Montreuil-sur-Mer. Une nouvelle vexation ? Un énième artifice pour me briser ? Ces confrères vont-ils œuvrer avec autant d'acharnement que l'auraient fait ces proches consciencieux ? J'apprendrai en fait plus tard, par une employée de l'Étude, que les trois suppléants désignés se contentèrent de signer les actes. En tout cas, avec ce nouveau choc, je perds un peu plus mes repères, et me sens partir à la dérive. Un pressentiment me gagne : celui de ne plus jamais retrouver mon Étude, l'œuvre de ma vie de travail.

Vers 11 heures, l'assistante sociale me fait demander. Et m'annonce qu'Odile a été incarcérée à la maison d'arrêt de Valenciennes et mes enfants placés en familles d'accueil. Je n'en crois pas mes oreilles : une famille éclatée, dispersée, à cause d'accusations infondées. Ce que je redoutais arrive : le pire !

Je mange peu au déjeuner, ayant perdu la faim. Et, l'après-midi, je reste en cellule, prostré.

Mon état de santé se détériore. Je fume de plus en plus, moi qui avait perdu cette manie depuis la faculté. L'infirmière prend ma tension – 11/8 au lieu de 13/7 – et me suggère de rencontrer le médecin. Une offre que je décline d'emblée, préférant de loin rentrer en cellule pour m'isoler. Vers 17 heures, mes codétenus, à peine rentrés de l'atelier, ouvrent le poste de télé. Quand le dîner arrive, je joue à la belote avec l'un d'eux jusque 20 heures, puis je regarde les informations avec les autres. Dix dans une pièce minuscule avec chacun son caractère, sa personnalité, relève de l'épreuve. Surtout avec des rapports réduits au strict minimum.

Les discussions ? Sans intérêt. Les dialogues ? Aseptisés ou enflammés quand des disputes éclatent sans prévenir. Si elles entraînent rarement des conséquences physiques, elles dévoilent une violence verbale exacerbée où l'un traite l'autre de « salopard », le second lui rétorque par un « salaud », quand un troisième réplique par « je vais te tuer » ou « je vais te casser la gueule », etc. Des altercations éprouvantes qui naissent parfois pour un rien.

Jour après jour, l'absence d'hygiène me sidère. Fréquemment des disputes s'élèvent pour désigner qui sera de corvée pour nettoyer les plats ayant servi à recevoir la nourriture, Moktar, alias « Momo », se voyant souvent réquisitionné. Quand il s'agit de laver assiettes et couverts, cela se fait hélas sans produit adéquat. Quant à l'entretien de la cellule, il relève de la gageure tant l'état général est déplorable : le carrelage au sol est cassé ou ébréché, les murs crasseux, la peinture écaillée par endroits, notamment sous les fenêtres où l'humidité est importante. Il y a même de l'eau qui coule du plafond, en provenance directe de la condensation d'un tuyau. Quant à l'entretien de ses affaires personnelles, il passe par le lavabo à tout faire ou par la laverie gérée par un détenu, utilisable en cas d'absence de parloir. Ce qui arrive en début d'incarcération, tous les parloirs devant recevoir au préalable l'autorisation du juge d'instruction. Cependant, contre un paquet de cigarettes, « Jerry » peut fermer les yeux sur la procédure. Le règlement a prévu aussi de nous donner, tous les mois, un sachet en plastique contenant quatre rouleaux de papier toilette, un tube de dentifrice, une brosse à dents, six rasoirs mécaniques, un tube de crème à raser, une savonnette et des doses de shampoing. Sans oublier dix berlingots de nettoyage pour le sol, dix-huit flacons d'eau de javel, une bouteille de crème à récurer, deux boîtes de lessive, une serpillière et trois éponges [1]. Comme tout est strictement calibré en ces lieux, les détenus ont en outre droit à trois douches hebdomadaires, dans le bâtiment situé au bout du couloir de distribution des cellules du rez-de-chaussée. Lesquelles se composent de six compartiments séparés par un mur, avec peintures des parois et plafond fortement dégradées et aucun système de chauffage. Cinq douches fonctionnent plus ou moins, sans que personne ne veuille utiliser celle du centre dont le siphon constitue le collecteur général de toute l'installation. Pour la barbe et les cheveux, aucun texte n'érige de conseil strict et on peut les garder longs. Le coiffeur, ouvrier métallurgiste dans le civil, s'occupe de nous dans une petite salle au niveau du rond-point équipée d'une prise de courant.

1. Pour neuf personnes.

On y trouve une simple chaise, un lavabo et un miroir placé en hauteur pour une coupe qui ne se fait pas aux ciseaux mais à la tondeuse. Personnellement, ayant toujours porté la barbe, je souhaite simplement la raccourcir. Pour les cheveux, je demande une coupe très courte parce que j'en perds énormément, ma calvitie galopante étant renforcée par les effets du stress carcéral et l'horreur de me retrouver là.

Une horreur accentuée par ma découverte de cet univers. Comment supporter, en effet, les discussions en cellule désespérément identiques et outrancières – « l'État est un voleur », « les surveillants sont des cons » –, les chamailleries perpétuelles qui se transforment régulièrement en échanges de coups de gueule, l'esprit limité de certains ? Ainsi, quand ils évoquent les peines encourues, mes codétenus envisagent de passer vingt ans en détention et en rient. D'autres errent dans les couloirs, en attente de parloir ou d'infirmerie. Beaucoup parlent des autres maisons d'arrêt, notamment celles d'Amiens, de Fresnes et de Rouen, comme s'il s'agissait de représentants d'un guide touristique. Autant de remarques qui m'apprennent que je côtoie nombre de récidivistes. Quel novice je suis. Et dire que j'ai étudié pendant un an la criminologie et plus précisément la science pénitentiaire !

Je ne tarde pas non plus à m'apercevoir que les bagarres sont plus nombreuses que je croyais, horrifié plus particulièrement par l'histoire de cinq détenus ayant « tabassé » l'un des leurs pendant toute une nuit sans qu'aucun surveillant en soit averti, victime qui refuse d'ébruiter l'affaire ou de se plaindre de peur de représailles. Ici règne la loi du silence. À l'infirmerie, il préfère déclarer être tombé dans l'escalier ! Cela pourrait-il m'arriver ? J'en tremble. Parfois aussi, un détenu passe au mitard, une sorte de microcellule individuelle, sans télévision, aux sinistres grilles, punition souvent servie en cas d'injures à un surveillant. Par bouffées, à maintes reprises, je m'effraie de mon sort : mais qu'ai-je fait, mon Dieu, pour mériter cela ?

*

Chaque jour, mon moral s'étiole. Parce que je suis toujours sans nouvelles écrites des miens, bien qu'ayant reçu du linge propre déposé par leurs soins, et aussi parce que je trouve que mon dossier n'avance pas.

À l'issue de cette première quinzaine, je revois maître Delarue. L'orage ne s'éloigne pas : l'appel de ma mise en détention provisoire a été rejeté. Pourtant, il se veut rassurant, arguant que la presse s'étant emparée de cette affaire, elle va vite expliquer que rien ne tient. Dès lors, selon lui, je ne dois pas perdre espoir. Ses paroles apaisantes me rassurent, le ciel commence à s'éclaircir en mon for intérieur.

C'est donc un peu moins angoissé que je me rends à l'infirmerie pour répondre à un questionnaire sur mes habitudes sexuelles. On en profite pour me proposer un test de dépistage du sida, offre que je rejette. L'infirmière exigeant une décharge pour refus d'analyse de sang, de guerre lasse je cède et me laisse docilement « piquer » pour une recherche complète incluant également les tests de l'hépatite et de la syphilis.

Quand je regagne ma cellule, mes codétenus sont partis à l'atelier, ou en formation. Dès lors, la journée traîne en longueur. Des petits riens servent à tromper mon ennui. Qu'il s'agisse de lecture, de télévision, ou de cigarettes, ces plaisirs mineurs me soutiennent. En conclusion du jour, je regarde par la fenêtre, m'allonge sur mon lit et ressasse mon passé, cette incroyable histoire, la mienne. La même question hante mes pensées depuis mon incarcération : cela finira-t-il ?

*

Un huissier en détention, c'est assez rare. Un huissier accusé de pédophilie et innocent encore plus. Et un huissier – moi – obligé de dormir dans une cellule de « violeurs » ou d'« abuseurs sexuels », je n'aurais jamais cru cela possible. En fait, il est de coutume, dans la maison d'arrêt de Beauvais, de regrouper les violeurs ou supposés tels dans deux locaux qui se jouxtent pour les protéger des autres. En effet, en passant près de nous, les prisonniers nous injurient, comme on m'en avait averti, en nous traitant de « pointeurs ». Si bien que les douches ne se font qu'entre détenus de notre cellule, sans aucun mélange avec les autres. Même les promenades collectives nous sont interdites, sous peine de bagarres assurées. Travailler à l'atelier relève souvent de l'opération suicide. Et moi, je me retrouve au milieu de ces malades alors que je suis innocent : quelle embardée du destin !

Je partage ma cellule avec une brochette de personnages pour le moins particuliers. D'abord il y a Patrick, un Réunionnais qui râle sur tout, la société, la justice, la prison. Ce dépressif, accusé de viol, demeure en attente de jugement. Incarcéré depuis dix mois, recevant du courrier au compte-gouttes, privé de parloir, toujours à la limite de la crise de nerf, il « pète souvent les plombs » et a, depuis son incarcération, fait un séjour en psychiatrie durant une bonne quinzaine de jours. De religion hindoue, il va pourtant quelquefois à la messe, mais ne mange jamais de bœuf. À la place, on lui propose une autre viande, du poisson ou encore des œufs, qui finissent directement à la poubelle puisque pour l'essentiel il se nourrit de pain et d'harissa.

Mario, lui, peu bavard, attend d'être jugé pour viol et adore Johnny Hallyday, Bob Marley... Archétype du prisonnier, il se fait lui-même ses tatouages à partir de dessins obtenus depuis un calque qu'il s'imprime sur la peau en savonnant énergiquement le tout. Une fois cette étape franchie, il se pique à l'encre de stylo.

Cyril, de son côté, fait montre d'une certaine culture, ayant une formation d'informaticien. Homme utile, il m'apprend à jouer à la belote, au huit américain, et me sert de partenaire attitré aux échecs. Incarcéré pour viol, il a deux enfants de six mois et neuf ans, issus de deux femmes différentes dont l'une est décédée.

Moktar, lui, est muet comme une carpe. N'ennuyant jamais personne, se moquant des programmes télé, ce musulman fait quotidiennement ses cinq prières sans jamais lever un coin de voile sur sa vie. Ni sur les raisons de sa présence dans cette unité.

Il y a aussi un deuxième Cyril, dit « Atchoum », le plus jeune du groupe avec ses dix-neuf ans. Querelleur et violent, ne tenant pas en place, il est toujours prompt à ennuyer son monde, et plus particulièrement son bouc émissaire Jean-Marie, qu'il surnomme « la putain ». Accusé de viol et en attente de jugement, ce surexcité permanent sait à l'occasion se montrer drôle et serviable. C'est d'ailleurs lui qui, le plus souvent, prépare le cinquième repas, trop heureux de mettre en avant sa formation de cuisinier. C'est aussi avec lui que je fumerai mon premier joint.

Noël, dit « papy », le plus âgé, a été condamné pour « agressions sexuelles par ascendant ». Il mange beaucoup et pratique la gueulante, en bon Italien, comme une activité de loisir. Son accent est tellement prononcé que, lorsqu'il parle, je dois comprendre à peu près un mot sur deux.

Il y a aussi Laurent, incarcéré pour un motif n'ayant rien à voir avec nos chefs d'accusation puisqu'il a tiré sur son frère, qui sera prochainement amputé d'une jambe. Maugréant fréquemment depuis que Jean-Marie et Atchoum l'ont pris en grippe, il parle souvent de « cul » et de se faire « sucer ». À mon sens, avant de se retrouver en prison il ne devait pas boire que de l'eau !

Le fameux Jean-Marie, alter ego d'Atchoum, est en attente de jugement pour viol, même si, selon son langage imagé, il n'a jamais « sorti sa queue » et se vante d'avoir une vie de famille exemplaire avec femme et enfants.

Et puis, pour finir, je ne dois pas oublier Maurice, le dernier arrivé, celui qui couche par terre. Un homme énigmatique, capable de rester assis comme un bonze des heures entières sans rien dire, à fumer et à boire du café. Venu de la maison d'arrêt d'Amiens et en transfert à Beauvais pour l'appel de la décision de la cour d'assises l'ayant condamné pour viol, il attend la sentence finale. Qui tombe le 5 décembre avec un verdict de dix-huit ans, et une peine de sûreté de douze ans. Ce qui n'est pas une surprise pour ce récidiviste déjà incarcéré durant sept ans.

Enfin, bien sûr, il y a un escroc commercial lillois : moi. Pour avoir la paix, j'ai donc expliqué que j'étais professeur de droit et que, dans le cadre de mon affaire, mon épouse avait également été incarcérée. Dès lors on m'affuble du surnom de « prof » qui, si j'en tire un semblant de respect, ne me procure aucune gloire. En ces lieux, on apprend vite à être prudent et, surtout, à le rester.

*

Pendant ces premiers temps de détention, les charges retenues contre mes compagnons d'infortune m'incitent à la méditation sur la prison. Telle que je la vis ici, je constate une négation de l'être humain dans toute son horreur. Mais que faire des violeurs ou des assassins, sinon les regrouper ? Certes la question se pose mais il m'apparaît évident que, dans ces conditions, ils nourrissent contre la société des sentiments de haine et de vengeance irréversibles. Parler d'insertion future relève du joli conte que les récidivistes, majoritaires, mettent en pièces sans vergogne. Pire, la prison elle-même fonctionne en grande partie sous le signe de l'inégalité et de la débrouille. Ici, pour survivre, on apprend qu'un rien se paye, que tout est disponible à condition de le monnayer.

Or, la monnaie courante – en plus de quelques billets – n'est autre que la cigarette, livrée à l'unité ou en paquets. Pour une clope ou une cartouche, on marchande tout, cannabis ou autres drogues, nettoyage des vêtements... Le « taux de change » de la cigarette est même tellement élevé que la majorité fume des roulées. Moi-même, je me remets peu à peu à cloper sans me poser de questions. Et pas seulement du tabac. La drogue étant en vente quasi libre, je n'ai guère de mal à m'adonner aux plaisirs artificiels du cannabis et de la marijuana. Un trafic généralisé qui concerne aussi les médicaments, et, plus particulièrement, les neuroleptiques et les antidépresseurs. Au lieu de servir d'endroit permettant une prise de conscience de soi, la prison nous pousse au-delà de nos limites. Un comble !

*

Plus mon incarcération dure, plus je sombre psychologiquement. Je sais que je dois tenir mais comme les activités me manquent, je tourne en rond, ressassant les jours heureux du temps jadis, les instants bénis où j'étais libre.

Je revois en rêve ma femme chérie, mes trois beaux enfants et ces belles heures de métier exercées avec passion. Songer à ces moments doux me brise tellement qu'il m'est même difficile de regarder certains programmes télévisés évoquant les familles réunies. Quand je découvre à l'écran les publicités présentant un bonheur familial sans ombre ni souci, la gorge me serre et je suis exaspéré. À l'approche de Noël, je songe par exemple aux cadeaux achetés par Odile en prévision de cet événement qui aurait dû se dérouler chez mes parents, et où chacun aurait déposé dans la joie de nombreux présents sous le sapin.

Oui, j'arrive à en vouloir à la terre entière, et plus particulièrement encore à ce système judiciaire français qui laisse des dossiers se perdre et nous noyer, aux confins de l'inexpérience. Nul doute, dans mon esprit, que si ma famille n'avait pas, plus que jamais, besoin de moi, j'en finirais d'emblée avec la vie. Plus le temps passe, plus j'ai en effet l'impression d'être à la dérive de moi-même. Renouer avec ma vie passée et entendre les excuses de la Justice pour cet énorme gâchis se transforme à mes yeux en un horizon indépassable, toujours plus lointain.

*

Un horizon qui glisse de ma vue comme les jours glissent dans mon esprit. Un jour, puis un autre et encore un autre, ma détention s'éternise et mes espoirs s'amenuisent.

Le quotidien se voit parfois rythmé par la visite d'un surveillant qui vient nous compter, nous prévenir d'un parloir, distribuer le courrier ou encore chercher les volontaires pour l'atelier ou pour se rendre en formation, mais moi je m'enfonce. La nourriture m'est de plus en plus insupportable et je n'ai trouvé qu'un seul plat correct : les frites ! Une quantité incroyable de « nourriture » est mise à la poubelle, jetée dans les toilettes ou distribuée par la fenêtre aux très nombreux pigeons. Seuls les yaourts, le fromage, les fruits et légumes crus m'inspirent en fait un semblant de confiance. Chose curieuse néanmoins, aucun détenu ne maigrit, alors que tous sont globalement sous-alimentés. La raison ? Le fameux cinquième repas, ce complément du soir réalisé à base de produits cantinés, achetés à la prison, constitué de pâtes, de *corn flakes*, de chocolat, de bonbons, de biscuits et de diverses boissons sans alcool.

Journées les plus pénibles ? Les samedis et dimanches parce

qu'il n'y a pas atelier et que nous restons enfermés à dix dans notre cellule glaciale en fumant comme des malades pour apaiser notre ennui mortel. Depuis trois semaines que je suis enfermé, j'ai toutefois pris l'habitude d'aller, le week-end, soit à la réflexion biblique du samedi, soit à la messe du dimanche. Quant à mes seules joies véritables, elles résident dans les rares parloirs de mes sœurs, et la correspondance que j'entretiens au quotidien avec les miens, outrés par ce qui m'arrive. Le reste du temps, je m'abreuve d'ennui et dépéris.

Personne ne fait de nuit complète, alors que six d'entre nous absorbent des somnifères. Le Stilnox® est-il encore efficace, à force ? En tout cas, je me résigne à la déveine quand je réalise que mon lit se situe au cœur du courant d'air provoqué par les deux fenêtres et l'espace aérateur, sous la porte.

En plus du froid, le bruit me vrille le moral. Je ne fais pas simplement allusion aux « ronfleurs » ni à la télévision qui fonctionne jusqu'à 4 heures du matin, mais aussi aux sons provenant des autres cellules. Leur vacarme est parfois tellement intense qu'il nous réveille en pleine nuit et nous oblige à tendre l'oreille afin d'en deviner causes et provenance. Régulièrement, nous entendons taper sur les portes, vociférer par les fenêtres, hurler les radios, bouger les meubles, crier des prisonniers frappés... Sans parler du glougloutis insistant et obsédant de l'évacuation des eaux usées provenant de l'étage supérieur.

Froid, fumée et bruit sont donc notre lot quotidien, auquel s'ajoute le manque d'espace vital. La minuscule largeur des lits ne nous permet pas de bouger correctement. Il est impossible, notamment, de plier les jambes sans que les draps et les couvertures ne sortent de sous le matelas. Quant aux barres situées de chaque côté du lit, elles présentent comme seul agrément celui de nous cogner la tête au moindre mouvement mal calculé. Pour briser l'élan du coulis d'air, nous en sommes réduits à calfeutrer les extrémités des lits avec des sacs poubelles fort peu « esthétiques ». Autre inconvénient notable, les couches étant constituées de trois étages superposés sans échelle, on doit marcher sur les barres des couchettes inférieures pour accéder aux couchages et réveiller immanquablement ceux qui dorment en dessous.

Moi, le campagnard, en regardant chaque jour cet univers

glauque dont les mâchoires m'enserrent, je pense aux vaches qui dorment calmement dans des stabulations artificielles, sans bruit, bien au chaud d'un box correctement dimensionné et garni de paille. En cette cellule, pas de doute : pour la société, nous ne valons pas même un bovin.

*

Nos vachers sont-ils mieux lotis ? Pas forcément. Dans l'ensemble, les surveillants se montrent corrects, même si on nous dénie la simple politesse de nous faire appeler monsieur. Ici, nom de famille et tutoiement de rigueur servent à montrer qui sont les maîtres. Et, en échange, nous devons leur donner du « surveillant », ou « chef » s'ils ont des galons. Ces matons, ou bricards pour utiliser le jargon carcéral que j'ai la tristesse de découvrir, possèdent tous une personnalité et un caractère spécifiques. Certains sont plus sympathiques que d'autres, mais aucun ne semble porter de jugement sur nous. Comme dans toutes les professions il y a des imbéciles, mais, ici, ces derniers relèvent de l'exception. « Pépito », « Amiens », « pitbull », « géant vert », selon les surnoms dont les affublent les détenus, engagent parfois la conversation. Si, connaissant le motif de mon incarcération, ils restent discrets, ils n'hésitent pas néanmoins à prendre des nouvelles de mes auditions. Une sollicitude bienfaisante dans ce monde hostile. L'un d'entre eux s'est même avéré particulièrement sympathique quelques jours plus tôt. Au cours d'une douche, il n'a pas hésité à laisser ouvertes la porte de la cellule et celle des douches pour nous permettre quelques minutes de libre circulation afin de nous laver à notre aise. Après une demi-heure, il est venu vérifier que nous avions bien terminé et a refermé la porte en toute confiance. Un peu d'humanité qui m'a fait du bien.

Dans le personnel de santé aussi, il y a des comportements variés. Constituée d'un médecin généraliste, d'un médecin psychiatre, d'un psychologue, d'un dentiste, d'une infirmière et d'une secrétaire, l'équipe médicale se montre globalement à l'écoute. Si l'on se plaint, dans la journée, d'un mal quelconque, un surveillant vient nous chercher pour nous accompagner jusqu'à la porte blindée de l'infirmerie. Là, le détenu est placé dans une cage d'attente de quelques mètres carrés, propre, où tout le monde s'entasse au gré des arrivées. La qualité des soins ? Variable. À côté du médecin généraliste qui expédie les visites, l'infirmière sait se montrer gentille tandis que le psychiatre est apprécié par chacun pour ses compétences.

Les couloirs de la maison d'arrêt sont fréquentés par une troisième catégorie d'intervenants extérieurs : ceux de l'Éducation nationale. Qui font ce qu'ils peuvent dans ce microcosme où le parcours scolaire de la plupart des prisonniers n'est pas allé bien loin. À tel point que lorsqu'ils découvrent un détenu possédant son bac, ils n'en reviennent pas. Ainsi, au début de mon incarcération, l'enseignant de la prison me convoqua, comme tout nouvel arrivant, pour vérifier mon alphabétisation et me présenta un texte à déchiffrer. Quand il s'enquit de mon niveau d'instruction, il m'en dispensa sans sourciller, étant essentiellement là pour apprendre à lire aux détenus. Il m'a toutefois proposé un programme informatique en langues, offre que j'ai refusée, croyant faire à Beauvais un séjour de courte durée. Et puis, après un mois de détention, j'ai changé d'avis et décidé d'améliorer mon anglais. Régulièrement alors, j'ai pris le chemin de la salle de classe, composée de tables, de quatre écrans informatiques et munie de deux méthodes d'anglais. Paradoxalement, dans cette prison où l'inculture est aussi répandue que la violence verbale, nous sommes seulement trois ou quatre à suivre les cours. Dont un détenu désireux d'apprendre à lire, d'un niveau scolaire de fin de cours préparatoire. L'illettrisme est un tel fait courant que dans ma cellule, sur dix, deux ne savent ni lire ni écrire. Ce qui me vaut parfois, d'ailleurs, d'être sollicité par eux pour rédiger des documents officiels. Par la force des choses, je deviens écrivain public !

Une tâche que j'accepte puisque tout est bon, en détention, pour passer le temps.

Chapitre 5

L'espoir d'une audition
ou
La marche à sens unique de l'instruction

En ce mercredi, je dois subir un interrogatoire chez le juge d'instruction. Va-t-il enfin reconnaître ses torts ? Reconnaître qu'il s'est fourvoyé ? Me rendre justice ?

Dès l'aube, je m'agite dans mon lit, ne tenant plus en place. Une foule de mots, de répliques, d'idées, de souvenirs se bouscule dans mon esprit. Anxieux à l'extrême, la seule pensée qui me calme reste de songer aux miens. Et notamment à la Saint-Nicolas que nous avons coutume de fêter tous les ans à la maison avec son lot de cadeaux pour les enfants, de couque au petit déjeuner et, pour les adultes, de victuailles savoureusement arrosées.

Je ne dors pas, et je ne suis pas le seul. À 5 h 30, une radio tonitrue depuis la cellule voisine, réveillant certains d'entre nous. J'entends un surveillant rétablir l'ordre. De nouveau s'étale le silence relatif de cette maison d'arrêt où ma vie s'enlise.

À 7 heures, un gardien passe dans notre geôle et m'informe que, dans un quart d'heure, je dois partir pour Boulogne-sur-Mer. Je me lève, m'habille en vitesse et file à la fouille. La demi-heure suivante, je vais au greffe où m'attendent deux gendarmes. Là, on me tend un sandwich auquel je ne touche pas. Les gendarmes me passent les menottes.

Je suis ensuite transféré dans un fourgon cellulaire, autrement dit une camionnette antique composée de minicellules. En fait de compartiment, il s'agit plutôt d'une cage avec, à l'intérieur, un endroit pour s'asseoir. Et seulement s'asseoir, puisqu'il est impossible de se relever ou, simplement, de se retourner. Le véhicule démarre et me voici brinquebalé dans ce fourgon infernal, d'un autre âge, comme un animal de cirque. Secoué dans tous les sens, je ne peux même pas poser la tête contre la paroi tellement elle vibre.

Arrivés à Boulogne-sur-Mer, les gendarmes se trompent de direction. Désemparés, ils me sortent de la cage et m'enferment dans une autre, située face à la route, pour que je puisse leur indiquer le bon itinéraire. Celui qui me conduit vers la liberté ?

*

9 h 30, arrivée au palais de justice. Avec passage par la porte principale et entrée dans le hall du tribunal où nous patientons dix bonnes minutes, en attendant qu'un gendarme puisse garer le véhicule. Autant d'attentes lancinantes et interminables qui m'apparaissent comme des punitions à répétition.

Le personnel du greffe et certains avocats qui passent à côté de moi me reconnaissent parfois. Quelques-uns me glissent des bonjours furtifs. En les voyant, un profond sentiment de gêne m'envahit : ces témoins de ma vie passée découvrent aujourd'hui ma déchéance. Je suis embarrassé pour moi, mais aussi pour eux : croient-ils réellement aux sornettes, inepties et contrevérités que l'on colporte ?

Quand le second gendarme arrive, je pense mon calvaire terminé, mais non il part aux toilettes et nous restons à nouveau là, tandis que défilent d'autres personnes que j'avais côtoyées autrefois, visages connus qui me font baisser les yeux de honte.

Enfin nous montons vers le bureau du magistrat, devant la porte duquel les gendarmes, une fois de plus, me font patienter. À 10 heures, mon avocat arrive. Aucune pièce n'étant disponible pour un bref entretien, nous conversons dans le couloir. Après m'avoir exposé le contenu du dossier, il m'assure que beaucoup d'éléments sont à ma décharge. Un peu rasséréné par sa confiance, je vois le jour de ma libération poindre. Au loin.

Dans le bureau, le juge d'instruction arbore toujours son air fermé et un costume trop large. Libéré des menottes, j'ai les poignets rougis, le magistrat me pose une multitude de questions, toutes à charge. Dire que je me trouve devant celui qui a brisé ma vie ! Je réponds clairement, renouvelle mes protestations d'innocence tandis qu'il réitère ses accusations. Chacun campe sur ses positions ; je me bats pied à pied et je crois le voir céder du terrain, voire reculer.

Après trois heures d'interrogatoire, il ne fait plus aucun doute, désormais, dans mon esprit, que mon point de vue sera enfin entendu. Voyant Fabrice Burgaud afficher une pointe de déception, je me dis qu'il a enfin réalisé la bêtise commise et va demander ma relaxe. Les jours suivants m'apprendront que je me leurre encore.

*

Les gendarmes me remettent les menottes et je remonte, plutôt confiant, dans le fourgon, gagné par l'espoir de recouvrer ma liberté pour la Saint-Nicolas. J'entends presque déjà les rires de ma famille.

À 13 h 30, départ pour la maison d'arrêt de Beauvais. Mon dos me fait terriblement souffrir mais l'espérance me sert de médecin. Je ne veux plus penser qu'à ma sortie imminente et à Odile, bien sûr, qui a sans doute enduré la même épreuve que moi.

Durant le trajet de retour, qui dure deux heures, je m'angoisse pour mes enfants, qui ont dû être placés chez des inconnus et que je ne peux voir. Une fois arrivé au greffe, on me retire les menottes et me flanque dans une cage malpropre d'un mètre carré. Au bout de vingt minutes, on vient me conduire au rond-point, la partie centrale de la prison, et je suis jeté dans un autre cagibi tout aussi insalubre pour y être fouillé.

Maurice s'abrutit devant la télévision quand j'apparais. Les autres détenus revenus de l'atelier me harcèlent de questions. « Alors, comment ça s'est passé ? » ; « Tu l'as senti bien ? » ; « Tu crois quoi ? »... Bien sûr, je mens, déjouant les interrogations délicates en me montrant le plus vague possible : il en va de mon intégrité physique. Le dîner arrive et mon appétit semble renaître. Je garde, chevillé aux tripes, après cette audition, le sentiment que les représentants de notre justice ont enfin fait montre, aujourd'hui, d'un soupçon de bon sens. J'ai mal au dos certes, mais, vers minuit, je m'endors aisément, l'âme gagnée par quelques onces de sérénité.

Je ne le sais pas encore, mais en fait je ne suis qu'au début de mon parcours du combattant de la vérité. Qu'au commencement du chemin de croix à suivre vers la reconnaissance et la réhabilitation. Qu'aux prémices de ce long calvaire au cours duquel vingt-deux demandes de libération sous contrôle judiciaire me seront refusées.

Chapitre 6

Les mots pour le dire et l'écrire
ou
Quand la parole peine à soulager

Le lendemain matin, bien que réveillé à 7 heures, je décide de me donner du bon temps en restant au lit. Je laisserai les premiers détenus se préparer pour l'atelier et rejoindrai les autres à la douche de 9 heures. En mon for intérieur, j'ai l'impression que la malchance change de bord.

En fin de matinée, je reçois deux lettres de ma sœur Thérèse, une de ma sœur Dany et une de mes beaux-parents. Rien qu'en touchant ces enveloppes, ouvertes préalablement par l'administration, je suis frappé de bonheur. Lentement, je les pose sur mon cœur, murmurant mon adresse et celle de l'expéditeur à plusieurs reprises, avant de me décider à les parcourir.

Devant ces courriers chaleureux et réconfortants, montent à mes yeux des flots de larmes. Si mon bonheur est immense de recevoir ces marques de soutien, pas question d'offrir une prise, de laisser voir des marques de faiblesse à mes codétenus. Alors, je me cache, conscient de la nécessité de me montrer fort en ne laissant rien paraître.

L'étau se desserre-t-il pour que ces missives me soient enfin parvenues ? Je le crois mais je me trompe. Il me faudra en effet attendre le 10 décembre 2001, soit quasiment un mois après mon incarcération, pour recevoir une deuxième livraison. Des lettres de la famille, d'amis, pas de mes enfants ni de ma femme puisque nous n'avons pas le droit de communiquer, certaines datées du 26 novembre, ainsi que des photographies de mes trois enfants qui me font chavirer de bonheur et que je conserve comme des reliques.

*

Une heure plus tard, un surveillant pousse la porte de la cellule et s'adresse à moi.

— Marécaux, recommandé pour toi !

Interloqué, je signe le bordereau de l'accusé de réception, et découvre une lettre provenant de la direction de l'enfance et de la famille. Cruauté ignoble de l'administration, on m'informe du placement de mes enfants tout en me menaçant d'une procédure d'abandon si je ne me manifeste pas. Comment le pourrais-je puisque je suis incarcéré ? Et ne le savent-ils pas, puisque j'y suis sur décision d'un magistrat ? Kafka et Ubu se sont donné le mot pour ajouter la bêtise et le grotesque à l'ignominie. Ma femme et moi ne sommes coupables de rien, mais on nous retire la chair de notre chair d'un coup sec, comme une sauvage morsure au cœur. J'enrage, je pleure. Je n'en peux plus de tant de malheur.

Ce retour brutal du cauchemar me gonfle d'une haine inimaginable. J'en veux à la machine judiciaire comme jamais, jusqu'au désir de vengeance personnelle. Pourquoi mes enfants ont-ils été placés dans des familles d'accueil alors que nous avons de la famille prête à les recevoir ! Pourquoi cet aveuglement ? Pourquoi ce refus de voir leur bonheur primer sur les rouages d'une procédure inique ? Pas de doute, à cet instant précis, si je pouvais tuer, je crois que je le ferais sans hésiter.

En somme, alors que j'espérais un coin de ciel bleu dans la noirceur de notre destin bousculé, je suis victime de deux diktats injustifiables : le premier a été tenté par la police quand elle espérait des aveux pour des faits que je n'ai pas commis et le second m'est infligé par un système judiciaire en proie aux incohérences qui me met sous le coup d'une procédure d'abandon de mes enfants tout en m'empêchant d'agir en père !

*

Vais-je à jamais subir cette alternance de moments plus positifs et de coups de massue assénés par un système embarqué dans une logique erronée ? Je m'interroge et je n'ai aucune réponse. Qui pourra me les donner ? De l'extérieur viendra-t-il de l'aide ou simplement une main tendue ?

Je l'ignore mais j'attends.

J'attends notamment le parloir, trois par semaine pour les prévenus et un pour les condamnés, rencontres dont on n'est informé que le jour même. Le premier tour est à 14 heures, le deuxième à 15 heures et le troisième à 16 heures. Un peu avant, on vient nous chercher pour nous conduire vers le rond-point, où a lieu une fouille habillée. Ensuite, c'est l'entrée dans une cellule d'attente où s'entassent les autres détenus, lieu situé dans le bâtiment administratif. Au parloir ouvert à tous, chaque prisonnier trouve à disposition une petite table et quatre chaises, mais aucune intimité. Dans cette pièce exiguë, le désordre règne : des enfants crient, des mères pleurent, des familles s'embrassent bruyamment. Pour entendre son interlocuteur dans ce brouhaha, il convient de tendre l'oreille et de forcer la voix. Et les plus malins profitent de ces contacts avec l'extérieur pour passer discrètement des messages, des instructions pour la gestion de certaines affaires, voire recevoir ou donner des objets interdits. Il suffit en effet de cacher la « chose » dans ses chaussettes, la manche d'un vêtement ou le slip. Quand sonne la fin de cette récréation, sous les pleurs des enfants, il faut se diriger vers des cabines où un déshabillage complet est obligatoire.

Mais moi, qu'ai-je à attendre de ces parloirs, si mon avenir n'est pas plus serein que mon présent ?

*

L'envie de pleurer me gagne à nouveau. Et cette fois, c'est de rage. La hargne monte en moi. Vers midi trente, un surveillant m'informe, à ma grande surprise, que j'ai parloir l'après-midi même. La nouvelle me réjouit et apaise un temps ma colère. Je suis heureux de voir quelqu'un de proche, quelqu'un à qui je pourrai parler en toute franchise.

Vers 16 heures, un gardien vient me chercher. Après le rituel de la fouille et quelques minutes interminables, j'aperçois mes deux sœurs Thérèse et Dany. Nous pleurons de joie en nous retrouvant enfin, les embrassades se succédant dans un élan de bonheur instinctif alors même que nous savons combien ma situation est dramatique. Je reçois grâce à elles des nouvelles de mes parents, pour qui le choc est très rude mais qui remontent la pente et se battent pour moi. J'ai également quelques informations sur les enfants, placés dans des familles d'accueil différentes et fréquentant de nouvelles écoles. L'une d'entre elles se trouve à Outreau, ce qui est un comble. Quant à Odile, mes sœurs me la décrivent dans le même état d'esprit que moi : la haine rivée au corps et mue par une incroyable soif de vengeance.

Thérèse et Dany développent leur stratégie pour nous porter secours, dont la constitution d'un comité de soutien. J'exprime mes doutes quant à son efficacité, mais elles y croient. Elles confirment aussi avoir vu mon avocat pour qui, normalement, ma libération n'est plus qu'une question de jours. Nous dissertons alors sur la bêtise commise par l'institution judiciaire. Une heure de parloir qui me donne l'impression de n'avoir duré que cinq minutes quand, vers 17 heures, elles doivent me dire au revoir. En les quittant, j'ai de nouveau les larmes aux yeux. Comment pourrait-il en être autrement avec pour seule perspective de regagner ma cage !

Chapitre 7

Parole d'un fils et fausse vérité de justice
ou
La convocation devant le juge des enfants

Décembre 2001. À l'ignominie, la fabulation et la présomption de culpabilité se joignent. Je suis convoqué devant le juge des enfants.

Puisque, dans le dossier d'Outreau, tous les « notables » sont d'avance considérés responsables et fautifs par les enquêteurs bien que n'ayant jamais été accusés de quoi que ce soit de semblable auparavant ; puisque, dans la folie, la pression et les questions mal posées d'un interrogatoire conduit par des policiers, forcément impressionnant pour un esprit sensible ayant toujours eu propension à inventer des histoires pour plaire et se rendre intéressant, mon cher fils a fait une déclaration abracadabrante portant à caution, je me retrouve en ce jour tragique et éprouvant devant le juge des enfants. Parce que Sébastien, du haut de ses neuf ans, a raconté lors d'une déposition, au détour d'une phrase manifestement suggérée par des adultes non formés à recueillir le témoignage des enfants, que je lui avais « tiré le zizi », mots immédiatement métamorphosés en « masturbation », je dois répondre de la terrible accusation d'agression sexuelle contre ma propre progéniture. Non content de retenir à mon encontre des violences pédophiles imaginaires sur des enfants dont j'ignorais jusqu'à l'existence, à cause de ce propos incroyable, détourné et transformé par le regard orienté d'adultes, monté en épingle alors qu'il n'a en rien la signification que ces gens lui prêtent, je suis désormais sous le coup d'un autre délit grave : une forme d'inceste. Mais comment m'extraire de ce puits sans fond ?

« Puisqu'il leur faut à tout prix me coincer, me dis-je, voilà donc ma détention justifiée ! Mon pauvre Sébastien a toujours aimé exagérer pour se mettre en avant, défaut véniel que je lui pardonne, mais, aujourd'hui, cette parole, dans le contexte, devient terrible pour moi. » Qui comprendra que mon fils, devant des adultes, a toujours eu tendance à vouloir aller dans leur sens, autant pour faire plaisir que se rendre intéressant ou même se faire plaindre ? Que ce petit garçon un peu dans ses rêves a déjà prétendu certaines choses sorties de son imagination, un simple mal de ventre devenant une douleur l'empêchant de faire un pas, racontant que nous habitions un château avec jardinier, possédions des voitures de luxe, avions une employée de maison... ?

*

Quel père va alors se présenter à la vindicte du juge ? Un pédophile ? Évidemment non, mais un homme trop souvent absent, absorbé par son métier d'huissier, qui travaillait près de quatre-vingts heures par semaine jusqu'à en oublier quelque peu sa vie de famille. Un père qui avait tendance à trop en faire mais qui s'évertuait, malgré sa journée de labeur débutant dès 9 heures du matin, à conduire ses enfants à l'école pour être quelques instants avec eux, quitte à se passer plus tard de déjeuner ; un père oubliant sa fatigue et dormant peu, resté collé au bureau comme une huître à son rocher jusqu'à 23 heures, et qui, en rentrant le soir, trouvait sa petite famille dans les bras de Morphée lorsqu'il venait l'embrasser. Un père aimant certes, mais au sens noble du terme, sans aucun dérapage ou attouchement coupable. Un père qui, aujourd'hui, ne sait comment expliquer – mais qui le doit parce qu'on le lui impose – qu'une affection normale n'est en rien le masque d'une atteinte impudique.

Seules exceptions à cette règle du travail acharné, mon retour le mardi peu avant 20 heures, parce qu'Odile donnait un cours de gym. Étant rarement auprès de mes enfants, je goûtais alors ces heures comme autant de moments rares et privilégiés durant lesquels nous jouions ensemble. Comme j'appréciais – sans savoir où ce banal combat que pratiquent nombre de pères me conduirait – nos « bagarres » en famille du dimanche matin. Le but du jeu ? Garder le lit parental comme un bastion à protéger des assauts répétés des enfants faisant tout pour y accéder. Dans un grand délire, une cocasse folie, la famille pousse des cris, chahute et parfois un enfant tombe du lit. Peut-être un jour ai-je pu, par inadvertance, pincer le « zizi » de Sébastien, pour reprendre ce terme, mais je ne me le rappelle même pas. Et, évidemment, si cela arriva, il ne s'agissait en rien d'une malveillance, voire d'un vice de ma part.

Ce genre de chahut anodin n'est-il pas arrivé à tous les parents ? Cela fait-il pour autant d'eux d'infâmes abuseurs ? Doivent-ils, désormais, s'interdire de jouer par crainte de subir les mêmes accusations ? Et puis, mes autres enfants ont-ils rapporté des « faits » – les guillemets sont à dessein – semblables ? Bien sûr que non, mais à cause de deux mots malheureux de Sébastien, prononcés devant les enquêteurs dans le contexte d'Outreau, je suis désormais suspect de tout. Deux mots que son frère et sa sœur n'ont en rien corroboré mais cela personne n'en tient compte à ma décharge. Deux mots qu'à jamais j'aurai le fardeau de devoir expliquer alors qu'ils ne reposent sur rien de mal intentionné, contrairement à ce que certains veulent leur faire dire. Le pire dans tout cela, c'est, compte tenu de ce que l'on a voulu voir dans cette déclaration, la nécessité où l'on me pousse de les justifier, de les démentir alors qu'ils ne correspondent à aucune réalité malsaine. Parce qu'on a inversé la charge de la preuve, je suis désormais contraint de « justifier » un jeu dominical banal, anodin, traduit par des adultes en exercice de perversion. Certains penseront sans doute, en me lisant sur ce point, que j'en fais trop, que je prends trop d'espace pour me justifier, mais qu'y puis-je ? Puisque, désormais, le doute des autres reposera à jamais sur mes épaules, comment réduire à néant ces assertions mal interprétées, sorties de leur réalité, sans prendre le temps d'y répondre ? Pitié, qu'on m'accorde, là aussi, la présomption d'innocence même si beaucoup la bafouent en permanence.

Je le proclame donc aujourd'hui encore haut et fort : sur mon honneur, jamais je n'ai commis un acte de pédophilie ni attenté à mon fils.

L'horreur, c'est que, désormais, cette gravissime accusation pèse sur moi et, dans le contexte de l'affaire d'Outreau, ce « crime odieux » apporte de l'eau saumâtre au moulin d'une accusation qui me somme de me justifier.

*

Dans la nuit précédant la convocation, je dors mal et suis réveillé plusieurs fois. À 7 heures, le surveillant exécute son « tour » et pénètre dans la cellule en m'avertissant que je serai extrait l'après-midi même. Je reste au lit, songeant à mes enfants, et me lève vers 10 heures. Après un maigre déjeuner, un gardien vient me chercher à 13 heures afin de procéder à la fouille réglementaire quand, soudain, je me fais copieusement « engueuler » par un de ses collègues parce que j'ose porter un blouson en cuir.

— C'est formellement interdit et je ne veux plus te voir avec ça sur le dos ! hurle-t-il sans que je sache pourquoi.

N'ayant que ce blouson, gardant mon calme, je lui réponds que je suggérerai à ma famille de m'en apporter un autre et ce n'est que plus tard que j'apprendrai les raisons de son excès de zèle : en prison, tout blouson de cuir peut vous transformer en victime de racket.

Arrivé deux heures plus tard au tribunal de grande instance de Boulogne-sur-Mer, je rencontre le collaborateur de maître Delarue qui a pris pleine connaissance du dossier. Et qui me rassure en jugeant les propos de Sébastien aussi peu consistants que pas graves.

Dans le bureau du magistrat, j'éprouve une première surprise : mon fils n'est pas là. Je le regrette car j'aurais aimé le voir, l'embrasser même. Mais sans doute est-ce fait pour éviter que les pères abuseurs n'influencent leurs enfants. Mais quand le père est sans reproche, que fait-on ?

Dans la pièce attendent déjà le magistrat, son greffier et deux femmes qui se sont occupées de mes enfants. Grâce à ces représentantes de l'aide sociale à l'enfance, j'obtiens enfin des nouvelles de Sébastien. Qui m'a fait une carte remise par le juge, un dessin qui me fait fondre en larmes parce que Sébastien m'écrit qu'il m'aime et me couvre de bisous.

Le juge me pose plusieurs questions en référence aux propos de Sébastien, toutes orientées vers ma responsabilité. Je le sens, il peine à me croire. Certes, il est vrai que je jouais à la « bagarre » avec mon fils, en pyjama ou en caleçon, et que nous nous amusions à mettre en marche « la machine à bisous », embrassades sur les joues, le dos et parfois le torse, mais jamais il n'y avait d'équivoque. Il s'agissait de gestes complices, des rares instants de camaraderie et non d'atteinte à leur intégrité ou de volonté d'attouchement. Il est également vrai que j'ai pris des douches ou des bains avec eux, puisque entre nous il n'a jamais été question de pudeur et que personne ne fermait sa porte pour s'habiller. Mais, une fois encore, combien de pères font de même sans penser à mal ? Tous les papas de France doivent-ils, désormais, ne jamais jouer avec leur progéniture, par crainte d'être accusés du pire ?

L'interrogatoire dure en tout et pour tout une heure et demie. Et se conclut sur un mot que me fait le magistrat pour me permettre de conserver la carte de mon fils.

*

Revenu à la maison d'arrêt, je suis placé en cage, puis de nouveau fouillé et expédié en cellule à 20 heures. Mes codétenus me posent quelques questions et je persiste à rester flou dans mes réponses. Ils m'indiquent avoir jeté mon repas à la poubelle, à l'exception des concombres et du yaourt. Je mange sans appétit, me sers un thé et m'allonge vers minuit, la carte de Sébastien près de mon cœur.

*

Au lendemain de cette audition, mon avocat m'informe que l'instruction se poursuit sans plus d'éléments à charge et que je vais prochainement passer en confrontation. Enfin, je vais parvenir à savoir qui m'accuse de ces atroces turpitudes, qui m'a emporté dans son sillage d'horreur. Et je ne doute pas une seconde que le réalisme va l'emporter sur la calomnie.

Dès lors, je crois enfin apercevoir le bout du tunnel et me jure, si j'ai « loupé » Saint-Nicolas en famille, de me rattraper pour Noël.

Chapitre 8

Dans l'attente
ou
Mon premier mois de détention

Voilà désormais un mois que je suis incarcéré. Un mois pour des mensonges, un mois pour du vent. Un mois durant lequel tout ce que j'ai construit à force de labeur et de sueur part en morceaux. Un mois durant lequel tout ce que j'ai édifié par amour est mis à mal par la rumeur, des décisions iniques de la Justice. Un mois durant lequel je dois endosser la tunique de la honte alors que je suis innocent, où on me contraint à côtoyer des détenus moi qui étais un représentant de la loi. Un mois pour tout ça, ce qui est plutôt dur à avaler. Néanmoins, je compte bien ne pas passer Noël en prison même si la date de ma libération traîne, comme le reste d'ailleurs. J'ai par exemple dû patienter un mois pour obtenir des photos des enfants et les coordonnées exactes d'Odile à la maison d'arrêt de Valenciennes.

Dans l'immédiat, j'attends le 18 décembre, date de la confrontation avec mes contradicteurs. Date aussi, du moins je l'espère, de mes retrouvailles avec Odile, puisque je suis convaincu que nous allons sortir libres de ce face-à-face dans le bureau du juge. J'ai par ailleurs fait une demande écrite pour recevoir la visite d'un pasteur et participer à la Sainte Cène. En effet, pratiquant chrétien de confession réformée, si la messe peut me satisfaire par ma participation à l'eucharistie, le besoin de partager le pain de vie par la préparation de la Cène me devient pressant.

*

Quelques jours avant la confrontation, je prends connaissance de la décision du magistrat concernant la garde de mes enfants : ils restent placés chez des tiers alors que la famille se tient prête à les accueillir. La logique judiciaire m'échappe et me foudroie une nouvelle fois : pourquoi préférer les laisser chez des inconnus plutôt que de les confier à des gens qui les aiment déjà ?

Dès lors, je ne vois d'ouverture que dans ce fameux 18 décembre. Si le juge se montre digne de sa charge, il fera son mea-culpa et ma famille et moi fêterons Noël à la maison. Comme en plus il est urgent de reprendre mon Étude en main, soupçonnant mes confrères huissiers situés dans ma compétence territoriale de lorgner sur ma clientèle, j'échafaude d'emblée des stratégies de reconquête. Pour tromper mon impatience, je mijote aussi le brouillon des lettres que je compte adresser au garde des Sceaux et au président de la République.

*

Plus l'échéance approche, plus je me persuade que tout ira bien, qu'il n'y a rien dans ce dossier, lequel, au fil du temps, va s'écrouler tel un frêle château de cartes.

En attendant ce moment décisif, je me surprends à toussoter de plus en plus. Si je fais le bilan de mon état de santé, il n'est pas beau à voir. En plus du rhume qui me gagne, j'ai attrapé des boutons sur le torse et, à l'infirmerie, on a noté une petite anomalie dans mon électrocardiogramme. Sans compter d'éprouvantes douleurs thoraciques, conséquences du stress et des angoisses liés à mon affaire. Or, fidèle à mes habitudes, je refuse les médicaments proposés par le médecin, n'acceptant que la lotion cutanée.

Mon moral s'étiole peu à peu. Même si des lueurs d'espoir éclairent mes journées, je me morfonds en ces lieux où je n'ai rien à faire. Psychologiquement, je mise tout sur la confrontation, mais lutter contre l'impression de se vider de sa substance est douloureux à vivre. L'absence de ma femme et de mes enfants ajoute encore à mon désarroi et j'éprouve des difficultés à réfléchir en toute clarté, à me concentrer sur mes lectures ou mes idées, à vouloir même me battre. La déprime gagne du terrain. Si lutter contre l'injustice oblige constamment à se relever en s'inventant des ressources morales insoupçonnables, les coups de mou ne manquent pas.

Le fait de penser que les choses pourraient être plus graves, par exemple si j'étais victime d'une maladie incurable ou frappé par la perte d'un enfant, me console un temps, mais, très vite, je sombre à nouveau, prostré, avec au coin de l'âme le sentiment égoïste d'endurer le pire.

Évidemment, ce lent virus de l'accablement a des répercussions sur mon physique. Je me sens un peu plus diminué chaque jour. Ainsi, lors de mon dernier passage à l'infirmerie, la balance affichait une perte de dix kilos. Dire qu'avant mon incarcération, j'étais suivi par un médecin nutritionniste pour combattre une surcharge pondérale ! Conséquence de cet affaiblissement, je suis moins résistant au froid. Collé sur l'unique radiateur de la cellule avec plusieurs pulls sur le dos, j'arrive tout juste à écrire, à lire des bandes dessinées, communiquant le moins possible avec les autres. Mon irritation à leur égard croît à chaque instant : leurs discussions triviales m'exaspèrent parce qu'elles tournent, pour l'essentiel, autour d'histoires de fesses. Combien je préférerais être seul ou avec une personne ayant toute mon estime avec laquelle je pourrais discuter de problèmes de société, d'histoire, de religion...

*

Puisque ma demande de mise en liberté a été rejetée, j'en régularise une autre auprès du chef de détention, un peu comme on tente sa chance au Loto, sûr de l'arbitraire de la justice mais aussi qu'aucun acte d'optimisme fou n'est à écarter. Qui ne tente rien n'a rien.

*

Deux jours avant la confrontation. Je ne dors pas.

Réveillé depuis 5 heures du matin, je reste au lit accroché à mes convictions en me persuadant de la nécessité de tenir le coup, parce que ce sera bientôt terminé. J'en suis tellement intimement persuadé que je ne commande aucun colis à ma famille en prévision du 25 décembre. Je fais quand même l'effort de manger deux pralines et un morceau de flan reçus par un codétenu.

Mon esprit oscille en permanence entre l'accablement et l'optimisme. Comme si une métamorphose s'opérait en moi, comme si le témoin lumineux de ma vie venait de s'éteindre et que toute mon existence s'écroulait. Tout ce que j'ai voulu gagner par le labeur, la droiture et le travail afin d'assurer confort et plénitude à tous les miens se voit peu à peu réduit à néant. Les études de mes enfants, leurs mariages, leur propre descendance, mon rôle de grand-père, ces images que l'on dessine au meilleur de son existence s'effacent et perdent sens. Mon être entier a été mis en veille parce qu'un magistrat a appuyé un jour sur le disjoncteur.

Inquiet de ce délabrement psychologique, je rencontre le psychologue pour la première fois. Devant cet homme assez correct et courtois, flanqué d'un assistant-étudiant, je craque et me mets à beaucoup pleurer. Une ouverture des vannes qui me fait du bien. Sauf que – et je le découvre plus tard – cet homme convoque uniquement les détenus impliqués dans des affaires de mœurs. Quelle honte ! Quel fardeau lourd à porter ! Pour moi comme pour les miens ! Y parviendront-ils d'ailleurs, notamment mes parents, et plus particulièrement ma mère de santé si fragile ?

*

La colère me gagne à nouveau et mon désarroi explose. Comment est-il possible de confier une affaire de cette importance à un juge à mes yeux « inexpérimenté » ? Se croit-il infaillible à cause de son statut de magistrat ? Sans doute. Mais l'heure du décompte a sonné. J moins un. Devant passer en confrontation demain, jour du jubilé, gorgé d'espoir, j'ai cantiné des denrées pour permettre à mes codétenus de fêter Noël dignement : des huîtres, du foie gras, des toasts, une bouteille d'eau pétillante et des œufs afin de permettre à Atchoum de concocter une mousse au chocolat.

J'ai joué aux cartes et suivi un film, naïvement, jusqu'à 2 heures du matin. Les yeux mi-clos, je songe en fait à une tout autre fiction, plus réelle hélas qu'aucune autre, celle qui va trouver un dénouement heureux dans quelques heures. Celle de ma déroutante vie.

Chapitre 9

Face à l'ignominie
ou
La confrontation

18 décembre 2001. Je n'ai bien sûr pas fermé l'œil de la nuit.

Extraction à 7 h 30, passage en salle de fouille, arrivée au greffe et présentation à deux gendarmes pour la séance de menottage. La procédure ne varie pas.

Nous arrivons au tribunal en fourgon vers 9 h 30, et, comme à l'accoutumée, je suis placé en geôle d'attente. Mon avocat, serein, me recommande de m'en tenir à la stricte vérité, conseil inutile puisque, de toute façon, c'est ce que je veux faire.

Un quart d'heure s'est écoulé quand je pénètre chez le juge. En face de son bureau sont disposés plusieurs sièges destinés aux prévenus, à leurs avocats et à six gendarmes. Paradoxalement, dans cette histoire, une des personnes ayant reconnu avoir violenté des enfants à l'aide de godemichés a été libérée sous contrôle judiciaire et réside chez ses parents à moins d'un kilomètre du lieu où les « crimes » ont été commis. Comprenne qui peut.

À mon arrivée, les trois prévenus sont déjà présents et je n'en connais aucun. En revanche les visages de leurs conseils me sont familiers : il y a là maître Pascale Pouille pour Myriam Badaoui, maître Fabienne Roy-Nansion pour David Delplanque et maître Bachira Hamani pour Aurélie Grenon.

*

Je connais fort bien Pascale Pouille pour avoir travaillé avec elle dans le cadre de mon activité professionnelle. Nous avions même eu le temps de tisser des liens d'amitié... enfin je le croyais ! Odile et moi sommes en effet allés prendre l'apéritif chez elle à l'époque où elle habitait à Wierre-aux-Bois, une commune limitrophe de Samer, et ensuite à Hardelot. Je suis par ailleurs intervenu en sa faveur quand elle a connu quelques problèmes lors de la construction de sa maison et son époux, ophtalmologiste, a fréquemment été consulté par ma famille.

Fabienne Roy-Nansion, je l'ai rencontrée à la faculté de droit de Lille et nous nous sommes retrouvés en 1992, au tribunal de Boulogne-sur-Mer. Une amitié sincère... à l'époque ! Il était même prévu de lui faire essayer notre voiture en vue d'un achat identique et son mari motard était intervenu pour Odile qui avait brûlé un feu rouge.

Quant à Bachira Hamani, c'est au tribunal de Boulogne-sur-Mer que nous avons lié connaissance jusqu'à ce qu'une réelle complicité naisse entre nous. Plutôt sympathique, j'appréciais sa grande simplicité. À tel point que lorsqu'un jour nous avons eu un dossier nous opposant, je me rappelle avoir annulé des frais à la charge de ses clients. Conséquence, elle me doit une invitation à déjeuner que j'attends toujours.

*

Voir ces trois avocates dans le camp adverse constitue pour moi un incroyable choc. La naïveté, qui me faisait croire en leur amitié et aux valeurs d'entraide, se retourne contre moi. La présence de Pascale Pouille me touche en plein cœur : j'avais résolu pour elle des vices de forme dans la construction de sa maison et ne lui avais pas fait payer puisqu'il s'agissait d'une « amie ». Quelle désillusion.

Bref, je m'assieds à la place qui m'est assignée, non loin de Myriam Badaoui et devant mon avocat. Personne ne relève mon regard, sauf Bachira Hamani qui esquisse un fin sourire pour me faire comprendre que tout va bien se passer.

*

Le juge invite chacun de mes accusateurs à raconter les faits. Myriam Badaoui, épouse Delay, commence, affirmant que les actes se sont déroulés en l'an 2000 mais que « je l'ai rencontrée pour la première fois en 1998 », étant venu procéder cette année-là à une saisie-vente. À l'en croire, au cours de cet acte, j'aurais, durant une conversation avec son mari, marchandé le droit de violer ses enfants contre l'annulation de la confiscation de leurs biens ! Toujours d'après sa description, j'étais vêtu d'un « pantalon gris, d'une chemise bleue et d'une veste kaki ».

Je l'écoute dérouler sa fable en relevant une à une ses erreurs comme les multiples imprécisions. D'abord, je ne suis jamais allé chez elle. Pas plus en 1998 qu'en 2000. Pourquoi en suis-je aussi sûr ? Parce que si j'avais procédé à une saisie, comme elle le prétend, j'aurais l'original de l'acte inscrit au répertoire des minutes de l'Étude ainsi qu'un double. Or je ne possède aucune trace d'un tel acte, élément évidemment vérifiable par la police. Quand elle précise que j'étais, en 1998, accompagné d'un inspecteur de police, son assertion tombe à plat puisque j'exécute toutes mes saisies-ventes en solitaire, peu friand des ouvertures de portes tapageuses, ce que tous mes clients savent. Ma méthode étant on ne peut plus souple, je souhaite en effet toujours rencontrer les personnes poursuivies pour leur expliquer ce qui arrive et les aider à trouver un accord de règlement. Par ailleurs, je fais valoir que si un officier de police judiciaire m'accompagnait, ses nom, prénom et qualité auraient été indiqués dans l'acte et j'aurais été obligé de faire une déclaration au centre des impôts pour le règlement de sa vacation. Bref, pour résumer, toutes ses allégations sont fausses, mensongères et fabriquées. Mis à part peut-être une chose : je porte effectivement des chemises bleues ! Suis-je le seul dans la région ?

*

Ensuite intervient Aurélie Grenon. Alors qu'elle avait affirmé dans un premier temps que je serais venu de nombreuses fois « violer » les enfants, elle se ravise brusquement devant le magistrat et réduit ma présence à deux rencontres abusives, en l'an 1998 ! Vêtu d'un costume sombre, je l'aurais visitée, à l'en croire, accompagné de mon épouse.

En mon for intérieur, je souris. Elle vient de se couper et de contredire Myriam Badaoui. Percevant la faille, mon avocat pose la main sur mon épaule pour me conforter. En fait, je ne suis bien sûr jamais venu chez elle et le descriptif de mes costumes s'avère on ne peut plus fantaisiste. Il faut savoir, et de nombreuses personnes peuvent le prouver, que j'en porte seulement lors de grandes occasions comme des mariages ou des réunions officielles, me passant volontiers de ce genre d'accoutrement dans ma profession. Autre incohérence à relever, ma femme m'aurait accompagné alors qu'elle ignore où se trouve le quartier de la « Tour du Renard » [1], lieu où se sont déroulés les crimes.

Je souligne à mon avocat l'incohérence vestimentaire, qu'il invoque à haute voix. Et là, presque aussitôt, Aurélie Grenon tourne casaque et se désavoue spectaculairement : je ne portais pas un costume, effectivement, mais un pantalon en toile et une veste ! Sa volte-face me confirme ses affabulations, mais les autres s'en rendent-ils compte ? Comme je n'ai pas plus de pantalon ni de veste en toile – ce que les policiers peuvent vérifier à nouveau à mon domicile –, j'exprime ma surprise. Alors, je la vois rougir de sa gaffe. Je pense avoir marqué un point mais ces incohérences ne paraîssent pas gêner le juge. L'imbroglio est total !

Vient ensuite le tour de David Delplanque. En compagnie de sa concubine Aurélie, il prétend ne m'avoir vu qu'une seule fois, en 1998. En revanche, il affirme m'avoir régulièrement croisé dans les escaliers de l'immeuble en allant chercher son courrier, ou avant de partir au travail.

Une remarque ici s'impose : la ville d'Outreau se trouve dans le canton de Samer où j'exerce un monopole en matière de signification d'actes pénaux. Or c'est mon clerc qui signifie les actes. Dès lors, comme je ne me rendais à la Tour du Renard que le mercredi, dans un quartier comportant environ douze immeubles

1. Ce quartier comprend une douzaine d'immeubles.

collectifs, la probabilité de rencontrer David Delplanque s'approche du zéro.

Là encore, ses propos virent au fiasco et me disculpent.

*

Toutes ces déclarations sont tellement rocambolesques que maître Delarue s'empresse de confondre mes accusateurs. Il parvient même à faire sortir Myriam Badaoui de ses gonds. De mon côté, j'exulte devant une telle démonstration de mauvaise foi et me rassérène : un magistrat ne peut continuer à me croire coupable et me maintenir en détention. Devant les preuves évidentes que cette histoire a été montée de toutes pièces et repose sur des accusateurs dérangés, il ne peut que me déclarer innocent.

La confrontation a duré plus de trois heures et mon avocat se réjouit de notre prestation comme des incohérences flagrantes des propos tenus par mes accusateurs. Face au silence du juge, les gendarmes me remettent les menottes mais je savoure mon plaisir, attendant simplement le dernier acte, à savoir la confrontation avec Odile l'après-midi même. Qui se déroule de la même manière.

*

Fin de la journée. Le rituel du fourgon cellulaire reprend. Je retrouve rapidement la maison d'arrêt et, dès mon retour en cellule, me montre toujours aussi évasif. Enfin, je vais pouvoir passer une nuit correcte en prison.

Chapitre 10

Questions à domicile
ou
Les nouvelles perquisitions

7 heures, un surveillant vient me réveiller. Les yeux mi-clos, l'esprit dans le brouillard du sommeil, mon cœur s'accélère : il vient me délivrer ? Très vite, je retombe dans la réalité : je serai seulement extrait à 7 h 45. Que se passe-t-il ? Je l'ignore mais je reste confiant. Après tout, l'éprouvante confrontation n'a-t-elle pas viré en ma faveur ?

Je me lève, me prépare et un gardien vient me cueillir. Direction la fouille, puis la cage où je suis enfermé durant presque deux heures, au milieu de la crasse et des mauvaises odeurs. Quand on m'en extrait, je reconnais l'un des deux officiers de police judiciaire présent lors de ma garde à vue. Courtois, il me salue, et me trouve même fatigué et amaigri. Pour la première fois, un fonctionnaire de ce corps fait preuve d'un peu de sollicitude. Les temps changent.

Je monte sans plus tarder dans une voiture banalisée. La destination ? Notre maison de Wirwignes, où les enquêteurs veulent procéder à une nouvelle perquisition. Un trajet à tombeau ouvert, sans crainte des flashs des radars qui pourtant crépitent.

*

Durant le parcours, mes accompagnateurs m'ont demandé si je possédais une veste kaki parce qu'ils doivent la saisir ainsi que d'autres vêtements. Avec assurance, je leur ai expliqué que je n'étais pas chasseur et que le kaki n'était vraiment pas ma couleur favorite. Pourquoi cette question ? Croit-il encore les déclarations de Myriam Badaoui sur la « veste kaki » ? Je me perds en conjectures quand nous débouchons dans le jardin de la maison de Wirwignes. Là, bien que grelottant, je sors pour fumer une cigarette autorisée. Un instant de liberté surveillée dont je profite à plein, goûtant le bonheur de pouvoir me promener autour de la villa, d'arpenter le parc, suivi d'un policier d'humeur plus bavarde qu'à l'accoutumée. Enhardi, je me hasarde à quelques réflexions personnelles :

— Pensez-vous, lui dis-je, qu'avec la profession confortable qui est la mienne, j'aurais eu besoin de monter un réseau de pédophilie en commercialisant des cassettes pornographiques ?

— Certainement pas, me rétorque-t-il. Vous n'organisiez pas le réseau, vous en étiez le client !

Écœuré, incapable d'ajouter un mot tant l'accusation m'abasourdit, je réintègre le véhicule pour me réchauffer. Un quart d'heure plus tard, je vois arriver Odile dans une voiture de police. Elle a une triste mine, mais je suis follement heureux de la voir. Nous nous embrassons, nous prenons dans les bras et je l'assure, fou d'espoir, que notre cauchemar sera bientôt terminé.

*

Tous les accès ayant été fermés et les scellés posés sur ordre du juge, un serrurier a été réquisitionné. Je le connais, c'est Francis Dulot, un ami avec qui je travaillais auparavant. En constatant sa présence, je réalise qu'il n'est venu à l'esprit de personne de demander les clefs déposées au greffe de la maison d'arrêt !

Francis ne parvenant pas à crocheter les portes d'accès à la maison, Odile, presque goguenarde, conseille d'emprunter la trappe à fuel. Une proposition aussitôt mise à exécution et, comme par miracle, la porte d'entrée s'ouvre. À propos, quelle est l'utilité des scellés dans ce cas ?

Nous montons directement au deuxième étage, dans la salle de jeux. Le motif ? Un des enfants Delay prétend avoir reconnu sur des photos prises par la police des jouets appartenant à ses frères, à savoir un train à piles grand format, un petit *flipper*, un bateau Playmobil et un gros camion de couleur jaune. Certes, la pièce est remplie de jouets de « garçons »... mais ceux-ci appartiennent à mes fils Thomas et Sébastien. Je réagis avec véhémence, hurlant au scandale lorsqu'un agent de la police scientifique procède à un relevé d'empreintes, ne comprenant pas que l'on persiste à croire à notre culpabilité. Ma colère retombée, je me réjouis finalement de cette démarche, le juge, après les contradictions de la veille, obtenant ainsi un nouvel élément à décharge. Mais comme, évidemment, aucune empreinte n'est trouvée, ils font grise mine.

Le spectacle continue. Nous passons désormais au premier étage et la troupe commence par investir notre chambre, à la recherche de vêtements. Qui ne sont plus là puisque nos familles ont vidé les armoires et récupéré du linge pour nous en apporter en détention. Ivres de colère, les policiers se jettent sur les valises restantes et vident deux cartons d'habits anciens oubliés pour en retirer un vieux costume vert et une jupe noire d'Odile. Ils fouillent ensuite les armoires des autres pièces, emportant mon costume de mariage découvert dans un coin. Enfin un des inspecteurs de police trouve en lui assez de dignité pour stopper net le ridicule de ce genre d'investigation.

Nous descendons à la cuisine où Odile, serviable et sans doute persuadée de la fin du calvaire, propose de faire un café à tout le monde. Au fond de nous, nous sommes contents de ce qui arrive. Car même si une perquisition n'est pas facile à admettre, avec tous les éléments à décharge récupérés, ma femme et moi voyons déjà nos accompagnateurs confus, sur le point de s'excuser de nos malheurs.

Après deux heures de perquisition, ma femme et moi nous embrassons en nous disant solennellement « à bientôt ». Odile repart pour la maison d'arrêt de Valenciennes, tandis que je dois subir une nouvelle perquisition dans un autre appartement que nous avons à Hardelot. Laquelle n'apporte pas plus d'eau au moulin de l'accusation.

*

Le retour à Beauvais se fait dans les mêmes conditions qu'à l'aller et la vitesse excessive du véhicule de police me terrorise comme jamais.

Arrivé en prison, je brode de vagues explications pour détourner les soupçons de mes codétenus, expliquant être allé à Boulogne-sur-Mer pour une saugrenue histoire de convocation comme témoin assisté.

Je mange, joue aux cartes et me couche rapidement, espérant ménager quelques forces pour le lendemain. Une pensée me transporte déjà loin de cette cellule crasseuse, celle du traditionnel réveillon de Noël avec ma famille réunie.

Hélas, il n'y a pas que les enfants pour croire au père Noël !

Chapitre 11

Trébucher dans la course à l'espoir
ou
La litanie des mauvaises surprises

Jeudi 20 décembre 2001. À une poignée de jours des fêtes de Noël, je crois encore à un signe du destin. La confrontation, la nouvelle perquisition ne peuvent aller que dans mon sens. Néanmoins, si ma libération intervient bientôt, comme je l'espère, c'est sans doute qu'une justice divine existe pour pallier celle des hommes.

Des hommes qui, dans ma cellule, se font de plus en plus agressifs. Comme c'est mon tour de corvée poubelles, je m'exécute sans broncher avant de passer à la douche à l'instar des autres. Devinant la tension en train de monter dans la pièce au baromètre des grossièretés en hausse, je pressens qu'à la moindre occasion une bagarre risque d'éclater. Dès lors, jusqu'au soir, je me tiens sagement à l'écart de ces fauves et de leurs querelles, refusant de jouer aux cartes pour préférer rejoindre les miens par le songe et rêver à ma libération comme le plus beau des cadeaux.

*

Mais les jours se suivent et ne se ressemblent pas. Après le chaud souffle le froid.

Le lendemain, un bricard vient me notifier que mon appel de mise en détention provisoire passera le 26 décembre. J'accuse le coup : mes espoirs de réveillon sont repoussés et laissent place à un projet de Nouvel An. Les mauvaises nouvelles s'amoncellent quand, peu après, on vient me chercher pour le parloir alors que j'écrivais à mes parents. Dans la salle, ce ne sont pas mes sœurs, c'est maître Baviere, président de la chambre départementale des huissiers de justice, que j'aperçois.

Après m'avoir expliqué qu'il s'est entendu avec elles pour venir à leur place, dans la mesure où je ne peux avoir qu'un parloir par jour, il en vient aux faits : la situation tendue de mon Étude. Avec beaucoup de franchise et de clairvoyance, il me fait comprendre qu'il convient de faire une croix sur cette dernière, parce que je ne pourrai la récupérer après ma libération et que ma réputation, tellement mise à mal, m'empêchera d'exercer mon métier avec sérénité. Dès lors, la seule perspective envisageable consiste à la vendre. Et encore, en espérant qu'une vente aboutisse.

En entendant ses propos, frappés au coin du bon sens certes mais tellement injustes pour un homme qui a consacré toute sa vie au travail et n'est en rien coupable de ce dont on l'accuse, je vacille. Hésitant entre pleurs et colère, je reste muet. Voyant que j'ai du mal à avaler ce qu'il avance, maître Baviere tente de me rassurer, m'explique qu'aucun client n'a quitté l'Étude, que beaucoup attendent même mon retour, tous refusant de croire à ma culpabilité. Mais que, néanmoins, le réalisme s'impose. Pour appuyer ses dires, et me montrer que l'Étude poursuit ses activités, il me présente la lettre que le clerc significateur remet à chaque notification d'acte ainsi que le courrier adressé à mes confrères de la région Nord-Pas-de-Calais. Des missives qui résument la situation avec honnêteté. Quand, de mon côté, j'explique à mon président de chambre les derniers actes de la procédure tournant tous en ma faveur, il m'assure de son soutien et de sa solidarité mais m'invite aussi à voir les choses en face.

Au fond de moi, je sais qu'il a raison. Ayant pleinement conscience de l'impossibilité que j'aurai à reprendre mon activité professionnelle dans le Boulonnais, qu'un doute incurable planera longtemps dans les esprits à mon égard, je conviens que je devrai passer la main. Et puis, lui avouai-je, tout ceci n'est rien en comparaison du bonheur de sortir d'ici, le 26 décembre prochain.

Réalisant désormais que je dois vendre, puis m'installer dans une autre région, j'accepte d'en apprendre plus. Maître Baviere me fait alors part des différentes propositions reçues, lesquelles sont bien en deçà de la valeur de ma clientèle il va sans dire. Mais, puisque la rumeur va bon train, nous tombons d'accord pour vendre au plus vite et au plus offrant.

Alors défile devant moi la ribambelle de dossiers de candidatures. Une consœur du Calaisis que je connais propose un prix dérisoire, suivent une dizaine d'autres propositions tout aussi pitoyables, à la limite de l'indécence, mais je dois me résoudre à les étudier sérieusement. Perdre mon Étude équivaut pour moi à un nouveau déchirement après dix ans de lutte pour en faire une affaire rentable. Dix années de combat, de travail intensif, de sacrifices qui vont s'envoler en fumée pour une erreur judiciaire. Décidément, le pire arrive toujours lorsqu'on ne s'y attend pas. À la première proposition jugée un peu moins ridicule que les autres, je signe sur un coin de table un acte de vente qu'il remettra sans attendre aux instances officielles et le problème sera réglé.

Mais comment me résoudre à signer cet acte de démission ? Les yeux embués de larmes, ma main peinant à écrire, je ne parviens pas à m'y faire. Et c'est en pleurant un bon coup que j'abandonne, en quelques secondes, le métier d'une vie.

Je viens de pleurer, de parapher l'acte et le parloir se termine. Je retourne en cellule à la fois plus léger et plus lourd, toute mon existence venant d'être bradée d'un trait de plume. Il est 16 heures et même la crasse de ce taudis infâme ne me fait plus rien. Après ce que je viens d'accepter, les stimuli me retenant à la vie ne fonctionnent plus. Ce soir-là, devant mes codétenus, j'émets le souhait de regarder un film qui ne soit pas un navet, un long métrage plutôt bien accueilli par la critique intitulé *Shakespeare in love*. Les contestations des autres pleuvent comme la grêle mais j'arrive à obtenir gain de cause et ils finissent par apprécier le spectacle. Résultat, ils me trouvent un nouveau sobriquet : je ne suis plus le « prof » mais « Shakespeare ».

*

À la veille de Noël, je m'empiffre de chocolat, de biscuits et de bonbons. Compenser la détresse par le sucre, la dureté de l'existence par des douceurs. Mes codétenus, semblant avoir saisi mon désarroi, me laissent tranquille, dans un état de souffrance digne et muette. Auraient-ils plus de psychologie que les magistrats ?

Si ce soir c'est le « réveillon », je passe la journée du 24 décembre dans mon lit, pleurant ma femme, mes enfants, mes parents. Seule éclaircie en ces heures de prostration, le parloir où je me console en voyant mes sœurs qui m'assurent qu'il n'y en a plus que pour quelques jours et que je dois tenir bon.

À mon retour en cellule, je nettoie le sol et les sanitaires, curieux de voir ce que les gardiens vont servir comme repas de Noël. Vers 17 h 30, quand le dîner arrive, nous constatons que les maigres améliorations apportées au menu ordinaire ne vont pas nous faire croire à une bombance. D'un commun accord, nous préférons préserver notre appétit pour notre repas de réveillon à nous, celui de 20 heures. Une fête entamée par un ingénieux apéritif à base de fruits macérés dans de la bière qui, sans être officiellement alcoolisé puisque c'est interdit, l'est quand même. Nous buvons plusieurs verres agrémentés de cacahuètes et de saucisson, puis entamons une dégustation d'huîtres, de foie gras, suivie d'une bonne portion de tagliatelles au saumon. Quant au dessert, il prend les traits d'une mousse au chocolat.

Repus, nous regardons ensemble la télé jusqu'à 2 heures du matin. Et là, comme si les drames de ces derniers jours ne suffisaient pas, je suis pris de violentes douleurs gastriques qui m'obligent à m'allonger. J'en profite pour prier et, vers les 4 heures du matin, je trouve un semblant de sommeil. Réparateur ? Je l'ignore.

*

J'ouvre péniblement un œil. Après cinq heures de sommeil, parti loin d'ici, c'est au son de la télévision que je me souviens de la situation : c'est Noël, je suis en prison, mais demain, j'obtiendrai ma libération.

Je file à la douche, puis me rends à la messe où se retrouvent seulement trois détenus : Patrick, Jean-Marie et moi. Autour de nous s'affairent le chef de détention, une religieuse, quatre personnes formant une chorale, les trois aumôniers de la prison, le prêtre et même... l'évêque de Beauvais ! C'est la première fois que je rencontre un si haut personnage de l'Église et que j'appelle quelqu'un Monseigneur, mais le moment m'émeut. Bien que protestant je trouve la messe fort belle, touchante au point de verser des larmes. « Si seulement, me dis-je, ma femme et mes enfants pouvaient partager avec moi ce moment, nous qui avions l'habitude d'aller au temple de Boulogne-sur-Mer ! »

En ce soir du 25 décembre je n'attends qu'une chose : le lendemain de ma libération. Je regarde distraitement le film du soir, songeant plutôt à la journée suivante, à ce que je vais faire quand je serai dehors, à qui va venir m'accueillir bras ouverts, à mes sœurs qui me conduiront jusqu'à la voiture où m'attendront Odile et mes parents. À la joie des retrouvailles, au bonheur de voir enfin les miens et à l'erreur judiciaire dont nous sommes victimes enfin reconnue.

*

Excité, prêt à en découdre et à renouer avec la vie, dès 5 heures du matin je n'en peux plus d'attendre. À 7 heures, un surveillant m'avertit que je serai extrait à 8 heures. Direction le greffe, où des gendarmes de Meru m'attendent, cette fois aimables. Je ne suis plus fouillé ni palpé, et si l'on me passe les menottes on me fait grâce de l'humiliante petite chaînette qui me relie à mon garde-chiourme. Quant au fourgon cellulaire des enfers, il est relégué aux oubliettes des infamies puisque je suis transporté en Renault Clio. Enfin, on m'accorde des égards. Le bout du tunnel n'est pas loin.

Nous arrivons à la cour à 10 heures. Comme toutes les geôles sont occupées, on me permet de rester à côté des gendarmes et on m'autorise quelques cigarettes.

Maître Delarue apparaît à 11 h 15, plus serein que jamais. Après tout, me rappelle-t-il, mes confrontations et celles d'Odile se sont bien déroulées, les perquisitions n'ont rien donné, et l'un des interpellés « s'est mis à table ». « Ça y est ! », me dis-je, le calvaire prend fin. Je me vois déjà libre, au creux de mon lit, dans les bras de ma femme, comblant mes enfants d'affection et embrassant mes parents et beaux-parents.

Nous passons devant la chambre de l'instruction de la cour d'appel à 12 h 30, séance qui débute par le rappel des faits, toujours aussi pénible et douloureux à entendre. Les enfants ont dû atrocement souffrir des tortures qui leur ont été infligées et la seule pensée qu'Odile et moi avons pu être soupçonnés d'être mêlés à ces abominations m'est insupportable. En entendant les actes d'accusation, j'ai honte pour l'humanité tout entière, mais aussi pour moi d'être associé à de telles turpitudes.

Maître Delarue intervient ensuite pendant une bonne demi-heure, présentant une plaidoirie excellente et argumentée où il rappelle clairement l'absurdité de la situation, pourfend en détail le déroulement de l'information judiciaire, décortique les déclarations contradictoires de ceux qui nous dénoncent, critique l'incohérence des charges retenues contre moi alors même que plusieurs personnes mises gravement en cause dans le dossier n'ont pas été inquiétées. Et d'évoquer deux autres huissiers de justice, confrères de Boulogne-sur-Mer, un médecin de famille, un anesthésiste, une infirmière tout aussi « dénoncés » par les calomniateurs qui n'ont cependant pas été incarcérés. Pourquoi deux poids et deux mesures ? Il souligne ensuite que je justifie de sérieuses garanties de représentation, explique que je peux être hébergé chez mes parents ou dans le département de la Haute-Saône, chez mes neveux, et que je suis même dans la capacité de verser une caution. Un discours balancé, juste, frappé au coin du bon sens.

Après l'avoir entendu, la cour déclare que l'arrêt me sera signifié dans l'après-midi. D'emblée je retrouve le sourire, convaincu que ma libération n'est plus qu'une question d'heures. Du reste, la serviabilité de mes accompagnateurs me pousse dans ce sens. Après avoir quitté la cour d'appel de Douai vers 13 h 30, nous nous arrêtons en effet sur une aire d'autoroute pour nous restaurer. Et là j'ai le droit d'apprécier un café. Un vrai café ! Si j'avais su, dans mes vies antérieures à quel point c'est bon et important, un vrai café, je ne l'aurais pas avalé machinalement, comme n'importe quel breuvage.

Arrivé à la maison d'arrêt, je reste en cage une bonne demi-heure, avant d'être reconduit en cellule où s'enclenche un terrible décompte : celui qui va me conduire à l'air libre.

15 h 30, les heures passent mais aucune nouvelle ne me parvient. Mon cœur palpite, mon estomac se tord, je tourne comme un ours en cage. 18 h 30, toujours rien. Je n'ai pas mangé, suis incapable de lire ou de regarder la télévision. 23 heures, l'attente infernale se poursuit et je n'ai plus grand-chose à espérer pour la journée puisque les verrous de la porte ont été fermés. Néanmoins, la tête entre les mains, je refuse obstinément l'idée d'un nouveau rejet de ma demande de mise en liberté. Bercé par cet espoir, sans attendre du sommeil un quelconque réconfort, je crois qu'on peut venir me chercher à n'importe quel moment.

*

9 h 15, un surveillant ouvre enfin la porte. Un sourire gagne mes lèvres : j'en suis sûr, mon heure est arrivée, il vient me signifier l'arrêt rendu par la cour d'appel. Énième déception : il me propose en fait une douche. Au déjeuner, qui passe forcément mal puisque j'ai la gorge et l'estomac noués, toujours pas de nouvelles. Au milieu de l'après-midi, des codétenus vont à l'atelier tandis que Maurice et Atchoum restent avec moi, dans l'attente de nouvelles. Et puis, d'un coup, mon moral sombre : enfin je prends conscience que la décision peut être négative une fois de plus. Je décide alors de lancer un S.O.S. au surveillant, en disposant un drapeau sur la porte [1], qui me promet de se renseigner. Un quart d'heure plus tard, j'apprends qu'aucun document n'est parvenu à la maison d'arrêt. Dès lors j'ai peur.

Le soir, je me fiche de savoir ce qui passe à la télévision.

*

Après une nuit cauchemardesque, à 8 heures du matin je me prépare un café. Tandis que certains partent à l'atelier, j'ai tant besoin de parler, que je confie à Maurice, si ma libération n'ar-

1. Le drapeau est en fait un bon de cantine que le détenu fait dépasser de la porte jusqu'à ce qu'un surveillant le remarque et vienne aux nouvelles.

rive pas très vite, ma détermination à entamer une grève de la faim. Lui-même m'apprend qu'il en a entamé une par le passé mais que sa démarche n'avait servi à rien. Je n'entrevois dès lors plus qu'une solution : m'ouvrir les veines en cassant un carreau.

De retour de l'atelier en fin de matinée, les autres prisonniers parlent de leur travail, s'échangent des informations « techniques », mais je m'en moque. Ils évoquent leur vie, les programmes télé, mais je m'en fous. Ils pensent aux parloirs, mais cela m'indiffère. Mon beau-frère Bertrand a beau venir me rendre visite ce jour-là, je peux donner le change en tentant de rassurer les miens par des mensonges d'espoir – la confrontation avec les témoins et leurs contradictions m'ont semblé plaider à mon avantage et la perquisition à la maison n'a rien donné –, au fond de moi la flamme diminue. J'ai pris conscience que mon réveillon de la Saint-Sylvestre se déroulerait en détention alors que j'envisageais une remise en liberté. Certes, grâce à Bertrand, je peux apprendre que mes parents ont vu les enfants mercredi, mais cette consolation n'apaise pas la totalité de ma peine.

Au fil des heures, ma grogne contre mes accusateurs monte en moi. Je fulmine, rage, peste intérieurement contre ces personnes qui, par crédulité ou mensonges, me placent dans une telle situation. Je suis à cran, je prie pour essayer de trouver la force de leur pardonner... mais en vain.

*

Le couperet tombe : malgré la profusion d'éléments à décharge, l'absence de tout antécédent et de la moindre preuve contre moi, la brillante plaidoirie de mon avocat, la Cour a rejeté mon appel. Mes dernières illusions s'envolent. Je m'efforce de penser à la suite, mais, profondément meurtri, je suis écartelé entre de faux espoirs et ce verdict du désespoir.

La routine continue – douche, cellule, lit, larmes – mais tout m'indiffère. Je commence à évoluer dans un monde parallèle, où la souffrance de l'injustice le dispute à l'indifférence du destin. Nous avons reçu, pour tuer le temps, des jeux de dames, d'échecs et un jeu de cartes, parties qui se prolongent tard dans la nuit, mais je sens bouillir en moi quelque chose de mauvais, comme une métamorphose nerveuse qui me conduit à des pensées inhabituelles. Moi qui suis d'ordinaire fort respectueux de la justice et des magistrats, de la force publique et de ses représentants, je suis gagné par une rancune contre certains représentants de ces institutions.

*

Dernier jour de l'année 2001. Je reste au lit, accablé, désespéré, brisé à l'idée de ne pouvoir avoir autour de moi ma femme et mes enfants. Quand, à 10 heures, je me lève enfin, je découvre que je suis incapable de lire. Suis-je en train de devenir fou, torturé par la pensée que la fratrie est cassée, que mes enfants passeront la Saint-Sylvestre avec des étrangers ? Heureusement, en fin de matinée, un rayon de soleil illumine cette morne date : je reçois une lettre d'Odile. Douceur et terreur. Bonheur de la lire mais tristesse de constater combien elle souffre autant que moi. À sa lecture, je pleure, conscient de mon impuissance à répondre à ses appels au secours.

Mon humeur se détériore d'heure en heure et je finis par devenir agressif. Devant mes sœurs venues au parloir l'après-midi qui tentent de me rassurer en répétant que le temps joue pour nous, j'en arrive à penser que ce type de remarque est facile à faire de l'autre côté de la barrière. Mais que moi j'en ai assez et que je vais entamer une grève de la faim.

Le soir, le dîner amélioré qui nous est servi prend directement le chemin de la poubelle. Comment avaler un boudin blanc en lambeaux ? Comme pour le réveillon du 24 décembre, nous avons heureusement préparé notre petite tambouille. Avec le même « apéritif maison », du foie gras, du boudin blanc, du cochon de lait, du fromage, une galette des rois, et du café avec des pralines. Nous regardons la télévision en mangeant, je ris et pleure tout à la fois, nouvel indice du sérieux déséquilibre qui entame ma raison. À minuit, dans toute la prison, des hurlements s'élèvent. Les détenus du premier étage balancent par la fenêtre des rouleaux de papier-toilette enflammés et frappent du poing sur les portes et les fenêtres. Le tintamarre dure au moins dix bonnes minutes, chahut durant lequel chacun se serre les mains et formule des vœux. La suite ? Le concert de Michel Sardou à Bercy retransmis à la télévision.

*

Samedi 5 janvier 2002, je prends une grande résolution : désireux de laver mon honneur, je veux en finir avec la vie. Toutefois, puisque je n'ai pas le courage de m'ouvrir les veines, je choisis de commencer une grève de la faim et d'attendre avec impatience la visite de mon avocat pour lui exposer mon choix.

Je prends ma douche à 8 heures, retourne au lit puis me lève pour le déjeuner, rengaine de la vie carcérale. Maître Delarue se présente en fin d'après-midi en me confirmant que l'appel de ma détention provisoire a été rejeté mais qu'il va déposer une autre demande. Je lui confie alors, ferme et décidé, quelle sera la nouvelle bataille que j'engage : cesser de m'alimenter pour attirer l'attention sur l'injustice qui me foudroie. Il tente de m'en dissuader, mais sans succès. Quand il m'avertit que ma mère a été hospitalisée, ma détermination se renforce. Après ma femme, mes enfants, voilà que ce scandale et cette incarcération arbitraire atteignent aussi maman.

En cellule, allongé sur mon lit, j'essaie de calmer ma fébrilité en confiant mes intentions à certains de mes codétenus. Ils me soutiennent. Pour tenir le coup sans manger, j'ai recours à des cachets. Le dimanche, après la messe de 10 heures et un entretien avec l'un des aumôniers, ma conviction s'étaye. Puisqu'on ne veut pas m'entendre, je vais essayer de faire parler de moi.

Chapitre 12

Se laisser dépérir pour en sortir
ou
Entamer une grève de la faim

Les jours se suivent et se ressemblent dans la noirceur et la déprime. Sommeil incertain, parloir où mon neveu Damien m'apprend que ma mère est toujours hospitalisée, dîner servi à 17 h 30 auquel je ne touche pas, bien que je commence à ressentir fortement la faim, ce 7 janvier ne diffère guère des autres jours. Je pleure abondamment.

*

Comme je fonds en larmes, le lendemain, devant le psychiatre. Après avoir appris de l'infirmerie les résultats de la prise de sang effectuée à mon arrivée – tous négatifs, je n'ai ni le sida, ni la syphilis, ni l'hépatite A ou B –, j'ai été convoqué par cette épouse du psychologue à qui j'expose mes problèmes. Avertie de mon histoire grâce aux informations télévisées, elle me paraît si correcte que je lui fais d'emblée confiance et, par besoin de parler, lui expose l'affaire : l'arrestation, les perquisitions, la séparation avec mon épouse, l'enlèvement de mes enfants... En percevant ma dépression, en découvrant mes flots de larmes, elle me propose un internement en psychiatrie à Clermont. Mais, bien qu'il me ferait sans doute du bien, je décline l'offre, refusant un séjour chez les « fous ». En revanche, elle me déconseille de poursuivre ma grève de la faim, m'expliquant qu'elle risquerait de me conduire à l'hôpital pénitentiaire de Fresnes, réputé pour sa dureté. Comme elle me prescrit du Stilnox®, du Prozac®, du Lexomil®, moi qui suis par nature opposé aux médicaments, je m'empresse, vu mon état d'anxiété, de les accepter.

Mardi après-midi : convocation chez le médecin généraliste qui tente de me dissuader de continuer mon mouvement ; tous les arguments y passent : je vais me rendre malade, détruire ma santé – et notamment mes reins –, puis, élevant la voix, il me traite de gamin irresponsable et assène que si je persiste, il me fera mettre sous perfusion. La mise en garde m'indiffère totalement. Alors il baisse les bras et me donne rendez-vous au vendredi en affirmant qu'il n'attend de moi qu'une chose : « qu'enfin je me réalimente ». Le tout proféré sur un ton sans appel, mais surtout sans psychologie, plus proche de la menace que du conseil ou de la sollicitude.

*

Au moins, les médicaments produisent leur effet : j'ai quasiment dormi d'une seule traite. Mieux, au réveil je me sens fort, plus que jamais déterminé dans mon entreprise de protestation. Bien qu'étant taraudé par la faim et victime de terribles maux de tête, avachi devant la télévision, je reprends mes « drogues » jusqu'au parloir de 15 heures. Où j'informe Damien de ma grève de la faim. Je vois qu'il me comprend puisque, à défaut de mots, ses larmes coulent. Des larmes qui reprennent lorsqu'il me délivre de mauvaises nouvelles de maman. Si j'ai, au moins, la consolation de savoir qu'elle voit mes enfants le jour même, rien ne fait diminuer la colère qui gronde en moi et renforce ma résolution.

Avant de rentrer en cellule, je fais un détour chez le coiffeur, où je me fais tailler la barbe et raser les cheveux. Un geste symbolique comme pour affermir ma détermination à continuer ma grève de la faim. Mais lorsque je me regarde dans la glace, je découvre une vraie mine de bagnard !

Chapitre 13

Un juge sans compassion
ou
L'indifférence face au décès de ma mère

À l'aube du cinquième jour de grève de la faim, je pourrais manger du lion. Dévorer tous ceux qui oublient la présomption d'innocence. Déchiqueter tous ceux qui accusent faussement et propulsent dans l'horreur. Dépecer tous ceux qui avancent avec des idées préconçues dans une enquête sans jamais se remettre en cause malgré la somme d'éléments en notre faveur, à Odile et à moi. En refusant de m'alimenter, je lance autant un S.O.S. que je tire un signal d'alarme, je mets en garde autant que j'invite ceux qui se trompent, se fourvoient même, à le reconnaître enfin. Mais peuvent-ils seulement admettre qu'ils font fausse route ? Faudra-t-il qu'ils aillent dans le mur et moi dans la tombe pour reconnaître leurs erreurs ?

*

Vers 10 heures, un surveillant m'informe que je serai extrait vers 11 h 30 pour être conduit devant le juge d'instruction en vue d'un interrogatoire sur mon curriculum vitae. La journée commence bien ! Je me lève vers 11 heures et, cette fois, je reçois la notification de l'arrêt de la cour d'appel ayant rejeté la demande de mise en liberté. Décidément, rien ne m'est épargné. Quelle autre mauvaise nouvelle va me tomber dessus ?

Palpation, confiscation du briquet, menottes, les formalités coutumières annoncent le départ – musclé – au tribunal de Boulogne-sur-Mer dans le vieux fourgon cellulaire. Parvenus au palais vers 15 h 30, nous sommes en retard mais personne n'est encore là. Ni le juge, ni mon avocat. Celui-ci apparaît vers 16 h 15, accompagné de ma sœur Dany, une présence qui ne me dit rien qui vaille. Dès qu'elle me voit, elle se précipite dans mes bras et éclate en sanglots en me révélant, droit dans les yeux :

— Maman est décédée cette nuit.

Je n'en crois pas mes oreilles. Comment est-ce possible ? Hagard, je m'assois, titubant. Dany tente ce qu'elle peut pour me calmer, me serre fort, me précise que maman étant morte durant son sommeil elle n'a pas souffert, mais rien n'y fait, je sombre. Incapable de me calmer, assommé par le choc de cette disparition imprévue, le décès de celle que j'aime par-dessus tout mais que je n'ai pas pu revoir, je subis une violente crise de nerf. Pourquoi ? Pourquoi elle ? Pourquoi nous ? Pourquoi n'ai-je pu lui dire quelques mots ? Pourquoi ce drame qui me broie et qui, c'est évident, l'a aussi atteinte et sans doute tuée ?

Devant ma douleur, maître Delarue suggère de reporter l'entretien à un autre jour, mais je refuse, ne pouvant supporter l'idée de me rendre à Boulogne une nouvelle fois, endroit ayant connu tant de bons souvenirs passés que je refuse de souiller. Mais ce sursaut s'avère de courte durée. Quand on m'extrait de la geôle et que je croise, dans le couloir, mon neveu Damien et sa fiancée Laurianne, les yeux rougis de peine, je reçois à nouveau en plein visage tous les malheurs qui fondent sur notre famille et me remets à pleurer. La pression, la tension, l'émotion explosent. Affaibli par la grève de la faim et le choc que je viens de recevoir, mon corps flanche... et je m'évanouis.

*

Quand je reprends connaissance, je suis à terre, dans un coin de la pièce, ma sœur et un gendarme à mes côtés en train de me tapoter les joues. L'avocat considère que je ne suis pas en état de subir l'interrogatoire, mais j'insiste pour que cette confrontation avec celui que j'appelle au fond de moi le « chef de bande » ait lieu. Un sobriquet on ne peut plus pertinent en la circonstance puisque Dany me confiera par la suite que le juge, arrivé dans son bureau, m'avait vu tomber dans le couloir mais n'avait pas levé une fesse de son fauteuil.

Pourquoi fait-il preuve d'une telle absence de compassion ? Je l'ignore. En tout cas, ne lui viennent pas à la bouche de simples paroles de condoléances. Alors que maman est morte avec son chagrin, un chagrin dont je l'estime en partie responsable ; alors que moi-même je suis sous le coup de cette affreuse nouvelle, il fait comme si de rien n'était. Pire, quand il reprend la parole, il m'interroge sur mon passé, ma famille, mes parents et même... maman. Il me demande ainsi ce qu'elle « fait » et quand je lui dis qu'elle est décédée, il me rétorque : « Je sais ; ce qu'elle *faisait* alors ? » Ensuite, il embraye sur mes instituteurs, mes professeurs, ma jeunesse, mes passions, mes études, sans une once de compassion.

L'interrogatoire se termine. Mon avocat ne pipe mot, gêné de la froideur du juge et confus devant son indifférence. En sortant du bureau, je me jette dans les bras de Dany et recommence à pleurer avec Damien et Laurianne.

Tant de pleurs pourraient êtres taxés d'infantilisme, mais ce sont les circonstances qui les font couler ! Un homme innocent, emprisonné dans les pires conditions, apprend la mort de sa mère sans que quiconque s'en émeuve. Et pendant ce temps-là les gendarmes s'occupent du carburant de leur véhicule anormalement bas ; et pendant ce temps-là le magistrat poursuit son instruction à charge ; et pendant ce temps-là, la presse nous voue aux gémonies sans encore voir la vérité. Quel gâchis !

Arrivé à la prison, fourbu, je découvre mes codétenus désolés du malheur qui me frappe mais pas pour autant prêts à changer leurs habitudes. Je me couche donc dans le bruit et le froid, en avalant mes médicaments et en recommençant à pleurer, convaincu que je dois rejoindre maman dans l'au-delà parce que telle est ma destinée.

Ce jour-là, je prie le seigneur de ne plus me réveiller.

*

J'y songe encore et encore, toujours et sans cesse : maman est morte sans moi. Pire, maman est morte « à cause » de moi, ou plutôt de ce qu'on nous fait subir. Qui pourra jamais réparer cela ?

Et maintenant, qui va organiser son enterrement ? Et aujourd'hui, qui est près de papa ? Et qui va le consoler ?

Dans la matinée, un surveillant m'apporte de nombreuses lettres et me fait signer deux documents : le premier stipule que ma famille peut récupérer mes clefs déposées au greffe, le second est l'accusé de réception d'une lettre recommandée m'informant que le dossier des enfants passera à la cour d'appel de Douai le 5 février 2002. Eh oui, les procédures administratives se poursuivent. Comme je veux qu'ils soient libérés et intègrent un cocon familial plutôt que de rester chez des inconnus, j'accepte qu'ils aillent chez mes beaux-parents même si je suis convaincu que ce n'est pas la meilleure solution. Pourquoi cette réticence ? Parce que je sais qu'ils n'ont pas toujours vu d'un bon œil mon union avec leur fille, considérant que je ne lui apportais pas toute l'attention et le confort qu'elle méritait ; qu'ils auraient préféré un gendre plus présent et installé ; et surtout parce que nous ne parvenions pas à communiquer ensemble, surtout depuis 1998 où, ayant emmené nos enfants en vacances, ils les avaient laissés sur le bas-côté de la route en nous demandant d'aller les chercher parce qu'ils leur paraissaient trop chahuteurs. Néanmoins, mieux valait encore à mes yeux pour accueillir mes enfants un foyer de personnes connues que des gens sans lien avec moi.

Peu après, on m'avertit que j'ai parloir à 14 heures. La déception se lit sur mon visage : mon avocat ne m'avait-il pas promis de faire l'impossible pour que j'aille embrasser maman avant sa mise en bière ? À 13 h 45, comme personne ne se manifeste, je mets un drapeau ; un surveillant survient mais m'explique que mon nom ne figure pas sur la liste. Que se passe-t-il ? Il revient vingt minutes plus tard pour m'annoncer que ma famille avait téléphoné afin d'annuler le parloir. Quel est cet imbroglio ? Je ne sais que penser. Nouveau rebondissement dix minutes après ma convocation : le même me prévient que le médecin m'attend.

La consultation ne se déroule pas bien et le ton monte. Ma

tension est à 12/7, j'ai perdu environ vingt kilos [1] et je n'en peux plus de vivre. Lui, une seule chose le préoccupe : que je mange à nouveau. Revenu en cellule, je m'étends sur mon lit, la tête cachée dans un oreiller. Et fonds en larmes. À 15 h 15, sans savoir pourquoi, je suis extrait. Et ce n'est qu'au greffe, après la fouille habituelle, qu'on m'apprend que j'ai le droit de rendre visite à la dépouille de ma mère.

Je pars sur-le-champ en Clio avec des gendarmes compréhensifs. Lorsque nous arrivons devant la maison de mes parents, à 18 heures, mon beau-frère Dominique m'attend sur le pas de la porte. Je l'embrasse, nous pleurons tous les deux, puis il convainc mes gardiens de me retirer les menottes. Ma sœur Thérèse et ma filleule Valérie m'attendent dans le couloir, prêtes à m'étreindre. En pénétrant dans le salon, j'aperçois papa qui pleure. À ma vue, ses larmes redoublent et il m'étreint. Je l'embrasse tant que je peux et nous restons là, à nous réconforter en silence, durant cinq belles et rares minutes, sachant pertinemment qu'il me faut goûter ces instants malgré leur dureté parce que mon passage en ces lieux chargés de souvenirs n'est qu'éphémère, qu'ensuite je devrai regagner la prison et laisser mon père seul avec son chagrin.

Je suis papa dans le bureau où se trouve ma défunte mère. Elle est là, reposée, jolie. Je m'effondre. N'ayant jamais été aussi malheureux, je reste un long moment à côté d'elle, à la regarder, à penser au passé, à caresser ses mains froides. Thérèse me soutient, tente de m'apaiser en soulignant qu'elle n'a pas souffert, que la veille elle avait vu ses enfants et petits-enfants mais, en mon for intérieur, je ne peux m'empêcher de penser à sa peine en songeant qu'Odile et moi étions les seuls absents. Et, devant sa dépouille, je prie le seigneur de l'accueillir dignement près de lui et de pardonner ma soif de vengeance.

*

Autour d'une tasse de café, toute la famille convient de l'ignominie de l'affaire à laquelle je suis malgré moi mêlé. Tous sont

1. J'en pesais quatre-vingt-dix-sept avant mon arrestation.

écœurés, scandalisés et convaincus que les responsables devront rendre des comptes. Et moi, homme de loi et de droit, j'ai des difficultés à croire encore en la justice.

Les minutes s'égrènent. Et vient le temps de partir. Je retourne voir maman, l'embrasse plusieurs fois et lui caresse les cheveux. Une nouvelle crise de larmes m'assaille. Je quitte la maison, accompagné par tous à la voiture, et les embrasse une dernière fois. Car je pense que ce sera ma dernière visite, si le sens unilatéral de cette enquête ne me rend pas justice.

*

Les gendarmes qui m'encadrent ont fait preuve en ces circonstances douloureuses d'une extrême courtoisie. Ils ont respecté le deuil d'une maison meurtrie, fait montre de bienveillance et de politesse, autant chez papa que dans le véhicule qui me reconduit. Partageant ma douleur, ils ont compris à qui ils avaient affaire. Quand nous discutons ensemble de la terrible histoire qui a jeté ma famille dans le désarroi, ils s'avèrent étonnés, saisissant mal qu'avec si peu d'éléments on puisse enfermer des êtres humains. Une conversation qui me rassérène, comme le fait d'être sans menottes dans leur voiture, attention qui me fait recouvrer un peu de dignité. J'ai enfin l'impression d'être autre chose qu'un animal.

*

Nouvelle nuit terrible, je suis réveillé depuis quatre heures. Aujourd'hui, maman sera enterrée.

À 7 heures, le surveillant m'informe que je serai extrait dans un quart d'heure.

À 7 h 20, je passe en cage. À 8 h 30, les gendarmes viennent me chercher et j'embarque dans la Clio, menottes aux poignets. Sur le perron de l'église m'attend mon beau-frère Bertrand qui négocie aussitôt, fort de son grade de commandant de police, le retrait des humiliants bracelets. Une fois libéré, je vais m'asseoir sur le banc réservé à la famille, à côté de mon père. Recueilli, éperdu, brisé, je suis l'office, écoutant mes nièces Sandrine, Stéphanie et Valérie faire une lecture à mourir de tristesse. Odile est absente, parce qu'elle ne voulait pas apparaître en public avec des menottes, et n'a pas souhaité que les enfants puissent assister aux obsèques de leur mamy. Un premier signe de rupture avec le passé parce que le présent devient trop pénible ? Je m'interroge.

Beaucoup d'amis sont venus rendre un dernier hommage à ma mère, ainsi que sa famille de Jeumont. Le catafalque est couvert de fleurs, comme elle le souhaitait. Il n'y a pas d'eucharistie, simplement une offrande. La fin de la messe est éprouvante, tout le monde venant me saluer, me renouveler son amitié et me soutenir. Je ne cesse de pleurer en entendant toutes ces paroles de bonté, ces mots qui m'exhortent à tenir bon, soutiennent que le cauchemar est bientôt terminé et la délivrance proche. Des mots qui me vont droit au cœur, me bouleversent et me font regretter qu'Odile ne soit pas là pour les apprécier.

Nous allons ensuite au cimetière de Bousbecque où sont inhumés mes grands-parents paternels. Ma sœur Dany, autorisée à monter avec moi dans la voiture des gendarmes, me donne l'alliance de maman que je vais conserver comme un talisman. La mise en terre est un moment difficile entre tous pour moi, ému devant ce cercueil déposé au son d'une prière. Mon père, au bord de la syncope, préfère se retirer et s'asseoir dans la voiture garée à proximité. Mes sœurs m'accompagnent ensuite jusqu'à la Clio des gendarmes qui m'attendent avec beaucoup d'égards.

Engoncé dans leur voiture, je vois la famille et les amis me regarder partir en me faisant quelques signes d'amitié. En chemin, les gendarmes, qui ont faim, s'arrêtent à une « baraque à frites » et proposent de me payer mon repas. En les remerciant, je leur explique que j'ai entamé une grève de la faim afin de clamer mon innocence et ne peux m'octroyer ce plaisir. Sur l'autoroute, un peu plus tard, ils s'arrêtent à nouveau, cette fois sur une aire de repos, et m'invitent à les accompagner jusqu'au bar pour un café. Cette fois je les suis, sortant de la Renault sans menottes, une marque de confiance de leur part digne de leur uniforme comme de leur fonction.

*

Rentré en cellule à 16 heures, sans perdre une minute, je me précipite sur du papier à lettres pour écrire à Odile mon envie de mettre fin à ce mauvais film. En des mots brefs et touchants, je lui explique mon choix et mes regrets de ne pouvoir être avec elle. Je me couche tôt, les yeux dans le vide, prends mes médicaments vers 23 heures et m'endors rapidement pour me réveiller tout aussi rapidement, incapable de faire autre chose que de penser à ma mère. Incapable de penser à autre chose, désormais, qu'à ma mort.

Chapitre 14

Routine, déprime, pression et dépression
ou
La descente vers l'abîme

Encore un jour. Puis un autre. Et encore d'autres, identiques, semblables, déprimants, sans espoirs, avec ma santé qui s'amenuise parce que ma grève de la faim s'éternise. De la déprime à la routine, de la dépression aux pressions pour me faire revenir en arrière, j'avance pas à pas vers l'abîme. Et dans mon univers s'enchaînent les consultations. Le même jour que celui où notre codétenu Maurice est transféré vers une destination inconnue de nous, on multiplie pour moi les rendez-vous forcés. Après le médecin psychiatre qui, observant l'aggravation de mon état dépressif, me propose un séjour en service de psychiatrie si je ne veux pas être transféré à Fresnes – au point où j'en suis je m'en moque –, c'est au médecin de me tancer vertement, comme à l'accoutumée. Comme j'ai perdu un nouveau kilo, il menace une nouvelle fois de m'hospitaliser si je poursuis ma grève, intimidation qui m'indiffère même si son attitude belliqueuse me choque. Mais il peut disposer de moi comme il l'entend, c'est à mes yeux sans importance. Puis c'est au tour du psychologue de monter à l'assaut de ma détermination, avec plus de finesse heureusement ; il essaie aussi de me convaincre de ne pas culpabiliser du décès de ma mère. Peine perdue en fait et l'envie de mourir me hante plus que jamais tout en souhaitant, avant de quitter ce monde, savoir mes enfants heureux. Quant au reste, je sais qu'Odile s'en sortira et vengera notre honneur bafoué.

*

Jeudi 17 janvier 2002 : nouvelle convocation chez la médecin psychiatre. Je maintiens ma grève de la faim avec détermination et ressens le besoin de lui confier la relation privilégiée que j'entretenais avec ma mère. Au passage, je suggère une modification de mes doses de somnifère, malgré mon jeûne. Ce qu'elle consent en augmentant celle de Lexomil®.

Maître Delarue vient me visiter et m'apporte, ce sont ses mots, des « nouvelles fraîches du dossier plutôt positives pour Odile et moi ». Irascible, las des espoirs sans suite ni concrétisations, je rétorque : « Ah oui, alors pourquoi demeurons-nous enfermés ? » Il en reste muet.

De retour du parloir, je réintègre la cellule, où il fait un froid de canard. L'hiver est rude. Autant que le destin. Je ferme les bouches d'air et me colle au radiateur, le regard dans le vide. Certains codétenus me crient dessus parce que j'ai tout fermé mais, en ayant assez de me laisser faire, je réplique et pressens même que nous allons en arriver aux mains. Au dernier moment, je me ravise : après tout, pourquoi me battre ? Comme ils me provoquent en rouvrant les fenêtres, je regagne mon lit sans relever leur geste. À mes cachets habituels, j'ajoute ceux de « papy », qui préfère arrêter les drogues médicamenteuses, mélange épatant qui me fait ronfler en un rien de temps.

Le lendemain, à 9 heures, visite à l'infirmerie. Au programme cette fois, une prise de sang, de tension (11/7) et un pesage qui affiche une nouvelle perte de poids. J'en suis à soixante-quatorze kilos. Le généraliste persiste à vouloir que je cesse ma grève de la faim et me menace à nouveau d'un transfert à Fresnes si les résultats de la prise de sang sont mauvais. Qu'importe, désormais je connais sa ritournelle. Et face à mon entêtement, il va lui falloir me harceler longtemps.

Ensuite, au parloir, j'ai la surprise de retrouver mes deux sœurs et mon beau-frère Dominique, qui m'expliquent que papa se remet très doucement du décès de maman. À les en croire aussi, mon dossier avance, tandis que Thomas, mon fils, commencerait à « péter les plombs », à se rebeller et n'en faire qu'à sa tête. Décidément, avec cette affaire, tout part en morceaux et va à vau-l'eau. Quel chaos créé pour des mensonges proférés !

*

Voilà désormais plus de deux mois que je suis incarcéré sans raison, que ma femme Odile se trouve sous les verrous pour les mêmes fausses accusations, plus de deux mois que nos enfants sont privés de leurs parents et placés chez des étrangers, plus de deux mois que nous subissons une détention abusive, contraire aux vertus de la présomption d'innocence. Plus de deux mois que notre passé a été mis en miettes, notre honneur jeté en pâture, notre réputation souillée à cause des logorrhées aberrantes et saugrenues de détraqués recueillis par un jeune juge dénué d'« expérience ». À cause d'une enquête à sens unique, mal ficelée, j'ai dû vendre mon Étude en catastrophe, accepter de me retirer de la vie judiciaire malgré moi, perdu ma place de chargé de cours à la faculté de droit de Boulogne-sur-Mer. À cause de l'opprobre jeté sur mon nom, ma mère est morte et j'en fais autant.

*

En ce samedi 19 janvier, la disparition de maman m'obsède dangereusement. Désormais, des visions s'ajoutent à ma mélancolie. Les médicaments en nombre me transportent dans un état second où mes pensées se bousculent, semant la confusion. Désemparé, je ne sais plus faire face, je suis perdu, je cherche quelqu'un pour me soutenir mais je reste seul. La solitude étant source de multiples divagations, j'attribue bientôt à ma mère des pouvoirs surnaturels, ayant l'impression qu'elle m'attend quelque part, moi, ainsi que mon père.

Pour me changer les idées, je relis mes lettres, regarde mes photos. Heureux dérivatif, je vais à la réunion d'aumônerie. Où je rencontre quatre détenus venant de prisons différentes qui racontent chacun leur petite histoire. Je savais déjà que différentes drogues arrivaient dans l'établissement, mais j'ignorais jusqu'alors les méthodes pour les faire circuler. Je l'apprends. Comme la présence des téléphones portables qui pullulent.

Au fil des heures, mon état de faiblesse s'accentue. Je me recroqueville peu à peu, grelottant sous un froid intense, n'osant même plus dire un mot de peur de me faire tabasser par un codétenu. L'un d'entre eux, en particulier, s'est transformé en dominant, petit chef que personne n'ose contredire. Pour éviter ses remontrances et sévices, pour oublier ce quotidien sordide, pour tenir mon engagement de non-alimentation, je me niche dans mon lit et attends minuit pour ingurgiter mes médicaments et ceux de « papy ». De plus en plus zombi, de plus en plus muré dans mes pensées, je sombre.

La nuit s'avance sans que je la voie. Le jour arrive sans que je l'aime. Quand je me lève, je traîne. Et à l'heure de la sieste, je me couche. Je suis vraiment à bout.

La tension dans la cellule est d'ailleurs palpable. Comme dans le reste de la prison d'ailleurs. Ainsi, dans l'après-midi, une bagarre a éclaté au premier étage. Tandis que nous entendions la victime frapper sur la porte pour appeler au secours, le surveillant, lui, à proximité dans le couloir, préféra renoncer à entrer seul dans la cage aux fauves, se contentant de menaces contre le frappeur. Attendant des renforts, il laissa la brute achever son tabassage sous les supplications de la victime.

*

Au gré des heures, mon accablement s'accroît et mon irascibilité l'imite. La fouille de la cellule par les gardiens cherchant, sans succès, de la drogue dissimulée dans les barres de lit, m'agace autant qu'elle m'indiffère. Le prêtre qui nous rend visite et entend ma difficulté à faire le deuil de ma mère m'apaise mais c'est fugitif. Mon sommeil est chimiquement déclenché mais mon organisme s'y habitue. Quant à la faim, elle ne me gêne plus, transformée en dégâts collatéraux qui occupent quelques instants mon attention. Des migraines m'assaillent ainsi que des impressions bizarres, sortes de papillons noirs en train de voler autour de moi. Des étourdissements qui s'amplifient à mesure que mes codétenus me pèsent sur les nerfs. Je suis tellement à cran que je manque encore, un après-midi, de me battre, à cause d'une fenêtre que j'ai refermée. La querelle est tellement vive et houleuse que j'ai appelé le surveillant pour être mis au mitard. Hélas pour moi, vu mon « statut » et ma grève de la faim, je ne peux changer de cellule, devant donc rester en compagnie de criminels et de violeurs.

En somme, j'en arrive au point de non-retour. Je ne tolère plus rien ni personne. Ni les émissions débilitantes du Dieu-télé ni mes codétenus. Je suis malade, hanté par le décès de ma mère que je veux rejoindre et je ne supporte plus les autres, sachant pertinemment que je vais devoir me battre si je ne veux pas devenir leur souffre-douleur, alors que je n'en ai ni le goût ni la force. En outre, je fais un rejet de l'odeur nauséabonde de la gamelle, du bruit de la clef dans la serrure, du son des verrous qui résonnent comme autant de condamnations à la honte et à l'oubli.

Chapitre 15

La folie au bout de la faim ?
ou
L'internement en hôpital psychiatrique

La dérive se poursuit. Et ma descente aux enfers aussi. Un matin, je suis réveillé tôt pour être conduit à l'infirmerie où je fais une prise de sang, un contrôle de la tension (11) et du poids (soixante et onze kilos). Parce que ma tête tourne, je ne tiens pas debout devant l'infirmière et dois me tenir aux murs pour marcher. Mon cas s'aggrave.

Averti vers 10 heures, et après avoir constaté mon état avancé de faiblesse, le médecin psychiatre décide de me faire hospitaliser. Mais où ? Doit-il m'envoyer à l'hôpital psychiatrique pour ma dépression ou à l'hôpital général puisque j'ai un urgent besoin d'une perfusion ? La question agite l'administration. Pour l'heure, on ne me dit rien sur ce point, mais on m'intime d'avaler un verre de lait concentré accompagné d'un café. J'y consens. On me prévient en outre que, compte tenu de mon état, je n'ai pas intérêt à trop manger d'un coup, mon estomac s'étant « resserré ». Finalement, je vois le généraliste qui choisit la première option et signe mon avis d'internement en psychiatrie. Des termes très difficiles à entendre pour moi : me voilà désormais officiellement fou. Je pleure et j'ai peur.

Dans les minutes qui suivent, j'ai parloir avec Dany, laquelle me donne des informations excellentes sur l'avancée du dossier. Selon elle, les accusations s'écroulent comme un château de cartes. Je m'en réjouis mais puis-je encore y croire ? De mon côté, je l'avertis que je vais être interné. Peu après, mon avocat me confirme à son tour les bonnes nouvelles mais, voyant mon état dépressif et physique, il me conseille néanmoins vivement d'accepter le transfert en hôpital psychiatrique.

*

17 h 30. L'instant du départ pour Clermont-sur-l'Oise a sonné. Je passe à la fouille puis me rends au greffe où trois hommes en blanc m'attendent, se présentent et m'expliquent ce qui va advenir. Hagard, je ne comprends pas vraiment ce qu'ils disent. Je tends les bras pour recevoir les menottes, mais rien ne se passe. On m'en épargne le supplice. Dans la cour, j'aperçois une ambulance. Ils veulent m'allonger parce que ma tension est tombée à 10, mais je préfère la position assise. Dehors il pleut, il fait noir, et moi je pleure durant tout le trajet.

Aux urgences psychiatriques, un infirmier plutôt sympathique m'offre une cigarette et attend avec moi un moment. Mes larmes se sont taries. Je suis assis dans une salle d'attente « normale », sans grilles ni barreaux aux fenêtres, simplement décorées de rideaux, et en plus je n'ai pas de menottes. Quelque chose change. Je constate la présence rassurante d'une machine à café. Un petit déclic résonne en outre dans ma tête. En découvrant cet environnement clément, normal, un petit souffle s'élève en moi. J'ai l'impression de revivre, de respirer même.

Alors que mon ange gardien m'explique le fonctionnement de l'unité psychiatrique, je lui raconte mon expérience de l'enfer carcéral, les humiliations de ma famille, le drame de ma femme, elle aussi en prison, l'éloignement de mes trois adorables enfants. Interrogé ensuite au service psychiatrique des urgences, je réitère mon récit, détaillant les méandres de l'erreur judiciaire dont je suis victime ainsi que le décès de ma mère, entrevue ponctuée par une copieuse crise de larmes. Le médecin me confirme alors la décision d'internement, en hospitalisation d'office pour reprendre le jargon officiel, c'est-à-dire sur ordre du préfet.

*

Dans l'hôpital, un vieux bâtiment, une chambre à deux lits m'attend, mais je vais être seul durant au moins une semaine, l'autre pensionnaire se trouvant en vacances aux sports d'hiver avec ses parents. D'un coup, je me sens mieux. Relaxé, tranquille, enfin au calme, j'ai l'impression qu'une énergie nouvelle gagne mes veines. Comme en plus en ces lieux il fait chaud, en mon for intérieur je me dis que je vais peut-être enfin pouvoir entamer le deuil de maman.

Pourtant, une sensation déstabilisante me gagne aussi : suis-je réellement devenu fou ? Et auquel cas, suis-je vraiment différent des autres aliénés et débiles mentaux qui m'entourent ? Comment même en avoir le cœur net alors que les quelques personnes que j'ai croisées dans les couloirs arborent une drôle de tête ?

Perdu dans ces interrogations, je reste assis sur mon lit, un vrai lit confortable et accueillant. Et quand on me sert un repas, ayant conscience d'être considéré ici comme un homme et non un animal, je ne résiste pas à la tentation. Lentement, je bois ma soupe, prends mon yoghourt et avale un lait concentré Nutrigil qui me fait un peu mal au ventre, mais du bien au moral. Enfin, dans ce havre de paix, je peux essayer, aussi paradoxal que cela puisse paraître, de me ressourcer. Physiquement et spirituellement. Ainsi, je garde un moment la lumière allumée pour prier, réciter le Notre Père et chanter à voix basse des cantiques. Et enfin je m'endors, en proie à un commencement d'apaisement que je n'aurais pas cru possible quelques heures auparavant.

*

Au petit matin, c'est un regard compatissant qui vient me réveiller : celui d'une infirmière attentive et précautionneuse. Machinalement, je cherche ma montre mais, à ma grande stupéfaction, elle a disparu. Pas de doute, durant mon sommeil gorgé de médicaments, un patient m'a détroussé. Ce nouveau coup du sort m'ébranle. Je tenais en effet beaucoup à cet objet, présent d'Odile, et me sens coupable d'avoir omis de le mettre dans l'armoire fermant à clef. Hésitant, je me lève et fais quelques pas. Puis je me dirige cahin-caha, hors de la pièce.

Dans le couloir, je rencontre d'autres pensionnaires qui convergent vers les escaliers. Tous sont cordiaux. Certains me serrent la main, d'autres me dévisagent. Et moi, je commence à ressentir de la peur. Peuvent-ils à tout moment être atteints de crises de démence, comme je le crains ?

Une infirmière me conduit à la pharmacie où j'ai trois médicaments à prendre. Des pilules disposées à l'endroit même où mon nom est inscrit sur le tableau des constantes, celui qui notera ma tension, ma température et mon pouls. En déambulant, je contemple, perplexe, les malades qui me croisent : certains me paraissent « normaux », d'autres totalement « à la masse » car errant sans but. Quand j'en remarque deux allongés à même le sol, je me remets au lit et suis atteint d'une poussée de sanglots. Et moi, dans quelle catégorie faut-il me ranger ? Vers 11 heures, consciente de ma fragilité, une psychiatre m'avertit qu'elle adressera en préfecture un prolongement d'urgence d'hospitalisation et veut modifier mon traitement. J'accepte.

*

Au fil des heures, à l'hôpital comme avant à la prison, une routine se met en place. La prise de médicaments, une réalimentation progressive, des nuits assommées de substances chimiques mais au moins durables, des rencontres avec des patients aux pathologies variées.

Quant aux lieux, j'apprends peu à peu à les connaître. Et à en constater la vétusté. L'état de délabrement du bâtiment est en effet inouï : les murs défoncés, le placo apparent et la robinetterie rouillée qui fuit attestent du manque de budget récurrent de l'établissement. Entre mes pérégrinations, je rédige des courriers pour Odile, me prends à devenir zen, à avoir même l'impression de planer – merci les médocs ! –, à voir qui sont ceux qui m'entourent. Sans trop parler aux autres cependant !

Un soir, vers 20 heures, quand dans la salle télé un groupe m'invite à regarder un film au magnétoscope, je n'en crois pas mes oreilles. J'en souris de bonheur. Ce simple sentiment d'être accepté par les autres me fait un bien fou. Suis-je sur la voie du sursaut pour accepter ainsi la télé alors que j'en avais une overdose en prison ? En fait je comprends, le lendemain après-midi, étant reçu par le médecin chef du service, le psychologue, le psychiatre, le cadre du service et une infirmière, que mon traitement modifie trop mon comportement. À tel point m'expliquent-ils que j'aurai un cachet en moins, la posologie présente me faisant trop « planer ». Va-t-on me faire atterrir de force ?

En tout cas, quand, vers 18 heures, je parle au téléphone avec ma sœur Thérèse, ce qu'elle m'annonce me fait redescendre sur terre : non seulement mes enfants ont passé Noël et la nouvelle année chez des étrangers mais il est fort probable que leurs vacances de février ne se dérouleront pas non plus en famille !

*

Ce soir, repas au réfectoire. J'y fais la connaissance de Cédric, placé ici depuis quatre ans, alors qu'il était encore mineur, traumatisé par un viol perpétré dans son enfance. Ses vingt et un ans lui donnent un solide appétit et je ne mange quasiment pas comparé à lui. Nous discutons un peu. Le lendemain, j'échange quelques mots avec le docteur Molto qui m'avertit que le juge d'instruction conteste mon séjour à Clermont, notamment à cause de risques de visites, pourtant hypothétiques, mais aussi que je peux me faire hospitaliser dans le service spécialisé de la maison d'arrêt d'Amiens si je le souhaite. Bien qu'écœuré par cette nouvelle décision susceptible de m'éloigner de cet endroit où je reprends des forces, j'accepte néanmoins la suggestion... puis je retourne me coucher jusqu'à 16 heures où une infirmière m'administre un cachet pour la tension. Suite à l'autorisation du médecin, je peux aussi – et enfin – m'habiller normalement et ôter le pyjama réglementaire dans lequel je déambulais. Lorsque je descends manger, mon moral a chuté de plusieurs crans : le coup de poignard de l'administration me vrille à nouveau l'esprit. Au fond de moi, j'ai désormais l'impression qu'on désire m'éliminer physiquement. Car, après tout, en quoi rester en ces lieux ou recevoir des visites peut-il gêner leur travail. Je tourne encore et encore ces questions, ces hypothèses, ces supputations dans ma tête et replonge dans l'abîme. Mon cafard ressurgit, plus lourd et pénible, et mes proches me manquent plus que jamais. Quelle échéance ai-je désormais devant moi ? Uniquement celle du 5 février 2002, date de l'éventuelle « libération » de mes enfants. S'ils parvenaient à regagner nos familles, je l'interpréterais comme une première victoire, en attendant la libération d'Odile, puis la mienne. Des plans sur la comète, certes, mais au moins m'aident-ils à ne pas perdre totalement pied, à ne pas entrer sans résistance dans le monde terrifiant de la folie réelle.

Car il me faut aussi prendre conscience et assumer le fait que je suis interné en hôpital psychiatrique, gommer la répulsion d'être ici comme j'avais honte de séjourner en prison. Bien que les conditions de vie soient meilleures, je me pose en effet des tas de questions. Dont l'essentielle : est-il encore utile, pour moi, de vivre ? Une interrogation à laquelle je ne parviens pas à donner une réponse claire. Je ne sais plus, je suis perdu, je voudrais retrouver mon équilibre d'avant mais je tourne en rond, cogitant à tout-va, ne supportant plus d'être coupé du monde extérieur, de n'avoir aucunes nouvelles d'Odile, des enfants, de papa. Mon beau-frère Dominique téléphone tous les jours, on m'en informe mais je ne peux en aucun cas lui parler. La consigne, toujours la consigne. Moi, seul dans mes pensées, je ressasse sans cesse l'accumulation de drames qui m'accablent. Je songe aux temps glorieux où tout allait bien, avant qu'on ne m'interne, que mon Étude soit bradée, mes enfants placés dans des familles d'accueil, mon épouse incarcérée. Avant cette avalanche d'injustices, à l'époque où nous croyions que de telles catastrophes n'arrivaient que dans les films ! Avant, autrement dit, à l'époque où, comme tous les citoyens on ne croit pas à de telles erreurs judiciaires, et où on pense que cela n'arrive qu'aux autres.

*

Vendredi. La bibliothèque est ouverte et je descends choisir *Le Château de ma mère*. Où Marcel Pagnol explique qu'« il y a une chose qui ne changera jamais, c'est l'amour des enfants pour leur mère » et qu'il a « écrit ce livre pour apprendre aux petites filles comment leurs fils les aimeront un jour ». En lisant ces phrases, le décès de maman remonte à la surface et me déchire le cœur.

Un peu avant midi, la collaboratrice de maître Delarue reprend avec moi les éléments du dossier sans m'apprendre quoi que ce soit de nouveau. On m'avertit aussi que mon transfert ne se fera pas ce jour, donc qu'il est inutile de m'angoisser, qu'une place dans un service spécialisé de la maison d'arrêt d'Amiens m'a été réservée. Des bonnes paroles qui me stressent complètement : combien c'est facile, en effet, de dire que tout va s'arranger.

Vers 16 heures, je descends dans la salle à manger avec un bourdon monstre chevillé à l'âme. Là, je me fais draguer par une fille très laide et à moitié folle, dont je comprends un mot sur deux, qui me dit qu'elle me trouve beau, que j'ai de beaux yeux, qu'elle est vierge et voudrait faire l'amour avec moi ! Calmement, sans la vexer, je la remets à sa place quand, soudain, je réalise que j'ai perdu l'alliance de maman. Paniqué, je remonte dans ma chambre en catastrophe mais la retrouve sous mon lit... ouf ! Ce nouveau stress me brise : je fonds en larmes. Calmé, à 18 h 15, je descends dans la bibliothèque équipée d'un « point phone ». Une patiente est en train d'essayer de contacter son fils mais sans y parvenir. Je saute sur cette chance qui s'offre à moi. Je lui propose mon aide puis ose lui demander de me prêter sa carte. Mon cœur bat la chamade, elle accepte. J'appelle ma sœur Thérèse. Hélas, je tombe sur le répondeur. Je tente un appel chez papa. On décroche. C'est lui. Lorsque j'entends le son de sa voix, tout se brouille soudain et je ne parviens pas à prononcer un mot, mes paroles se noyant dans un flot de sanglots. Mon état ne s'améliore pas.

*

Conserver mon calme relève désormais de l'épreuve. Mes nerfs sont tellement à vif que j'arrive seulement à m'énerver et à pleurer. Comment vais-je m'en sortir ? Vais-je refaire un jour surface et reconstruire ma vie ? Ces angoisses me nouent l'estomac.

J'en suis là de mes peurs quand, sur un programme télé abandonné sur une table, je découvre par hasard la diffusion d'une émission sur l'affaire d'Outreau. Je l'attends avec autant d'impatience que d'appréhension, espérant seulement que les journalistes se montreront au moins objectifs.

Échoué dans la salle télé, déprimé, je suis assis à côté d'une fille se prénommant Nathalie qui me prend pour le père Noël et veut savoir si elle est toujours la plus belle. Son délire ne me concerne pas. Moi, je suis là pour regarder ce qu'on va raconter de nouveau sur « nous ». Et je ne vais pas être déçu ! En fait si, évidemment. Après avoir vu ce « 7 à 8 » sur TF1, je me remets à pleurer. Rien de neuf à l'horizon. Pire, le reportage m'a paru bien partial. Bon sang, quelqu'un ouvrira-t-il un jour les yeux ? Quelqu'un aura-t-il l'audace et l'intelligence de scruter au-delà des discours officiels à sens unique ?

*

Lendemain, fin d'après-midi. Damien et Laurianne arrivent mais je n'ai le droit ni de leur parler ni de les embrasser. Je monte le linge propre qu'ils m'ont apporté et descends mes effets sales, puis j'observe mes neveux à travers la porte vitrée et leur fait un signe discret de la main. J'arrive à obtenir de leurs nouvelles par l'entrebâillement d'une fenêtre, mais cette situation m'insupporte. Je suis un humain innocent traité comme un animal sauvage en cage : une torture morale horrible.

Vers 20 heures, les yeux rougis et la gorge serrée, je rencontre Yoann, nouveau venu dans ma chambre. Notre premier contact semble positif. Il m'offre un chocolat et je lui rends la politesse en préparant un café avec l'eau chaude du robinet. Nous parlons un peu et je découvre qu'il est simple d'esprit, ce qui me désole un peu pour les conversations que j'espérais entretenir avec lui. Seul, je suis désespérément seul avec moi-même.

*

Lundi : la journée s'annonce monotone. Depuis deux jours, j'ai continuellement la tête qui tourne, des trous noirs et la mémoire qui me joue des tours. À 10 heures, alors que le coiffeur s'occupe de moi, un cadre vient m'informer que je dois préparer mes affaires. La gendarmerie sera sur place d'ici une demi-heure pour m'emmener.

Je fais mes cartons la peur au ventre. Ce qui va vite puisque je ne suis pas venu avec grand-chose. Où vais-je ? Que va-t-il advenir de moi ? Ma santé s'améliore-t-elle ? Je me précipite alors chez le médecin psychiatre, lui explique que ça ne va pas, que j'appréhende la journée du lendemain. Il me comprend mais ne peut rien. Aussi, quand la gendarmerie arrive, c'est pour cueillir un homme au moral atteint. Dont les larmes viennent sans prévenir. Dont la gorge est plus serrée qu'un nœud de corde. Dont le fil le retenant à la vie s'effiloche chaque seconde un peu plus. Heureusement, les gendarmes se montrent corrects, et on a dû leur parler en bien de moi puisqu'ils ne me menottent pas. Un détail que d'autres jugeront futile mais qui, dans ma position sociale et morale, constitue un baume régénérant, une montagne de réconfort.

Ma nouvelle direction ? Juste la maison d'arrêt. En somme, le retour à la case départ. La déprime s'accroît puisque, je l'apprends aussi, pour d'obscures et invraisemblables raisons de « trouble potentiel à l'ordre public consécutif à ma libération », une nouvelle demande de remise en liberté a été rejetée !

Chapitre 16

Un suicide dans la cage
ou
En finir avec l'injustice

Bienvenue en enfer.

Retour au point de départ. Dans la cellule, on ne m'attendait pas et je dois dormir par terre, mon matelas à même le sol. Le froid me saisit. Rien n'a changé : la tension est prégnante, les vents coulis frigorifiants et les repas infects. Je renoue avec la cigarette, l'abêtissement télévisé et les médicaments. Des somnifères puissants qui ne m'empêchent pas d'être réveillé en pleine nuit par la température et l'humidité, le dos mouillé. Toujours plus bas. Toujours pire.

Une seule chose me réconforte : je devrais savoir en ce jour si mes enfants vont enfin être confiés à des proches. Or une bonne nouvelle me ferait le plus grand bien. D'ici là, je redécouvre mes codétenus, dont deux prêts pour la douche dès 7 heures du matin, parce que leur rythme biologique a été inversé. Conséquence pour tout le monde, la télévision est allumée en permanence. Cela ne va pas arranger ma patience ! Pas de doute, si je ne veux pas sombrer définitivement dans la folie, il faut que je sorte d'ici. Par tous les moyens, même le plus radical. Je dois d'autant plus me décider que la médecin psychiatre – tension remontée à 11 et poids de soixante-dix-sept kilos – accepte mon transfert sur Amiens, au service médico-psychologique régional de la maison d'arrêt. Le chef de détention Dandreo me promet d'accélérer la procédure. Par optimisme, mais aussi par défi, je n'ai pas déballé mes cartons. Un espoir ténu aide quand même à survivre.

Après le déjeuner, où je mange un peu, j'absorbe mes comprimés et m'endors à même le sol jusqu'à 17 heures. Mes enfants reviennent sans cesse à mon esprit, obsession que j'essaie d'oublier en jouant au tarot jusqu'à 21 heures. Plus rien ne me retient vraiment. Je ne supporte la présence des autres et le son de la télévision que dans l'espoir d'un transfert imminent et du retour de mes enfants en milieu familial. Ce qui arrive heureusement enfin, mon beau-frère Dominique m'informant au parloir qu'ils ont été confiés selon ma demande et celle d'Odile à leurs grands-parents maternels. Que de temps perdu avant d'en arriver à une décision aussi évidente. Et que de dégâts causés pour des lenteurs administratives et des obstructions incompréhensibles et obtuses.

*

Mercredi, 7 heures. Je n'ai plus aucune envie d'être muté à Amiens. Pire, je me demande s'il ne serait pas mieux de mourir maintenant. En pleine crise de souffrance, je ne peux rencontrer la psychiatre, trop occupée paraît-il. Mon départ est programmé mais moi je veux en fait disparaître. Un surveillant essaie de me raisonner, m'assurant que je vais aller à Amiens, ma nouvelle Terre promise, mais comme il ne donne pas de date, je doute.

Vers 14 h 30, en recevant la notification écrite de la décision de la cour d'appel concernant les miens, je franchis en âme et conscience un pas vers la mort. C'est décidé, je m'ouvrirai les veines dans la nuit du dimanche 9 février, ultime hommage à ma mère décédée précisément un mois plus tôt. Ma conviction est faite. Mieux, avoir pris cette décision majeure me libère d'un poids. Savoir que mes souffrances vont s'évanouir avec mon souffle me procure un étrange réconfort.

Mais comme je ne peux laisser les miens sans réponse, comme je veux expliquer mon geste, pointer du doigt en un acte solennel l'injustice dont je suis victime, je rédige des courriers aux uns et aux autres. En étant revenus au sein de la famille, mes enfants me libèrent d'un combat. Désormais, gagné par l'impression d'être devenu inutile, pire un fardeau pour eux, sûr aussi qu'ils seront heureux sans moi, je préfère tirer ma révérence. Pour ma femme chérie aussi, ma mort sera – tout du moins je le pense alors – une délivrance, convaincu de ne pas être le mari qui lui faut, étant plus papa qu'amant, et plus drogué par le travail que par l'affection. Odile, jeune et jolie, pourra trouver quelqu'un d'autre et améliorer ses rapports avec ses parents, plutôt froids depuis que je suis entré dans sa vie. Je rédige donc une lettre d'adieu, et deux courriers à remettre à mon épouse et à mes bambins. Rien ni personne ne pourra désormais me convaincre ou contraindre à faire machine arrière.

Pas plus le prêtre qui vient nous visiter et auquel je confesse – un comble pour un protestant – ma résolution, que Dany, venue me relater en détail la conférence de presse tenue avec les avocats et notre comité de soutien, m'expliquer que Cécile et Sébastien vont bien alors que Thomas semble traumatisé par ce qu'il a vécu. Elle a beau comprendre mais ne pas m'approuver, fondre en larmes et tenter de me dissuader, rien ne m'arrêtera.

À peine allongé sur mon lit en cellule, me voilà convoqué par le médecin généraliste. Dany l'a-t-elle prévenu ? En tout cas, il me sonde sur mes intentions et je lui mens. Comme j'éclate en sanglots, il me place d'office en hospitalisation. Incapable de me calmer, je refuse de réintégrer ma cellule et suis mis en cage. Dès lors, mon transfert à Clermont est immédiatement programmé.

*

Trois infirmiers, une ambulance, je suis conduit aux urgences. Devant un énième psychiatre, je dois à nouveau expliquer ma situation et mentir sur mes intentions par crainte de la chambre d'isolement. Le médecin m'ausculte et confirme l'hospitalisation d'office. À nouveau, je vais aller à l'hôpital psychiatrique. Où on me reconnaît. Où on confisque tous mes médicaments. Me voilà revenu chez les fous ! mais je ne resterai pas longtemps.

Nécessité oblige, je vais m'insérer dans le moule de la routine pour arriver à mes fins sans qu'ils le pressentent. Mon échéance est toujours la même, aussi je m'adapte. Comme tous les autres pensionnaires. On se lève, on se lave, on prend ses médicaments, on se soumet aux constantes, on déjeune, on regagne sa chambre, on flâne et on attend... quoi ? Le déjeuner, puis les médicaments, et la sieste, et que vienne le soir avec la sempiternelle télévision ! Et le lendemain, puis le jour d'après, la roue reprend les mêmes tours.

Cette vie linéaire, en vase clos, de hamster dans sa cage, est ponctuée de ruptures adaptées aux cas individuels. Ainsi, le docteur Molto, quand il me reçoit, ne comprend pas pourquoi je suis là. Passablement irrité, il détaille la défaillance du service médico-psychologique d'Amiens qui aurait dû m'accueillir. Des querelles administratives qui me désarçonnent et renforcent mon désarroi. Il me restera à renouveler mon stock de médicaments, opération complexe sans argent, mais j'y arriverai. Tout vient à point à qui sait attendre.

*

Attendre, voilà mon lot. Attendre les visites : dimanche, celle de Thérèse et de ma filleule Valérie, qui m'apportent des vêtements propres et un courrier signifiant une fois encore le rejet de ma demande de libération sous contrôle judiciaire.

Attendre des décisions de justice répétitives : pourquoi s'acharner ainsi, suis-je une menace pour l'ordre public alors qu'au même moment un certain Michel Fourniret et sa femme évoluent librement ?

Attendre les rencontres avec certains médecins qui jouent avec mon dossier comme au Jokari, se renvoyant la balle à coups de lenteurs et de revirements administratifs quasi-ubuesques. Ainsi, un jour, le docteur Molto, tout en m'expliquant mon nouveau traitement, évoquera les blocages de mon transfert entre Amiens et Beauvais, dont les services respectifs se rejettent la responsabilité du transport, avec des accents d'agacement sincères dans la voix.

Attendre aussi certains petits plaisirs transformés en grands moments de bonheur parce qu'ils me font croire que je peux vivre comme les autres, ceux de l'extérieur, avant de faire le grand saut. Ainsi ce jour où je vais dépenser mes premiers euros à la cafétéria et où je peux commander une quantité énorme de friandises et de barres chocolatées et me prouver ainsi qu'il est possible de manger autant de sucre en une seule fois.

Attendre, enfin, dans les pièces réservées à cet effet, les consultations avec les spécialistes ; Jean Benoît, infirmier chaleureux qui veut me convaincre de garder patience et courage, le docteur Molto qui sait se montrer compréhensif même si je reste tourmenté par l'idée qu'il faut laver mon honneur, que la lumière doit être faite pour parvenir à retrouver ma fierté.

Attendre, jusqu'au grand jour.

Et puis, à force d'attendre, à force de repousser l'échéance, d'être pris par la routine, d'être « remonté » par la puissance des médicaments, on prend conscience que l'obsession de sa propre mort ne hante plus autant son cerveau. Qu'une nouvelle énergie vous retient un peu à la vie. Surtout quand, en plus, quelques signaux vous font penser que la malchance n'est pas votre seule compagne. Ainsi, un jour, alors que je reviens dans ma chambre, j'ai la surprise de retrouver ma montre, jadis disparue. Christian, mon présumé voleur, me jure qu'elle était cachée bizarrement sous mon lit et affirme n'y être pour rien. Je ne le crois pas mais qu'importe.

La posologie médicamenteuse me transforme en loque passant de la table au lit et vice et versa, ectoplasme shooté aux substances chimiques, mais qui ont un mérite : grâce à elles, je songe de moins en moins au suicide. Mieux, mon appétit revient. À tel point qu'il m'arrive de faire le tour des tables du réfectoire pour trouver quelqu'un ne voulant pas de son pain au lait, de son beurre ou de sa confiture. Résultat, je ne tarde pas à reprendre du poids. Au 15 mars, me voici remonté aux alentours de quatre-vingt-dix kilos ! Avec mes surplus de confiserie, je peux même envoyer un colis aux enfants, grâce à une aide-soignante et un copain ayant eu le courage et la gentillesse de le sortir et d'aller le poster. Je redeviens en outre sociable, acceptant parfois de regarder les autres patients s'activer à des jeux de société, même si régulièrement la colère gronde et renverse les cartes ou les plateaux de Monopoly. Des comportements irascibles qui me bouleversent. En les constatant je suis ramené à la réalité : je suis chez les « fous » !

Oscillant entre des pensées positives et des envies morbides, je vis en fait sur le fil du rasoir. Et la lucidité qui m'étreint quand je songe à ma présence en ces lieux n'arrange pas les choses. Le personnel a beau se montrer dévoué, devoir côtoyer des patients aliénés me rappelle que je n'ai rien à faire ici, que si j'y suis c'est à cause d'une injustice. Savoir qu'il existe des animations ergothérapiques, des cours de dessin, de peinture, des activités extérieures comme la piscine, le cheval, le travail en atelier, la promenade dans le parc ou même en ville ne me dispense pas de songer à l'incongruité de ma présence dans cet établissement. Une aberration qui m'explose au visage lors des karaokés, activité chantante qui amuse les invités des mariages et des communions mais qui prend, là, une coloration différente tant les malades vocifèrent, hurlent, sautillent, en essayant à grand-peine de lire les paroles. Une aberration qui me porte sur les nerfs le soir où, regagnant ma chambre, je trouve quelqu'un dans mon lit, un patient sous camisole chimique qui s'est trompé de chambre, ce qui m'oblige à déménager en pleine nuit.

*

À toute chose malheur est bon, affirme un dicton caricatural. Au moins, dans cette dernière péripétie, il n'est pas faux. Car la nouvelle chambre où l'on m'installe me convient. Son atout majeur ? J'y suis seul. Et là, sans crainte d'être dérangé ou jugé, je peux laisser libre cours à mes pensées, entonner des cantiques de messe ou des chansons populaires telles *Le Déserteur*, *Le Galérien*, des succès d'Adamo, de Michel Sardou ou de Georges Moustaki.

Un recueillement interrompu un jour par l'arrivée d'un compagnon de chambre prénommé Jérôme. Il a le look « skin », écoute beaucoup de musique, ou plutôt du bruit, et je m'entends si bien avec lui que je m'abstiens de communiquer. Après lui survient Julien, dont c'est le premier séjour. Plutôt perdu, très jeune, ce garçon est gentil mais bizarre. Ainsi, il me réveille toutes les heures pour aller déjeuner et le soir, quand par inadvertance je m'endors avant 22 heures, il me secoue pour que j'aille prendre... mes somnifères ! De mon côté, je l'aide dans sa correspondance avec ses parents. Il sera remplacé par Martial, qui ne restera qu'une seule journée.

*

Jérôme, Claude, Martin, autant de patients qui passent et correspondent à différents types d'hospitalisation.

Il y a en effet les HL, quand le patient convient de lui-même qu'il lui faut se faire hospitaliser. Mais aussi les HDT, hospitalisations demandées par un tiers – un médecin et un membre de la famille réclament l'internement, qui doit être confirmé par un second médecin. Dans les deux cas, les personnes bénéficient globalement des mêmes conditions de vie ainsi que des mêmes droits au sein de l'établissement. Enfin, il y a les hospitalisations d'office, dites HO, décidées par le préfet sur avis médical, et signifiées par un arrêté obligeant la personne à se soumettre à des soins.

Voilà pour la loi. Mais dans la pratique, à Clermont-sur-l'Oise, certains cas laissaient perplexe. Michel, par exemple, nul ne savait pourquoi il était là tant il paraissait « normal », hormis peut-être le fait qu'il ingurgitait une dizaine de médicaments à chaque repas. En outre, il avait le droit de sortir du bâtiment, de faire ses courses et de poster du courrier. D'autres affichaient des pathologies plus voyantes. Cédric, un jeune homme de vingt et un ans interné depuis l'âge de dix-sept ans, aîné d'une famille de quatre, drogué par les médicaments, savait se montrer aussi gentil que méchant, obsédé qu'amorphe. Un peu plus vieux, Yvan me faisait penser à Rain Man parce qu'il connaissait toutes les fêtes à souhaiter et nourrissait une passion pour la météo.

Christian, lui, du haut de sa cinquantaine, tombait souvent, marquant son corps d'ecchymoses. Cet homme, gentil mais très collant, réclamait en permanence des cigarettes et du café. Interné depuis 1989, il arborait toujours le même pyjama et piquait régulièrement des crises nécessitant de l'attacher à son lit.

Dans cette galerie des fêlures de l'âme, je me souviens encore de Henri, le plus imprévisible de tous, homme dont il fallait se méfier parce qu'il pouvait vous frapper à tout instant, ainsi que de Samuel, qui m'a toujours appelé Monsieur, de Paul dont le souvenir reste diffus, de Maxime, avec son mètre quatre-vingt-dix et ses cent dix kilos, de Clarence qui était voleur, sans oublier le violent Jim qui frappait souvent Christian.

Un beau panel des désarrois et désastres du psychisme humain au sein duquel je m'évertuais à ne pas attirer l'attention pour éviter toute réaction intempestive.

*

Les jours avancent. Inexorablement. Mais pas mon dossier ni ma libération.

Alors que je me reconstruis peu à peu, monsieur Roger, le cadre du service, me fait parvenir une ordonnance du juge rejetant une confrontation avec David Delplanque et Aurélie Grenon. Pourquoi ce refus ? De quoi a-t-on peur ? De devoir admettre qu'a été enfermé un innocent ?

Le samedi 16 février, après la visite de mon neveu et de sa fiancée, en proie au cafard je dévore cinq cents grammes de pralines qui me donnent une superbe crise d'acétone, des insomnies et un début d'indigestion.

Le lendemain, j'ai besoin de toute la psychologie de l'infirmier Jean Benoît pour redresser la barre. C'est vrai qu'avec lui je reprends du poil de la bête. « Les affaires de pédophilie sont souvent longues et tortueuses, me dit-il, mais la vérité finira par éclater. » Dieu vous entende Jean Benoît, mais comment mettre vos convictions au diapason de personnes donnant l'impression de lire en diagonale les courriers des avocats ? Le mien fait une démonstration mathématique et scientifique s'appuyant sur des déclarations de médecin attestant de mon innocence et de la nécessité de me placer en liberté provisoire, mais rien n'y fait.

*

La paroi de ma vie est enduite de savon et je glisse tout le temps. Le médecin psychiatre s'en rend compte et m'explique pourquoi il doit alourdir mon traitement. Une modification qui me rend plus abattu de tristesse.

Lundi 18 février 2002. Après une visite chez le médecin, je constate que le personnel médical fait l'impossible pour m'aider tout en restant dans les limites réglementaires autorisées. À l'impossible nul n'est tenu et je leur en sais gré ! Quand, en fin de journée, la collaboratrice de maître Delarue me fait part de l'évolution du dossier, je ne bronche pas. Elle regrette toutefois l'attitude d'Odile, trop vindicative selon elle lors de l'audience de la cour d'appel. Une hargne qui me fait sourire parce qu'elle correspond bien à ma chère femme. N'avait-elle pas coutume de dire qu'« une louve dont on vient de toucher les petits » se met en colère ?

*

Autre « merveille » de la détention en hôpital psychiatrique durant une instruction – et le procès de mai 2004 en a montré les abus –, la diversité des expertises et leur caractère pour le moins contradictoire.

Ainsi, le 19 février 2002 à 8 h 30, j'ai droit à une expertise psychologique. L'homme de « l'art » m'attend dans un bureau mis à sa disposition. Je le salue et il bougonne un « bonjour » du bout des lèvres et me demande de m'asseoir, sèchement. Cela me met mal à l'aise. Me prend-il d'emblée pour un dangereux criminel ?

Il me questionne sur mon enfance, mes parents, mes sœurs, ma femme et mes enfants. Je lui réponds brièvement mais, sans jamais me regarder, il donne l'impression de s'ennuyer, n'ayant visiblement aucune envie de communiquer ou de faire un quelconque excès de zèle.

Ensuite il me demande de trouver des synonymes de mots. Certains me sont peu familiers, d'autres totalement inconnus. Nous passons après à un autre test, le fameux Rorschach : il me présente une série de dix planches aux dessins étranges, sortes de taches d'encre effectuées sur une face de papier qui s'imprime sur l'autre face, créant deux images symétriques. Je me rappelle avoir distingué un insecte, un monstre, deux personnes préparant un repas, une chauve-souris, un fantôme. Plus quelques motifs n'ayant aucune signification. Quand j'ai dû retirer les deux images qui me plaisaient le moins, je crois avoir ôté le fantôme et le géant.

Je suis sorti de la séance penaud, traumatisé par l'idée que cet examinateur pouvait décider de mon avenir. La conclusion de « l'expertise » fut du reste « édifiante ». Si elle n'a pas mis en évidence de « troubles psychopathologiques structurés patents ni d'organisation perverse de la personnalité », je présenterais, selon elle, « une orientation homosexuelle larvée et réprimée, qui se traduisait par une forme régressive voyeuriste de la sexualité faisant appel à la pulsion scopique ». Traduction ? Mystère.

L'expertise psychiatrique, elle, se déroule le samedi 23 mars vers 18 heures. Dans une tout autre ambiance puisque je suis accueilli par deux hommes souriants qui me mettent aussitôt en confiance. Pendant une heure et demie, ils me posent à tour de rôle maintes questions, notamment sur Odile, les enfants, mes parents, ma famille, ma jeunesse. Ils souhaitent parfois une réponse brève, parfois une plus développée. Je décide de ne rien leur cacher et d'être clair dans mes explications.

Leur conclusion est on ne peut plus nette : au moment des faits énoncés, je n'étais pas atteint « de troubles psychiques ou neuropsychiques ayant aboli ou altéré mon discernement et [...] [je ne présentais] pas de pathologie de nature sexuelle, ni de traits de caractère ou de personnalité caractéristique des abuseurs sexuels ».

C'est dit. Mais est-ce entendu dans le cabinet d'un juge d'instruction ?

Pire, mon dossier est en *stand-by*. Cela ne remonte pas le moral, mais au moins, en ces lieux – à la différence de la prison – où le personnel soignant sait se montrer courtois, je suis préservé des humiliations carcérales. Mieux, voilà au moins un endroit où on s'apitoie sur mon sort et où s'applique la règle de présomption d'innocence que l'instruction me refuse. Un réconfort qui n'a pas de prix.

*

Lexomil®, Prozac®, mon existence végétative se poursuit.

La psychologue aux textes obscurs fait à nouveau des siennes. Si elle a la bonne idée de me conseiller d'écrire ma vie actuelle, elle recommande de tenir compte des souffrances subies par les enfants. Une envie de meurtre me caresse l'esprit en l'entendant mais je me ressaisis, préférant concentrer ma vindicte sur les visages de mes ennemis, les vrais coupables de ce crime immonde que sont les Delay, Badaoui, Delplanque, Grenon. Comme les autres, à la lecture de quelques comptes-rendus du dossier, j'ai eu des haut-le-cœur en découvrant ce que des adultes pouvaient faire subir à des enfants. Comme les autres, j'ai jugé que ces terribles sévices méritaient la prison à perpétuité, accompagnée d'un solide traitement dans la mesure où il faut être profondément malade pour violer ainsi des enfants. Au demeurant, mon esprit est préoccupé aussi par la violence affective que subissent nos enfants à nous, les présumés coupables, auxquels la justice a fait subir un sort aussi peu enviable que celui de leurs parents.

Régulièrement, le cadre du service, M. Roger, me notifie des ordonnances de rejet de mise en liberté et me fait parapher des ribambelles d'accusés de réception. À chaque nouveau refus, mon avocat fait en effet appel et, suite à l'arrêt confirmatif, dépose une nouvelle demande. Si je n'y crois plus, lui persiste... et moi je signe. En téléphonant aux miens, je sais que l'avocat d'Odile utilise exactement les mêmes procédures.

*

À mesure que le temps s'écoule, mon humeur retombe. Et la déprime remonte. Je broie du noir, des envies de vengeance s'emparent de moi, je cherche des tentatives d'explication à cette persécution irrationnelle. Je songe à une machination d'accusateurs connus et inconnus, qui ont voulu me faire plier, me détruire et attendent ma mort pour se servir. Malgré une entrevue avec le père Stéphane, aumônier de l'hôpital ayant toute ma confiance, à qui je décris mes états d'âme et demande l'aide de l'Éternel pour abréger mes souffrances, sachant que la justice de Dieu n'est pas celle des hommes, je dérive à nouveau vers l'abîme. Traversé de pensées morbides, je me mets à transformer mes cauchemars en prémonitions et à voir partout des signes funestes. La neige qui tombe serait mon linceul et des barbelés au fond du jardin signifieraient une impossibilité de retour à la vie normale.

Souvent mes rêves concernent ma mère. Je me rappelle l'avoir vue une fois distinctement, souriante, pleine de vie et de joie. Je suis avec elle à la maison, elle monte et descend les escaliers, s'active, me regardant, m'appelant. Je n'ai aucune réaction durant ce songe, mais, au réveil, mes idées de suicide ressurgissent.

À nouveau, je suis au bout du rouleau et je ne supporte plus rien. Être entouré de schizophrènes me devient insupportable alors qu'en toute objectivité je suis de mieux en mieux traité par le personnel hospitalier. J'ai en effet le droit de me promener, accès à une multitude de clés et me dis quelquefois que je manque de belles occasions de m'enfuir. Mais non, en fait, les aides-soignants m'ont procuré un dérivatif : me confier la responsabilité de la salle télé du rez-de-chaussée et de la bibliothèque. Pourtant, plus le temps passe, moins j'ai envie de me battre.

Le dimanche 10 mars 2002, je prends conscience que dans vingt jours ce sera l'anniversaire de mon fils aîné Thomas. Je me fixe ce nouveau jalon pour croire, à nouveau, à une libération. Quand, le 20 mars, je suis extrait pour aller à la chambre d'instruction de la cour d'appel de Douai, je ne m'angoisse même pas. Ni optimiste, ni inquiet, je suis ailleurs. À tel point qu'au retour à l'hôpital, lorsque le personnel veut savoir si l'audience s'est bien passée, j'explique que oui mais que l'expérience me commande d'être aussi méfiant que prudent.

*

Une nouvelle fois, j'ai raison. Le lendemain, l'absence de nouvelles m'indique que l'appel a été rejeté. Une nouvelle terreur monte en moi : si on me juge en meilleure forme, on va sans doute me renvoyer en prison. Or, à la fin mars, au hasard d'un repas du soir, je vois Patrick, ancien compagnon de la cellule B4. Lequel me donne de mauvaises nouvelles de Beauvais : à l'en croire la prison est plus surchargée que jamais, les bagarres devenues inévitables et l'ambiance fortement dégradée. Y retourner reviendrait à toucher le fond.

Le même jour, je reçois les conclusions de nouvelles expertises et suis averti de ce que je redoutais : on va m'extraire le 2 avril.

*

30 mars 2002. L'échéance que je m'étais fixée arrive. Pour la première fois de ma vie, je ne pourrai pas embrasser Thomas à son anniversaire. Il a quatorze ans et je ne suis pas là ! L'absurdité de la situation revient me frapper avec force : pourquoi nous faire autant de mal, à moi, à ma femme, à mes enfants, à toute ma famille ? Qui est derrière tout cela ? Quel drame se prépare ? Que cherchent-ils ? Ont-ils atteint leur objectif ? Que de questions sans réponses !

Le lendemain, fêter la pâques, culte bénéfique, me procure du réconfort et ravive l'espoir. Je me fixe un nouvel objectif : me préparer pour la confrontation du 2, y arriver en pleine forme malgré ma camisole chimique, et tenter de faire la meilleure impression possible. Je dois reprendre en mains ce destin qui m'échappe. La lecture d'une biographie de Calvin va peut-être m'y aider.

*

Le grand jour survient.

La gendarmerie vient me chercher à 6 h 50 et nous parvenons à Boulogne-sur-Mer trois heures plus tard. Je serre la main de maître Delarue qui m'annonce une rencontre avec le fils Legrand. Hélas, à peine entré dans le bureau du magistrat, je suis averti qu'il n'y aura pas de confrontation !

À mon avocat qui fait part de son étonnement, le magistrat ne répond pas mais dérive sur une série de questions à mon sens sans intérêt pour son instruction.

Pourquoi avez-vous coupé votre barbe ? me demande-t-il ainsi et par trois fois, alors qu'il a déjà eu la preuve préalable que je ne me l'étais pas coupée.

Et pourquoi avez-vous vous dit un jour à votre coiffeur que vous alliez parfois en Belgique ?

Ma réponse, simple, fuse : j'y partais pour acheter des chocolats, de l'essence et des cigarettes, parce que ma maison natale se trouve simplement à une rue du poste frontière !

Je sors du bureau dégoûté, anéanti et terrifié. La réputation et la vie d'innocents sont en jeu, des personnes au-dessus de tout soupçon sont en détention préventive depuis des mois, mais on en est encore à s'interroger sur des billevesées. Ma rage renaît.

Arrivé à l'hôpital, le personnel soignant me pose une multitude de questions que j'élude, ayant honte d'avoir été auxiliaire de cette « justice » pathétique. Avant cette affaire, je n'avais jamais cru aux erreurs judiciaires mais, désormais, en étant la victime la plus évidente, l'adage selon lequel il vaut mieux laisser un coupable en liberté qu'enfermer un innocent devient pour moi une évidence.

Dans l'après-midi, le docteur Molto m'informe avoir demandé la levée de l'hospitalisation d'office parce que mon transfert au service médico-psychologique régional d'Amiens est programmé. Je suis désemparé : repartir vers l'inconnu me panique. Mais lui me rassure, me dit qu'il s'agit d'une unité spéciale, aux cellules aménagées pour recevoir des gens « comme moi » suivant un traitement adapté.

Chapitre 17

Paperasseries et brimades
ou
Des atermoiements administratifs en attente d'un transfert

Faut-il toujours que la mouise s'acharne ? Qu'elle s'attaque aux mêmes sans répit ni sursis ?

Nous sommes le 4 avril 2002 et j'attends, allongé sur mon lit, que l'on vienne me chercher. Pour aller où ? Je n'en ai aucune certitude : un présumé coupable est à la merci de l'abus de pouvoir.

Vers 14 h 30, je range mes affaires et remets au bureau certains effets que ma famille viendra prendre, notamment du linge sale. Puis j'attends. La patience a des vertus mais aussi des limites lorsqu'on n'est averti de rien. Une demi-heure plus tard, deux surveillants viennent m'embarquer avec Patrick. Je suis entièrement fouillé, menotté puis, comble de l'absurdité d'un système, entravé avec mon coéquipier, tous deux nous voyant enchaînés par les mollets. M. Roger, offusqué, s'indigne mais le maton rétorque qu'il fait « ce que bon lui semble ». Une scène qui se déroule sous le regard des autres patients, dehors ou aux fenêtres. J'ai tellement honte que je ferme les yeux, avant de verser des larmes, tête baissée, gagné par le sentiment d'être un bagnard conduit aux galères.

Durant le voyage en fourgon, seules quelques bribes d'informations sont évoquées : je retourne dans la cellule B4 avec les « pointeurs » où aucun lit n'est libre. Si par miracle il en reste un, Patrick propose de me le laisser parce que, lors de mon dernier séjour, j'étais déjà à même le sol.

En pénétrant dans cette geôle, l'accueil est froid, pour ne pas dire houleux. Je retrouve presque tous les anciens codétenus, à l'exception de Cyril, remplacé par un Anglais prénommé Richard qui ne parle pas un mot de français. Je fais mon lit, situé juste à côté du néon et du téléviseur, en laissant toutefois mes cartons fermés. Le personnel administratif ne m'a-t-il pas certifié que j'irais vite au SMPR d'Amiens ?

Quand je sors de la convocation obligatoire à l'infirmerie pour la distribution des médicaments, mes réflexes de survie réapparaissent instinctivement. Une voix résonne au fond de moi et m'avertit que tout va recommencer, que je vais de nouveau « plonger » si je reste quelques heures de plus dans cette prison. Une voix qui me susurre que ma seule porte de sortie sera ouverte grâce au Stilnox® et au Theralene®.

*

Premier réveil vers 7 h 30. Somnolence gorgée de chimie jusqu'à 8 h 45. Petit déjeuner, échange avec Richard, arrêté pour trafic de stupéfiants, repas à 11 h 30. Une bouffée d'anxiété me paralyse : si je ne pars pas dès maintenant, je vais devoir passer le week-end dans cette ambiance pourrie.

Je ne crois pas si bien dire. Retombé dans le coma des somnifères, je suis extirpé de mes cauchemars par un détenu piquant une crise, cassant un verre, criant et renversant une table. Nous nous regardons, mais personne n'ose piper mot. Intérieurement, ma conviction se renforce : il m'est impératif de quitter les lieux. Nouvel accrochage, un peu avant le dîner plusieurs prisonniers s'insultent à cause de la télévision, certains la trouvant trop bruyante, d'autres la voulant plus forte. Du haut de ma couchette, observant ce branle-bas de combat en spectateur, je n'ai aucune envie d'intervenir, n'ayant pas à m'exposer puisque je vais bientôt partir. Mais cette violence m'effraie : les invectives ont été si loin que j'ai bien cru que la télévision allait être décrochée et jetée à terre. Et, comme je le redoutais, le soir arrive sans extraction. Je vais devoir passer le week-end avec ces fauves !

*

Le lendemain, rien ne change. L'ambiance, lourde, est toujours propice à la bagarre. Et je n'ai aucune nouvelle de mon transfert.

Lundi, même punition. Qu'arrive-t-il ? Pourquoi ne suis-je pas encore parti au SMPR d'Amiens ? Y a-t-il des problèmes administratifs ou bloque-t-on ce changement ?

Au parloir, Dany ne sait pas de quoi il retourne. Quant à l'instruction de l'affaire d'Outreau elle-même, le sur-place semble devenu flagrant. Fabrice Burgaud est parti mais je ne connais pas encore la personne qui reprend le dossier. Visiblement, rien n'avance plus. Seul changement à noter, la diffusion d'une émission de qualité qui pointe les multiples contradictions de cette enquête et sème enfin le doute quant aux culpabilités avancées.

De retour en cellule, je m'allonge pour chercher le sommeil, sans avoir plus aucune illusion quant à mon transfert. En revanche, je ne désire plus partir en hôpital psychiatrique, séjour qui relèverait du pis-aller. En fait, comme chaque fois que je reviens dans cette prison, je suis gagné par le désir d'en finir pour de bon, refusant désormais catégoriquement d'avancer plus avant dans cette mascarade infernale.

Le lendemain, alors que je réclame un peu de place pour ranger mes vêtements en cellule, personne ne bouge. Devant tant d'indifférence et d'obstruction, je me mets en colère, hurle un bon coup et me mets quasiment tout le monde à dos. Furieux, les autres détenus me disent que « je les emmerde assez comme ça, que je ne vais pas commencer à me la jouer alors que je suis un débile mental qui va aller à la maison d'arrêt d'Amiens ou repartir chez les fous ». Alerté par les cris, un surveillant ouvre la porte de la cellule et nous demande de nous calmer.

Finalement, Atchoum se décide à libérer de la place dans son armoire. Néanmoins, cette fois la bagarre a été évitée de justesse. Dès lors, j'organise ma vie dans la cellule : réveil, petit déjeuner, sieste, repas de midi, sieste, errements jusqu'au repas du soir, écriture vers 18 heures, lecture jusqu'au journal télévisé puis, à 20 h 30 / 21 h, absorption de somnifères. Un rythme que j'applique jusqu'au mardi quand le médecin décide une nouvelle fois mon renvoi sur l'hôpital psychiatrique de Clermont, me prévenant que j'y resterai vraisemblablement un sérieux bout de temps. À vrai dire, au point où j'en suis, je me fous de tout et donc de cela aussi.

Mercredi 10 avril 2002, je dresse un bilan de cette catastrophe. Voilà trois mois que maman est morte, cinq que la justice m'a enlevé mes enfants, séparé de ma femme, le tout à cause de mensonges.

Chapitre 18

Amiens, cellule 304
ou
Quand l'ignominie perdure

Cette fois, c'est la bonne : je suis enfin affecté à Amiens. Une prison plus grande donc plus confortable, avec un SMPR adapté à mon cas, des conditions de détention contemporaines et non tout droit héritées du XIXe siècle. Puisqu'il y a un département dévolu à mon état de santé, j'imagine une chambre sécurisée à l'écart des autres cellules, munie d'équipements spécifiques et d'une cour où je pourrai « prendre l'air » sans courir le risque de me faire agresser. Hélas – et j'aurais dû m'en douter – de mes songes à la réalité il y a un gouffre.

Si la prison de Beauvais a cent places et celle d'Amiens, trois cent cinquante, ce n'est pas pour autant un palace. En fait, après avoir reçu un numéro d'écrou, je découvre, en déambulant avec un surveillant, une prison à « l'américaine ». À l'étage, des filets de protection empêchent les suicidaires ou les poussés de tomber au rez-de-chaussée tandis qu'un magnifique rond-point sert d'épicentre aux différents accès. Des souvenirs de mes études de criminologie me rappellent que cette architecture applique la théorie du panoptique [1]. Après avoir franchi une sorte de sas, je débouche sur une salle où, derrière un comptoir, sont assis plusieurs gradés en uniforme accueillant les nouveaux comme autrefois les militaires incarnaient le conseil de révision. Après

1. Terme qualifiant une construction conçue de telle sorte qu'il est possible d'en observer tout l'intérieur lorsqu'on se trouve à un certain endroit prévu à cet effet. (cf. Michel Foucault, *Surveiller et punir*.)

les formalités d'usage, je m'enhardis à interroger ces hiérarques sur le fonctionnement du service médico-psychologique régional. Là, douche froide : on m'annonce qu'il n'a en fait jamais existé faute... de personnel ! Je suis donc déplacé à Amiens pour intégrer un service médicalisé qui n'existe pas. La nouvelle serait cocasse et surréaliste si elle n'était aussi dramatique. Suis-je encore vraiment un être humain pour cette administration pénitentiaire qui semble me déplacer comme un pion, sans égard pour ma santé ?

Alors en avant marche ! Draps, couverture, fourchette, assiette, verre, bol ainsi que mes cartons, tout part vers une cellule de quatre couchettes où il y a déjà quelqu'un. À ses interrogations, comme de coutume je fournis des réponses évasives, et, lorsque je cherche une armoire, on me rétorque que c'est inutile puisque je suis en transit. Tant mieux, me dis-je, ici c'est trop morbide.

Tandis que je vais chez le médecin psychiatre, le docteur Gonzales qui me confirme que les cellules adaptées à mon cas n'ont jamais été occupées bien que meublées, un nouveau détenu est arrivé. Sans vergogne, avec le premier locataire, ils ont fait bombance en avalant ma part de nourriture. Une impudeur supplémentaire dans un monde et un lieu qui en fourmillent, puisque la cuvette des toilettes est complètement souillée par les excréments et absolument pas cachée des regards par un rideau ou une porte.

Mon dieu, moi qui croyais ne pas pouvoir tomber plus bas.

*

Puisque je suis en transit, on ne peut me laisser là. Nouveau déménagement du mouton à tondre, cette fois dans les alpages. Vers la cellule 304, 3 pour troisième étage. Comme mon barda est enveloppé dans une couverture trop étroite tout tombe, mais le surveillant, goguenard, s'en moque. À moi de me débrouiller.

En pénétrant dans la geôle, je n'en crois pas mes yeux ! Un détenu y travaille sur une machine à poinçonner des sachets. Comme il doit pouvoir étaler son ouvrage, selon un contremaître – prisonnier de son état –, je ne peux m'installer là. Le chef me trouve enfin un espace pour déposer mes affaires : un local occupé par un troisième dan de judo, Guillaume, une sorte de baraque qui a forcément raison quand on discute avec lui ! Sympathique néanmoins, il m'aide à faire mon lit et à ranger mes affaires. Je m'installe et dois apprendre les coutumes de l'endroit.

Guillaume, bien connu des surveillants, étant autorisé à aller boire un Ricoré dans une autre cellule, je reste seul avec mon cafard. À Amiens, tous mes espoirs s'envolent. Je m'attendais à une amélioration par rapport à Clermont alors que tout est pire.

Ici, le petit déjeuner se fait avec le pain de la veille parce que celui du jour n'arrive qu'à 10 h 30. Ici, il n'y a ni réfrigérateur ni plaque chauffante. Ici, les condamnés de tous poils sont mêlés aux prévenus et entassés pêle-mêle, tandis que les « pointeurs », sujets aux brimades des autres détenus, une sorte de « double peine », sont isolés et privés de promenade. Ici, l'infirmière nous administre nos posologies en épiant nos gestes parce que les filous – dont je fais partie – sont nombreux. Quant à l'hygiène, elle dépend de chacun. On ne pousse guère les détenus vers les douches, auxquelles il est recommandé de se rendre avant 8 heures sous peine de se laver dans la crasse des autres. Seules améliorations par rapport à ce que j'ai connu, l'installation de cabines individuelles qui évitent des projections d'eau sur nos vêtements, une eau qui a le mérite d'être chaude, et des draps changés toutes les quinzaines.

*

Dans les jours qui suivent, rien ne m'est épargné. Je subis les bougonnements d'un généraliste qui ne m'ausculte pas. Je supporte les questions routinières d'une assistante sociale guère plus motivée. J'endure un passage au greffe où je prends connaissance d'une ordonnance de rejet de nouvelles confrontations, bref ma descente vers les enfers ne cesse pas, contrairement à ce que j'imaginais. Et puis, pourquoi me refuser l'occasion de mettre à mal les contrevérités de mes accusateurs ? Le nouveau magistrat instructeur suit-il scrupuleusement les pas de son prédécesseur pour se comporter ainsi ? Pourquoi l'heure de la mise en charpie des mauvaises fables, de l'abominable, de l'irréel, ne peut-elle sonner alors que je suis disposé à recevoir mes accusateurs, à batailler pied à pied pour montrer que les « techniques », le « vocabulaire », les « horaires », les « lieux de prédilection » qu'ils me prêtent n'ont rien à voir avec la réalité.

Dans une opération bien menée, le château de cartes des accusations iniques devrait s'effondrer mais, non, il reste toujours en place. À quoi cela tient-il ?

*

Depuis mon arrivée à Amiens, ce sont Dany et son mari Bertrand qui assurent mon premier parloir. Et m'apprennent que mon successeur à l'Étude est sur le point de prêter serment. Deux pensées me submergent alors. Celle de former des vœux de réussite pour maître Annabelle Marguerite et celle de hurler contre l'image gigantesque de mon existence ruinée. Et pour corser le tout et me mettre plus encore le cœur à l'envers, le dimanche 28 avril mes neveux baptiseront leurs jumeaux. Or Odile devait être marraine de Lucas... et ni l'un ni l'autre nous ne serons là.

*

Dimanche 5 mai 2002. Il fait un froid de canard et j'ai envie d'aller en promenade, ma première incursion dans le no man's land s'étant bien passée. À peine ai-je commencé à faire un tour de la cour qu'une bande de plusieurs détenus m'arrête. Leur but : « me casser la gueule. » Excités, ils me bousculent et assènent m'avoir reconnu, hurlent que je suis un pointeur et que l'un d'eux a même vu ma photo dans le journal *Détective*. Je m'en défends comme un beau diable, leur mettant sous le nez un mandat de dépôt où il est écrit que je suis incarcéré pour « escroquerie ». En fait, il s'agit d'un faux papier reçu de mon père à l'hôpital psychiatrique de Clermont parce qu'il redoutait que je puisse avoir des ennuis de ce type. Apparemment calmés mais voulant en avoir le cœur net, ils me demandent de leur expliquer quel type d'escroc je suis. J'invente alors une rocambolesque histoire d'agent immobilier gonflant les frais à la charge de l'acheteur lors des transactions, argent que je me mettais dans la poche. Je dois être persuasif, puisqu'ils me saluent généreusement. J'en ai une nouvelle preuve : en prison, les escrocs, comme les dealers, sont respectés.

De retour en cellule, en sueur après cette altercation qui m'a mis les nerfs en pelote, je m'écroule de fatigue. Un sommeil rompu par l'arrivée d'un codétenu. Lorsque je l'aperçois, ce dernier regarde par la fenêtre, porte des cheveux longs que trahit pourtant un début de calvitie. Jean-Pierre, qui paraît correct, m'explique être là pour une histoire stupide. Alors qu'il se trouvait sur un parking, une personne l'a menacé d'un revolver pour lui prendre son autoradio. Parvenu à le déséquilibrer, il a retourné l'arme contre son agresseur et a tiré. Et c'est lui qu'on incarcère ! Peu après, je vais apprendre à connaître ce Français musulman faisant ses cinq prières quotidiennes, marié à une Arabe et père de quatre enfants. Ne sachant ni lire, ni écrire, je vais lui faire son courrier et lui lire celui qu'il reçoit.

Si nous nous entendons bien, un jour, pourtant, une dispute nous divise. Une querelle qui ne dure pas longtemps mais m'ouvre les yeux. Il me reproche de préférer dormir plutôt que de discuter avec lui. Ce qui n'est pas faux puisque je suis sous camisole chimique, shooté aux pilules, lesquelles obscurcissent mes week-ends comme s'ils n'existaient pas. Sous le coup, je nie, mais sa remarque m'aide à voir que je suis désormais dépendant des anxiolytiques et proche du légume. Un écueil contre lequel ma nièce Sandrine, pharmacienne de son état, m'avait souvent mis en garde, insistant notamment sur les effets nocifs du Tersian® et du Lexomil®. Or personne dans la famille ne savait qu'en prison j'échangeais en plus des cigarettes contre des Stilnox®, de l'Imovane® et du Theralene®[1] !

*

On le constate, faute de SMPR, la maison d'arrêt d'Amiens se situe bien en deçà de mes attentes. Depuis quelques jours même, l'envie de me supprimer réapparaît. Avec la volonté de

1. Je suis même, un moment, parvenu à me procurer du Subutex®.

passer à l'acte en m'ouvrant les veines. J'écris d'ailleurs sur mon cahier de notes : « Je suis innocent des crimes que vous me reprochez mais je ne supporte plus cet univers carcéral, je préfère en finir avec la vie. »

Une audience devant la cour d'appel va-t-elle chasser ces idées noires ? Même pas. Réveil en fanfare à 6 h 30, prise de médicaments et direction le greffe. Là, des gendarmes m'attendent : je suis fouillé puis abandonné dans une cage, nu comme un ver, durant un long moment. Une humiliation, une entorse à ma pudeur, auxquelles je deviens habitué en ces lieux où règne la loi du plus fort. Arrivé à Douai, je suis placé en geôle, menotté et, très vite, appelé devant la Cour. Quand je m'étonne de l'absence de mon avocat, on me répond que sa présence est inutile ce jour-ci. En effet, mon appel ayant été mal enregistré – le greffe de la prison a visé une ordonnance du 16 avril au lieu d'une du 19 –, le président le déclare irrecevable, puis me renvoie sans autre forme de procès... si j'ose dire. Suis-je en train de flotter dans un mauvais rêve ? Vais-je me réveiller ?

Je doute de l'utilité de déposer autant de demandes. Maître Delarue, auquel je pose cette question peu après, me conseille au contraire de renouveler chaque fois mes demandes de mise en liberté sous contrôle judiciaire. Parce qu'un jour peut-être elles marcheront. Soit dit en passant, j'apprendrai plus tard, après le verdict de mai 2004, que l'abbé Wiel, autre compagnon d'infortune, en avait lui déposé cent trente-huit. Je n'ai pu vérifier auprès de lui si ce chiffre était exact mais, *a priori*, si je me réfère au premier postulat, l'abbé, une fois qu'il sera innocenté, pourra restaurer une vieille église et greffer sur son clocher une belle girouette et un coq en bronze.

*

15 mai 2002. Je repars à la cour d'appel de Douai, accompagné de gendarmes à qui je ne dis pas un mot. Non par morgue ou rancœur mais par manque de force, étant bourré de drogues et totalement affaibli. Sur place, maître Delarue plaide magistralement avec, face à lui, une auditrice de justice qui passe son

temps à admirer ses pieds, mais rien n'y fait. Énième coup d'épée dans l'eau.

De retour à la maison d'arrêt, comme on ne vérifie pas mes doses de médicaments, j'avale tout ce que j'ai. Cette fois, je vais signer ma mise en liberté moi-même. Peine perdue. Ma résistance physique aux médicaments est telle que je suis parvenu à absorber une dose que je pensais mortelle sans en souffrir.

Toujours vivant le lendemain je découvre, en plus de m'être manqué, que mon appel a été encore rejeté et mon incarcération, datant déjà de six mois, prolongée. Le 17 mai, le greffe me remet toute une série de documents et de rapports d'expertise. Les miens, ceux des victimes des sévices et ceux de mes propres enfants. Un calvaire à lire.

Pour comble de tout, quelque temps plus tard, mon beau-frère m'annonce que l'argent de la vente de l'Étude a bien été versé, mais que ma banque, le Crédit Agricole, fait des siennes. Un huissier de justice, tout du moins son clerc, me signifie en effet une dénonciation de saisie conservatoire et une assignation pour un crédit immobilier que je ne peux plus payer. Comme quoi, même au fond du gouffre, on n'a pas fini de chuter.

*

27 mai 2002, j'ai trente-huit ans. D'habitude, je reçois un cadeau de ma femme, des bisous de mes enfants et un appel de mes parents. Cette fois, si ma nièce m'a écrit, si mes sœurs ne m'oublient pas non plus, si l'aumônier protestant Alzira se rappelle à mon bon souvenir, je manque cruellement de l'affection des miens à laquelle j'ai d'ordinaire droit. Aucune étreinte n'est possible quand on est chacun emprisonné.

31 mai 2002. J'ai un parloir avec papa et Dominique. Mon père se plaint de sa santé, « vieillit mal », et s'ennuie depuis la disparition de maman. Comme les autres, il me conseille de « tenir ». Nos trois quarts d'heure de parloir passent comme un éclair et nos embrassades de séparation n'en finissent plus. Plusieurs fois, le surveillant tente même de nous séparer. Papa s'excuse d'en arriver à une telle démonstration de détresse, mais je goûte autant sa tendresse que son anxiété. « Tenir », soit, mais

peuvent-ils seulement imaginer ce que j'endure ? En fait, me trotte toujours en tête la solution Theralene® : lorsque mes fioles seront pleines, je passerai à nouveau à l'acte. D'ici là, il faut en effet « tenir ».

Le greffe me transmet des conclusions d'expertise dont je me moque et que je ne lis même plus. L'indifférence me gagne. À quoi bon, me dis-je. Ne reçois-je pas, chaque fois que j'y suis convoqué, de mauvaises nouvelles ? Alors je préfère me réfugier dans l'écriture. Celle de mon journal où je note tout ce qui arrive et crie mon innocence.

*

4 juin 2002, une audience à la cour d'appel de Douai traite du cas de mon fils aîné Thomas, hors sa présence. J'aperçois mes sœurs Thérèse et Dany puis, chose inouïe, Odile, ma femme. Enchaînée comme moi, elle reste interdite devant la situation folle que nous subissons mais au moins avons-nous le droit de nous embrasser. Quel réconfort.

Selon la DDASS, Thomas est un garçon turbulent qui relève d'un établissement spécialisé. Une remarque que je prends très mal. Mon fils n'était pas un enfant facile, et on est parvenu à en faire un malade, un futur délinquant ! Quel immense gâchis. D'autant qu'une fois encore, la solution proposée fait fausse route. Mon fils a besoin d'amour, de compréhension, pas d'être parqué comme un voyou ou placé chez des inconnus.

Je quitte la Cour à 11 h 30, révolté. Le bon sens a-t-il déserté les instances décisionnaires ?

Chapitre 19

Choisir la mort ou *Pour ne plus souffrir franchir le pas*

En ce dimanche 9 juin 2002, je vais vivre mon dernier matin.

En ce dimanche 9 juin 2002, je vais franchir le pas pour ne plus souffrir, tirer ma révérence autant qu'un signal d'alarme, aller de l'autre côté de la vie pour voir si, ailleurs, on a plus d'égards pour l'innocence.

En ce dimanche 9 juin 2002, je vais atteindre le terme de ma démarche : mettre fin à mes jours.

En ce dimanche 9 juin 2002, pour dénoncer ce que je subis, je vais me suicider.

*

Ma décision est prise et, paradoxalement, je suis « zen ». J'avale mes comprimés habituels et me prépare un solide petit déjeuner. Je me lave, me rase de très près pour affronter dignement cet ultime voyage, et passe une journée ordinaire entre mes temps d'éveil et de sommeil. Rien ne doit changer à mon comportement, inutile d'éveiller les soupçons.

À l'approche de la nuit, je regarde le journal télévisé puis, à 21 heures, très détendu, je mets un terme à mon existence. Consciemment, dignement. Sans hésiter, je prends l'ensemble des médicaments amassés et achetés, puis j'ingurgite une fiole et demie de Theralene® diluée dans une bouteille d'eau et m'allonge.

Avant de mourir, je prie le seigneur de m'accueillir près de lui et de pardonner mon geste, comme je l'ai demandé à Odile et à mon père dans des lettres remises au parloir et à n'ouvrir que le 11 juin.

Ensuite, je ne me souviens plus de grand-chose, si ce n'est que je m'engourdis dans le plus grand calme. Est-ce si doux et simple, la mort ?

*

Mon organisme réagit lentement. Comme paralysé. Quand j'essaie de lever une paupière, j'ai l'impression d'ouvrir un voile pesant sur le monde. Suis-je enfin parvenu à mes fins ? Hélas non.

Des personnes en blouse blanche sont ma première vision. Et ce ne sont pas des anges. Elles me forcent à manger un mélange de charbon et d'eau. Ma vue est trouble, je devine seulement être allongé dans un lit et perfusé. Je distingue avec peine qui s'agite autour de moi. En revanche j'ai compris une chose : rescapé une nouvelle fois, j'en conclus que même l'Éternel ne veut pas de moi.

Après une journée passée à dormir pour oublier que je dors, voguant dans un état second et comateux, je reprends un peu mes esprits le lendemain. Là, quand j'ouvre les yeux, je me demande où je suis. À l'hôpital ? Un détail attire mon attention : un courrier sur ma tablette. De quoi s'agit-il ? D'une dénonciation d'hypothèque ! Pas de doute, avec un tel accueil c'est que je suis resté dans la « vraie » vie, celle que je voulais fermement quitter.

Résultat, je m'en veux d'avoir raté ce suicide cette fois savamment calculé. Comment ont-ils fait pour me sortir de là avec ce que j'avais pris ?

L'idée de mourir reste plus que jamais ancrée en moi, même si je n'en ai plus vraiment les moyens, aucun médicament n'étant à portée de ma main. Me pendre avec un drap ? Cette solution m'est impossible puisque je suis placé sous la surveillance de deux gendarmes. Mais, j'en suis sûr, je réessayerai.

*

Deux jours plus tard, un médecin m'avertit que mon état de santé me met dans l'incapacité de retourner en maison d'arrêt et que, en accord avec le psychiatre, je vais être transféré à l'hôpital psychiatrique « Pinel ». Qu'est-ce que je ressens ? Je l'ignore. Sous le coup du cocktail de médicaments, je flotte littéralement. Je me souviens seulement d'une période floue et douloureuse, où j'avance sans repères, vexé d'avoir raté « mon coup ». Remontent seulement à ma mémoire quelques flashs de la composition de ma chambre : un lit scellé au sol, un pot de chambre, un sas avec toilettes et lavabo, une fenêtre verrouillée et un nécessaire à repas en plastique. En somme, un décor glacé et silencieux, pire que l'idée même de la mort, la fraîcheur carcérale d'une véritable antichambre des enfers.

Pourtant, c'est dans cette pièce inhumaine que m'arrive enfin une très grande nouvelle : la mise en liberté sous contrôle judiciaire d'Odile. Dès lors une sorte de gong bénéfique résonne à mes oreilles : puisque les ennuis arrivent en rafales, je me dis que les bonnes nouvelles aiment aussi voler en escadrille. Un espoir de voir enfin les choses s'éclaircir peut renaître. Je suis tellement heureux, rechargé en optimisme, que j'annonce à qui veut l'entendre ne plus avoir envie de me suicider.

Prudents, les médecins accueillent mon discours avec satisfaction, mais souhaitent néanmoins me garder afin d'assurer mon rétablissement. Je vais donc rester cloîtré dans cette chambre d'isolement durant cinq jours, recevant chaque matin la visite de trois ou quatre infirmiers, nombre dicté par les textes administratifs parce qu'il est notifié que je suis dangereux. Et le lundi 17 juin 2002, je quitte cet hôpital. La perspective de rejoindre la maison d'arrêt d'Amiens peut paraître dérisoire puisqu'on ne préfère pas la peste au choléra, mais, compte tenu du déclic qui s'est opéré en moi avec la libération d'Odile, je suis sûr qu'une nouvelle ère arrive. Une nouvelle voie qui va entraîner un rétablissement spectaculaire de l'ordre des choses en général, et de la justice en particulier.

Chapitre 20

Un sursaut de courte durée
ou
La machine judiciaire avance tandis que ma famille vole en éclats

Amiens. Retour au « bercail ». Avec sa routine et sa violence. Je dois ainsi retourner dans la cellule où mes affaires et effets personnels sont restés. Arrivé dans cet antre, le spectacle qui s'offre à moi me laisse pantois. Mes photos ont été arrachées du mur, mes vêtements ont été jetés à terre par un nouveau détenu qui, s'installant, a tout mis dans un coin. J'attends des excuses de l'intéressé mais il m'affirme que ce sont les surveillants qui lui ont ordonné d'agir ainsi. Avait-on déjà oublié ma présence ? Toujours est-il que cet individu doit déménager au second.

Au retour de promenade, une surprise m'attend : je vois réapparaître Jean-Pierre. Dont les premiers mots sont significatifs : « Je pensais que tu étais parti pour longtemps ! » Je pourrais lui répondre que j'ai failli partir définitivement mais je ne veux pas gâcher nos retrouvailles. Au moins une tête connue et correcte dans cet univers, que demander de plus ? J'apprends qu'il est passé devant le tribunal correctionnel et a écopé de quatre ans fermes dont un avec sursis pour coups et blessures, jugement qui l'a visiblement affecté et il ne me paraît plus tout à fait le même.

Les gardiens n'ont pas changé. Mieux, ils sont encore plus sur mon dos qu'avant. Je fais en effet l'objet d'une surveillance accrue de leur part et ils ne me laissent jamais seul un instant. Ainsi, chaque fois que Jean-Pierre sort de la cellule, je dois en trouver une autre pouvant m'accueillir avec, si possible, une connaissance dedans. Un jour, un surveillant antipathique décide, de son propre chef, de me placer dans la geôle voisine où je ne connais personne. Heureusement tout se passe bien et je rencontre Frédéric, un handicapé plutôt gentil tombé pour « viol sur son épouse », dont les demandes de mise en liberté vont être rapidement exaucées, ce qui me rendra jaloux. Deux poids deux mesures ? L'innocence plus réprimée que la culpabilité ? Je finis par le croire.

*

Mardi 9 juillet 2002. Je passe devant la cour d'appel suite au rejet de ma demande de mise en liberté sous contrôle judiciaire par le juge des libertés et de la détention de Boulogne-sur-Mer. Je ne me souviens plus très bien du déroulement de cette journée, mais dans mon esprit il s'agit d'une formalité : la preuve, j'écoute l'avocat général d'une oreille distraite. En effet, comment ne pourrais-je pas être confiant ? Peut-on me réserver un sort différent de celui accordé à ma femme ? La Cour n'y perdrait-elle pas toute logique ? Pour un même dossier, est-il possible de prendre deux décisions opposées ?

De retour à la maison d'arrêt, je prépare mes cartons en expliquant à Jean-Pierre que je vais enfin sortir et, sans trop de détails, les raisons de mon incarcération ainsi que les dysfonctionnements de la machine judiciaire. Il me reste juste à attendre, allongé sur mon lit, la confirmation du résultat positif. À 20 heures pourtant, je m'effraie. Cette attente m'inquiète et je succombe à une crise d'angoisse sauvage. Je mets aussitôt un drapeau et frappe à la porte. Le surveillant arrive, mécontent parce que toutes les portes ont été verrouillées, et m'assène que le greffe étant fermé, il n'y aura plus d'extraction. Horriblement désappointé, je me console en songeant que le dossier a été mis en délibéré ou que la décision est parvenue sur le fax du greffe, effectivement fermé. Bref que, malgré l'aiguillon du doute en train de pointer, mieux vaut patienter jusqu'au lendemain. Une mise entre parenthèses favorisée par l'absorption d'un somnifère salutaire.

Réveillé depuis 6 heures, j'entends enfin s'ouvrir la serrure de la porte et bouger les lourds verrous. Incapable de manger quoi que ce soit, de me faire un café, je reste allongé sur le lit, l'angoisse à marée haute. Vers 8 h 30, mon cœur palpite plus intensément. Quand le surveillant ouvre la porte, mes jambes ne me soutiennent plus tant je tremble.

— Pour votre information personnelle, le greffe n'a rien reçu ! me dit-il.

Ayant compris ce que cela signifie, je m'effondre : la cour d'appel a confirmé la décision du juge et je reste incarcéré.

*

Mardi 23 juillet 2002. Je dois me rendre au tribunal de grande instance de Boulogne à propos de la garde des enfants. Où je retrouve ma femme avec bonheur. Comme j'ai appris, lors d'un parloir, que si je pouvais lui écrire, elle n'avait pas le droit, elle, de me parler, je comprends les raisons de son silence. Même s'il me blesse. Comment allons-nous rétablir la communication de notre couple, brisé par nos détentions respectives ? Ce nouveau déboire me perturbe. Sur place, je vois qu'elle a énormément changé, teint ses cheveux et a beaucoup maigri. Elle ne fait aucun cas de moi, attitude qui me rend perplexe. J'aperçois également mes beaux-parents, lesquels s'enferment dans le mutisme, ainsi que ma sœur aînée, et je découvre que les relations de Thomas avec eux se sont tellement dégradées qu'ils ne veulent plus le garder parce qu'il est trop « dur ». Je revois l'époque, pas si lointaine, où ils avaient préféré lâcher prise et laisser Sébastien et Cécile sur le bord de la route parce qu'ils n'arrivaient pas à se faire entendre d'eux. Je m'inquiète.

Et puis, comment pourrait-il en être autrement ? En une minute, tout l'univers de mon fils a basculé : plus de parents, plus de maison, plus d'amis. À quatorze ans, c'est difficile à admettre, surtout chez un garçon tel que Thomas naturellement fragile. Odile [1] et moi tombons heureusement d'accord : Sébastien et Cécile resteront chez leurs grands-parents maternels et Thomas sera confié à sa marraine, ma sœur Thérèse.

Je quitte le tribunal, enchaîné et tenu par les poignets, mais

1. Étant sous contrôle judiciaire, elle-même ne peut s'occuper des enfants.

plus léger de savoir que ma progéniture se trouve entre de bonnes mains. Enfin, c'est ce que je pense à ce moment.

*

22 août 2002. Cette date raisonne dans ma tête depuis que j'ai reçu une convocation par le greffe de la maison d'arrêt : je dois de nouveau passer devant la cour d'appel de Douai pour une demande de mise en liberté sous contrôle judiciaire. Une énième requête, soutenue par le fait que j'ai trouvé un hébergement en Haute-Saône, chez mes neveux, ainsi qu'une adresse dans le Nord chez mon père, veuf de soixante-dix-sept ans pour qui mon aide serait la bienvenue. Mon dossier est étayé, ces points de chute solides, la libération d'Odile prometteuse, donc j'y pense sans cesse. Mieux, pour mettre tous les atouts de mon côté, mon avocat propose une caution, que mes sœurs et mon père se sont engagés à verser. Comment pourrais-je être débouté avec de telles garanties ?

Je ne dors pas de la nuit, en attente de la fouille habituelle dès 7 heures du matin, puis de la venue des gendarmes, de l'humiliation des menottes et de mon départ dans la sempiternelle Clio vers la cour d'appel.

À Douai, je trouve un maître Delarue gonflé à bloc, la sacoche et l'esprit remplis de logique et de nouveaux arguments. Le début de l'audience se déroule comme d'ordinaire : l'un des assesseurs résume les faits et, durant la demi-heure suivante, mon avocat plaide, mettant le doigt sur les contradictions flagrantes du dossier, les témoignages oiseux ou tardifs, les incohérences des uns et des autres, la nature des personnes mises en cause, et l'absence d'antécédents, soulignant que d'autres noms ont été évoqués sans qu'ils aient été inquiétés... Il insiste également sur mon intégrité professionnelle, ma réputation et précise qu'il ne pourra y avoir de « troubles à l'ordre public » – lesquels, mon Dieu ?

L'avocat général lui réplique en se contentant de lire ses notes. Il ne développe rien ni même ne m'interroge.

Au final, je trouve l'audience globalement positive et en sort confiant. Maître Delarue me fait même remarquer que l'avocat général n'a émis aucun commentaire négatif – ouvrirait-on enfin les yeux ? – et m'apprend en outre que des membres de ma famille ont écrit au président de la cour d'appel pour appuyer ma cause.

Je repars simplement menotté, et la porte de voiture même pas verrouillée par les gendarmes. Un peu de confiance réapparaît-elle ? À mon arrivée à la maison d'arrêt, à midi trente, mon déjeuner m'attend sur la table, des frites et des merguez. La confiance m'ouvre la faim et je mange le tout comme un glouton. Tant de signes positifs ne peuvent conduire à un nouveau rejet.

Eh bien, si. Le lendemain, Dany m'avertit que l'ordonnance a été confirmée, et ce une heure après mon départ. Je suis littéralement dégoûté.

Chapitre 21

Amiens, récit du quotidien
ou
Comment tenir en prison

Fin août 2002. Peu à peu, je me fais à l'idée que les magistrats ne peuvent plus me libérer sans se dédire. Que s'ils m'ouvrent les portes de la prison, ils auraient l'impression de reconnaître implicitement leurs erreurs passées. À leurs yeux, mon petit cas ne doit pas peser grand-chose.

Désespéré mais philosophe, je prends donc la résolution de vivre, de m'intégrer au monde carcéral en attendant que la vérité se fasse tout bonnement jour. Puisque je ne suis coupable de rien, mon innocence éclatera forcément.

*

Dois-je encore parler de « mon palais » ? Non, que diable !

Je voudrais préciser que le « prince des Mille et Une Nuits » vit bien protégé, derrière des portes blindées et parfaitement verrouillées, mais que le bruit de clés et de verrous le stresse toujours autant. Amélioration, il peut déféquer derrière une porte saloon, ce qui est un peu mieux que le rideau de douche initial. Merci ! Mais au fait, pourquoi merci puisque je suis innocent ?

Certes, à la différence de la maison d'arrêt de Beauvais, je n'ai plus froid au point d'être glacé, parce que la fenêtre reste fermée. La variante, ici, ce sont des barreaux métalliques munis d'un grillage afin d'empêcher le jet de détritus dans la cour ou l'envoi de yoyos aux cellules voisines. Un yoyo est en fait une chaussette accrochée à une longue corde constituée de lanières arrachées aux draps, lesquels, à chaque changement, sont vérifiés et, en cas de déchirure, décomptés du pécule du détenu. Passée par la fenêtre, la chaussette est expédiée à la cellule destinataire qui doit récupérer le tout avec un manche à balai.

Installé dans cette cellule de douze mètres carrés pendant toute mon incarcération sur Amiens, pour ne pas devenir fou ou neurasthénique, je m'astreins à faire de la promenade une discipline quotidienne.

*

La cour de prison, assez grande mais sale, comporte deux buts encadrant un terrain aménagé pour le handball, deux préaux et une piste impraticable à cause des immondices et des herbes folles qui la jonchent. Malgré les précautions, des détritus s'entassent en bas des fenêtres parce que, pour ne pas sortir leur poubelle le matin, les prisonniers ont pratiqué des trous dans les grillages. Évidemment, ces amoncellements favorisent la prolifération des rats.

Comme il se doit, aucun gardien n'est là pour surveiller ce no man's land où se règlent les comptes, comme tous les trafics. Ceux de drogues (marijuana et cocaïne), mais aussi de médicaments dont les plus recherchés sont le Subutex®, le Tersian®, le Tranxene®, le Prozac®, le Xanax® et le Lexomil®. J'apprendrai même que pour en augmenter les effets, il faut se les introduire directement dans l'anus ou les fumer. Sous chaque préau, une ou deux bandes font la loi. C'est à chacune d'elles qu'il faut s'adresser pour obtenir la marchandise de son choix.

Peu à peu, je fais la connaissance d'autres détenus, avec lesquels je noue des relations d'amitié, préférant toutefois me cantonner à mes histoires d'escroquerie comme motif d'incarcération. Il est vrai que ma connaissance du droit notarial et immobilier facilite de beaucoup ces prémices d'intégration. Qui me permettent d'apprendre beaucoup de choses, et notamment certaines adresses de l'extérieur où on peut se ravitailler en stupéfiants. À Amiens, le quartier du « Pigeonnier » serait ainsi un lieu bien connu. Mieux, on me précise qu'il est envisageable de lancer des « contrats » de l'intérieur, autrement dit ordonner, moyennant finances, le « tabassage » de quelqu'un... quand ce n'est pas pire. Les prix demandés sont dérisoires par rapport à la gravité des faits et à la « rapidité d'exécution » vantée, certains détenus proposant de réaliser le projet dès leur libération, sans crainte d'être de nouveau incarcérés.

D'autres circuits d'approvisionnement en « marchandises » existent : le parloir, bien sûr, à condition de savoir comment les dissimuler au moment de la fouille, mais aussi les « missiles ». À chaque promenade en effet, des paquets parviennent de l'extérieur dans la cour, jetés au-dessus du mur d'enceinte : de la drogue, de l'alcool, des chaussures, de la nourriture, des téléphones portables, des pièces de téléphone, de l'argent, beaucoup d'euros même puisque tout s'achète en prison. Le tout est de ne pas se faire prendre en rentrant de promenade car il faut passer sous un porche « détecteur ». Mais les détenus ne manquant jamais d'imagination, ces sas ressemblent à des passoires. Ainsi, les seringues rentrent par l'anus et les billets de banque pliés très petits se cachent très aisément dans le pli des fesses. Mais le mieux est encore quand le codétenu resté en cellule remonte la marchandise à l'aide du yoyo. Le geste est précis, furtif mais ô combien efficace.

Autre élément de folklore, les bagarres sont nombreuses, souvent très violentes, et rarement contenues par des gardiens impassibles refusant d'attraper des coups. Ce que l'on peut comprendre, même si de telles zones de non-droit choquent dans une démocratie. Certains détenus font du sport de kermesse, du jogging, et même du foot, tandis que d'autres tournent en rond ou restent assis dans l'herbe par beau temps. Pour les toilettes, c'est le mur du fond.

En guise de conclusion, précisons que la cour de promenade est la « place publique » de la maison d'arrêt, le lieu où l'on chasse les supposés pointeurs. Comme, à la fin de mon séjour, mon nom y circulait dangereusement, j'en vins, moi le pacifiste absolu, à me doucher avec ma fourchette en guise de poignard, au cas où !

*

14 janvier 2003. Je me rends de nouveau à Boulogne-sur-Mer pour une audience, mon fils Thomas n'allant pas bien. Résidant chez Thérèse, ma grande sœur, il multiplie les bêtises, refuse de sortir de son lit pour aller à l'école et dégrade le bien des autres. Un programme à la carte au lycée Gambetta de Tourcoing ne lui sied pas non plus. Un séjour avec Odile en Bretagne a fait exploser la Cocotte-Minute, la gendarmerie ayant dû intervenir parce qu'il avait menacé de mettre fin à ses jours à l'aide d'un couteau. À quoi tient ce conflit larvé ? Je l'ignore. Je sais juste que mon fils, détruit par toute cette histoire, se transforme peu à peu en pré-délinquant. Ma dernière rencontre avec ma femme m'avait laissé dubitatif : je l'avais trouvée tellement changée, physiquement et psychiquement, que j'en étais arrivé à me demander si elle était en mesure d'élever notre aîné. Hélas, de tels comportements renforcent mes inquiétudes.

Ce qui me sera confirmé en mai, quand j'entendrai le juge des enfants me signifier que Thomas allait être placé dans un foyer à Arras. Un foyer qu'il menacera, plus tard, d'incendier. Quelle épreuve.

*

Pour m'extraire de ce quotidien désastreux et oublier ces échecs familiaux, j'ai trouvé un dérivatif : suivre des cours. Si toutes les matières sont obligatoires, j'ai une préférence pour l'anglais et l'informatique mais il me fallut au préalable attendre la confirmation de mon inscription définitive, sachant que les enseignements avaient déjà commencé depuis septembre. Une prudence rendue obligatoire par ma connaissance de l'administration pénitentiaire. Une prudence adaptée puisque, rapidement, un surveillant m'affirma que j'étais « trop diplômé donc que ce genre de cours n'était pas pour moi ». Ce nouvel oukase me fit entrer dans une colère sombre ! Résultat, prenant le système à son propre piège, j'écrivis plusieurs fois par semaine au chef de détention et au directeur du lycée pour plaider ma cause. Et, à force d'insister, j'obtins gain de cause. Le 9 décembre 2002, j'assistais à mon premier cours.

Tout au long de l'année, nous y sommes peu nombreux, en général cinq, et avec nous planchent deux jeunes qui passent leur bac S. Ayant commencé par le cours de philosophie, je trouve, vu mon âge et ma situation, un nouveau relief à cette discipline. Pour tout dire, j'avais oublié que cette matière pouvait être aussi intéressante. En math, je suis le programme de première S de façon honorable, ce qui me rassure quant à l'état de mes neurones, pensant les avoir noyés et détruits avec les drogues et les somnifères de mes nuits carcérales. Je travaille avec zèle l'anglais, ouvre les oreilles en grand à la poésie et me régale des aléas de l'histoire du monde contemporain. Je découvre aussi l'espagnol avec une très gentille prof qui me fait même parvenir un bulletin scolaire flatteur. Dans l'ensemble, je m'entends très bien avec les détenus qui assistent au cours, notamment les deux adolescents qui me font penser à Thomas.

Avant le « lycée », je descendais en bibliothèque une fois par semaine mais, hélas, j'ai peu à peu perdu le goût de la lecture. Si, au départ, je restais l'heure entière dans la salle avant d'en repartir avec trois livres, après quelque temps mon choix se portait uniquement sur des bandes dessinées. Quant à l'« activité lecture » proprement dite, laquelle consistait en la venue d'une personne extérieure nous lisant une nouvelle ou un conte, très vite elle sortit de mes centres d'intérêt à force d'y côtoyer un « pointeur » devenu la « chose » de son codétenu et tenu chaque matin de lui pratiquer une fellation au son des fous rires moqueurs des autres.

Autre dérivatif à mes maux et mes ennuis, les rencontres religieuses. Ainsi, le vendredi après-midi, je discute des textes avec l'un des aumôniers, dont Danièle, catholique, et Alzira, protestante. Très cordiale, celle-ci, chaque semaine, me convoque dans une cabine installée au rond-point et nous bavardons, lisons des passages de la Bible. Veuve d'un pasteur, elle me soutient avec efficacité et compassion au long de cette terrible épreuve. Quant à la messe, se déroulant le samedi matin, je peux régulièrement y assister puisque je n'ai pas « cours ». Certes, cela peut sembler paradoxal que moi, protestant de confession réformée, luthérien, j'aime la messe en ces lieux sordides, mais au moins m'apporte-t-elle du réconfort. Et puis, le vrai chrétien pratiquant n'est-il pas celui qui aime avant tout l'Éternel, son dieu, et son prochain ? La religion qui a une place importante en prison, c'est la musulmane, beaucoup de détenus maghrébins faisant leurs cinq prières quotidiennes et ayant à leur disposition un détenu faisant office de muezzin pour l'appel à la prière. De quoi apaiser les âmes troublées. En tout cas, cette multitude de confessions ne crée pas de tensions et donne même naissance à des cérémonies œcuméniques. Ainsi, le 23 décembre 2002 – et oui, un nouveau Noël en détention pour moi –, nous célébrons la messe de Noël, à laquelle il faut préalablement s'inscrire, avec l'évêque, monseigneur Jacques, le pasteur, le prêtre, le père Hubert, et le diacre, tous venus dire que l'Éternel nous aime et que le seigneur veille sur nous. Et moi, les larmes aux yeux, je pense à ma famille absente.

*

Nouveau Noël donc, mais aussi nouvelle année, nouvel hiver. Déjà 2003. Et je suis encore en détention. Dans un service qui n'existe pas, le fameux SMPR. Certes, il y a des médecins psychiatres et des infirmières, mais aucune condition particulière d'accueil et de soins. Tandis que le docteur Gonzales me parle de médicaments, une infirmière me propose une autre thérapie : faire partie de l'équipe de rédaction du journal de la maison d'arrêt. L'idée me séduit : je lui donne mon accord. Pour découvrir qu'il s'agit en effet d'une méthode de rééducation à la vie, puisque les choix des sujets à traiter arrivaient plusieurs semaines après les premières réunions. On essaie aussi de me sevrer de certaines substances, de me désintoxiquer en somme. Résultat, le 6 février 2003, on me supprime le Tersian® et je dors moins, maigris plus, deviens irascible et prends à nouveau conscience de mon enfermement. Les crises de larmes incontrôlables ne sont pas loin. Le SMPR, ascenseur pour la dépression, qui l'eût cru ? En tout cas pas moi.

*

Dans l'ensemble, les surveillants d'Amiens se montrent corrects, même s'ils ont besoin de se faire respecter, notamment par les détenus qui les injurient quand ils procèdent à une inspection de la cour. Dès lors, quelques crises d'autoritarisme les gagnent, heureusement épisodiques. En fait, pour en avoir discuté parfois, aucun de ceux que je croise ne voulait être gardien de prison. Ce métier, ils l'ont fait par défaut, à la sortie du bac, n'ayant eu d'autre choix que de réussir le concours d'entrée. En apprenant ces données, mon regard sur leur job qui n'est en rien une vocation change : je me mets à éprouver du respect pour ces hommes en proie à des détenus parfois dangereux. Après tout, eux aussi sont en prison. Et même à vie !

Leur travail consiste essentiellement à ouvrir et fermer des portes, manœuvres les transformant en « porte-clefs ». À les observer de près, je m'aperçois qu'ils n'ont pas le temps de discuter avec les détenus, sont souvent en sous-effectif – parfois il y a un seul surveillant pour deux étages alors qu'il en faudrait au moins un par étage tant les cellules sont surchargées – donc se transforment en réceptacles de tensions internes. Et en applicateurs zélés de règlements parfois étranges.

En fait, tout dépend sur qui on tombe. Chez les « matons » comme chez les détenus, il y a des softs et de fortes têtes limite obtuses. Tout est dans la nuance. Or, c'est vrai, il arrive qu'ils en manquent.

Le jeudi 27 février 2003, par exemple, la prison a droit à une « fouille préfectorale », à cause d'une rumeur parlant d'un détenu possédant une arme à feu. Branle-bas de combat dans les couloirs et les coursives. Aidés de surveillants d'autres maisons d'arrêt et de CRS cernant la prison, nos gardiens nous font tous sortir dans la cour, bâtiment par bâtiment. Dans la cour noire de monde, nous sommes restés plus de trois heures tandis qu'ils inspectaient le moindre centimètre carré. Inspectaient ou plutôt mettaient à sac. Qu'on en juge. Après un retour dans nos appartements par étapes – avec un passage aux douches où il s'agit de se mettre totalement nu, de montrer nos plantes de pied et d'ouvrir nos fesses –, nous avons retrouvé la cellule sens dessus dessous. Tout avait été renversé : nos affaires, nos cartons, nos armoires, la boîte servant de boîte aux lettres accrochée sur la porte. Posters et photos avaient été arrachés. Chaque lit s'était vu retourné, le matelas sorti de la housse. Nous avons dû refaire nos lits et tout remettre en place. Quel résultat a donné cette razzia digne d'une nuée de sauterelles ? Pas celui escompté en tout cas. Car si de la drogue, des téléphones portables, d'importants stocks de médicaments furent trouvés aucune arme n'apparut. Mais Jean-Pierre et moi avons tout rangé dans le calme et la dignité, puis nous nous sommes fait un petit café. La récompense de l'opprimé ?

*

Depuis le départ de Jean-Pierre, j'ai un nouveau codétenu : Henri, trente-deux ans, ancien toxicomane, père de deux enfants. Il me prévient d'emblée qu'il est atteint d'une hépatite C, se montre plutôt gentil, mais maniaque de la propreté. Dès le matin, il lave et fait le ménage avec une énergie déconcertante, désireux même de repeindre les murs. Au bout du compte, cette phobie de la saleté n'est pas pour me déplaire tant le contraire est fréquent en ces lieux.

Comme il est démuni d'argent, je l'ai pris en pitié et lui ai acheté du tabac, donné des enveloppes, des timbres, du papier à écrire et une paire de baskets, un slip, un polo, car il n'avait rien d'autre à se mettre que deux pantalons. Bref, je tombe sur un compagnon de cellule venu d'un foyer Emmaüs... encore plus paumé que moi. Ce qui va forcément rejaillir sur mon état d'esprit.

Tous les matins, il reçoit une injection de méthadone, médicament par ailleurs très cher au « marché noir » car substitut à sa drogue, mais continue à avaler des quantités de pilules phénoménales. Pire que moi. À titre d'exemple, le soir, il se shoote vers 18 heures avec du Xanax®, du Tersian®, du Lexomil®, de l'Imovane® et plusieurs Stilnox®, cocktail d'éléphant qui l'endort dans les cinq minutes. L'ennui c'est que l'effet ne dure pas et qu'il se réveille vers 2 heures du matin, allume la télévision ou la lumière, alors que moi je cherche à dormir.

Les raisons de son incarcération ? Un vol banal. En revanche, il est récidiviste et a déjà tâté de la prison à la maison d'arrêt de Laon. La rapine ou la kleptomanie doit être du reste une seconde nature chez lui, puisque, en fouillant mes affaires, je découvre un jour la disparition d'un paquet de cigarettes. Fort déçu par ce comportement, j'ai fini néanmoins par lui pardonner.

Depuis une cure de désintoxication de quatre mois dans un monastère, mon « colocataire » a aussi une marotte : devenir croyant et suivre le culte catholique, quête que j'encourage. Je lui apprends ainsi le Notre Père, que nous récitons tous les jours, et l'inscris pour la réflexion biblique et la messe. Il s'est même « fabriqué » un coin pour prier avec une petite table et une croix découpée dans un magazine.

Un peu de piété dans ce monde sans foi ni loi ne fait jamais de mal.

Chapitre 22

Tenir pour ne pas mourir
ou
Mourir pour ne plus tenir

Samedi 17 mai 2003. Mon mandat de dépôt vient à expiration ce soir à minuit. Depuis quinze jours, je vis dans l'espoir que les juges m'oublient et ne le renouvellent pas, erreur de procédure qui ferait de moi un homme libre. En prison, on se rattache à tout. Aux arguties réglementaires, aux arcanes du code pénal comme aux espérances les plus irraisonnées.

Une prière d'autant plus irréaliste qu'au parloir, papa et Dominique m'expliquent que cette éventualité ne peut arriver. D'après ce que maître Delarue leur a expliqué, le renouvellement de l'ordonnance de prolongation de détention est quasi-systématique. Évidemment, face à ce énième revers, je tombe de haut. Une descente qui me replonge dans la déprime. À quoi bon se battre, me dis-je. À quoi sert-il de lutter encore après tant de jours à batailler pour rien, à écouter que mon dossier est vide mais à constater que personne ne veut l'entendre, à me morfondre dans des prisons plus terrifiantes les unes que les autres ? Après la colère, la volonté de résister, l'abattement réapparaît, plus sournois, pernicieux et destructeur que jamais. Conséquence, je m'alimente de moins en moins, maigris à vue d'œil et me résous a une seule chose : attendre l'audience du 4 juin 2003 où là, à défaut d'être libéré, je tenterai à nouveau d'en finir avec la vie.

*

Comme de bien entendu, le 4 juin, il ne se passe rien. La journée ressemble aux autres, avec une promenade en cour, durant laquelle je trafique un peu plus de médicaments, notamment des somnifères, pour tenter mon grand dessein : mettre un terme à ce calvaire.

Durant le week-end, je me conditionne une nouvelle fois pour ce suicide qui occupe toutes mes pensées, en songeant notamment aux quantités de médicaments à ingurgiter. Ne voulant pas cette fois me manquer, je sais que les doses doivent être très importantes pour mourir. L'ennui, c'est que je n'ai plus les moyens de me réapprovisionner, la fouille préfectorale du 27 février dernier ayant laminé les « stocks » de la prison, lesquels n'ont pas eu le temps de se reconstruire. Je pense bien me rapprocher des bandes constituées afin d'obtenir une quantité de stupéfiant mortelle, histoire de disparaître dans une overdose colossale, mais il me faudrait de l'argent. Or, ne me voyant pas quoi expliquer à ma famille, j'imagine mal lui demander de m'en apporter. Bref, je dois passer différents obstacles, mais ma détermination renaît.

*

Mercredi 25 juin 2003, j'ai vu mon fils Thomas, placé hors de la famille. Ma joie est intense, mais ces retrouvailles ne changent rien à ma décision. Ne suis-je pas toujours détenu arbitrairement ? N'ai-je pas déjà payé par trop d'humiliations, de jours de prison, d'accablement, la mise en application de la présomption de culpabilité alors que je suis innocent ? Les dégâts de cette enquête mal ficelée ne sont-ils pas irréversibles, avec tant d'existences laminées ? Mes enfants sont déstabilisés et écartelés, mon épouse, depuis sa libération et son retour chez ses parents, se mure dans un silence qui ne me dit rien qui vaille, mon avenir professionnel relève de l'utopie, bref plus rien ne me retient à la vie. Dois-je arriver à l'ultime baroud d'honneur du suicide pour qu'on daigne me croire ?

En tout cas, fort de ce choix, j'ai rédigé un testament, transmis en cachette à mon avocat, dans lequel je protège ma femme et mes enfants.

Mes enfants ? Voilà plus d'un an et demi que je n'ai vu ni Sébastien ni Cécile. De famille d'accueil en belle-famille, d'interdiction de parloir en insanités proférées contre moi par quelques bonnes âmes proches, trop heureuses de casser du sucre sur un absent ne pouvant se défendre, de vilipender un bourreau de travail qui n'aurait pas procuré aux siens l'existence qu'ils méritaient, de susurrer la nécessité de reconstruire autre chose pour oublier la procédure judiciaire et tirer un trait sur le passé, ils sont en proie à l'indifférence. Voulue ou téléguidée ? Je l'ignore mais leur « disparition » me martèle le cœur. Dès lors, la mort m'apparaît comme une délivrance, un grand bond vers la liberté.

Hélas pour moi, mon état physique et mental inquiète rapidement le personnel soignant qui se met aussitôt en alerte. Le vendredi 27 juin, je suis convoqué par le médecin psychiatre. Me soupçonnant de vouloir mettre fin à mes jours, il m'avoue être à deux doigts de me faire hospitaliser dans un service psychiatrique. Sachant ce qui m'y attend, ne désirant pas être mis à l'écart dans une chambre d'isolement comme je l'ai déjà enduré, je me bats comme un beau diable. Après une discussion d'une heure et demie, où je lutte pied à pied pour éviter ce transfert, je le convaincs et peux regagner ma cellule. Nous avons toutefois pris rendez-vous pour le 2 juillet. D'ici là, j'aurai pu voir Dany, signé mes courriers et assisté à l'audience du 1er juillet, à mes yeux celle de la dernière chance : en cas de rejet, cette fois, je ne me louperai pas.

*

Comment réussir là où, auparavant, j'ai échoué ? Longtemps je me suis posé la question. J'ai envisagé ainsi de casser un rasoir pour en récupérer la lame et m'ouvrir les veines pendant l'absence de mon codétenu. Une solution radicale sans doute, mais ayant l'inconvénient de prendre du temps, donc de laisser à la peur l'occasion de me faire changer d'avis et aux gardiens l'opportunité de se rendre compte de mon geste.

Autre option, la pendaison avec mes draps, le tout installé au niveau de la potence supportant la télévision, le tabouret étant disposé en dessous. Mais, en voyant cet échafaudage, j'ai peur. Je reste pendant plus d'une heure à regarder mon gibet sans avoir le courage de passer à l'acte. Finalement, je démonte le tout.

Que me reste-t-il comme solution ? Je cogite encore jusqu'à ce que, le jour même du nouveau refus de ma mise en liberté, une réponse inattendue naisse en moi : cesser de m'alimenter. Entamer une nouvelle grève de la faim et la conduire à terme. Cette fois, je me jure d'y arriver.

*

Le lendemain, j'informe le psychiatre de ma décision. Inquiet, il propose une nouvelle fois de m'interner, mais je refuse catégoriquement. Ayant perdu vingt-deux kilos depuis mon retour de l'hôpital de Clermont-sur-l'Oise, pourquoi leur donnerais-je l'occasion de me « requinquer » pour mieux m'humilier ensuite ? Ma conviction est faite et je n'en démordrai pas.

Afin d'ameuter l'opinion et de dénoncer l'erreur judiciaire que j'estime subir, j'avertis par courrier le président de la République, le Premier ministre, le garde des Sceaux, le président du Sénat, celui de l'Assemblée nationale, celui de la cour de cassation, mais aussi mon député, mon sénateur et l'Administration pénitentiaire. Les seules réponses arrivent du palais du Luxembourg et du président de la cour de cassation. Je sais aussi que le préfet de Boulogne-sur-Mer a transmis mon courrier au procureur de la République et que la pénitentiaire a bien reçu ma lettre.

La preuve, je suis convoqué par la directrice de la maison d'arrêt. Un entretien de moins de trente secondes, durant lequel elle m'explique ne rien avoir à faire de ma démarche, et que « ça fait juste un gréviste de la faim en plus ». Sans doute personne ne me croit-il capable d'aller jusqu'au bout. C'est ignorer que, lorsqu'on se sait innocent, la volonté de le crier à la face du monde vous fait sortir de vos limites et vous procure des forces insoupçonnées.

*

Jeudi 10 juillet. Voilà dix jours que je bois mais ne mange plus. Lors d'un parloir avec papa et ma grande sœur Thérèse, qui m'avertissent qu'en pleines vacances judiciaires mon dossier va rester en *stand-by*, je leur confie ma décision. S'ils comprennent mes motivations, ils m'avouent espérer que je ne tiendrai pas le coup, une grève de la faim faisant énormément souffrir et pouvant laisser des séquelles. Mais je m'en fous car, désormais, à quoi ressemble ma vie ?

À partir de cette date, ma baisse de tension (11) et ma perte de poids (cinq kilos) entraînent des prises de sang régulières. Au bout de quinze jours, mon organisme s'est même adapté à ces privations, atténuant les sensations de faim tout en augmentant, par réaction, celle de soif. Dès lors, je bois une quantité considérable d'eau et de café. Le 18 juillet, date d'une nouvelle prise de sang, ma tension s'est stabilisée à 11 tandis que mon poids est descendu à soixante-six kilos. Comme mon traitement médical est parallèlement stoppé, je souffre de nouveau d'angoisses et suis victime d'insomnies totales.

Au bout de trois semaines, la sensation de faim a presque disparu chez moi. En revanche, je reste sensible aux odeurs de nourriture qui ravivent mon appétit. Un calvaire. Autre conséquence des carences de mon organisme, j'ai de terribles douleurs aux muscles des jambes et du ventre. Une conséquence logique, m'expliquent les médecins : mon organisme puise dans ses réserves. Selon eux, je vais bientôt rencontrer des difficultés pour marcher. Ce qui se vérifie très vite puisque, rapidement essoufflé, j'ai désormais du mal à monter et à descendre de mon lit. Malgré tous ces maux, malgré les douleurs qui me tenaillent, je tiens bon. Quand on est dans son droit, quand le seul moyen d'espérer se faire remarquer et écouter, consiste à mettre en péril sa vie, on l'accepte sans peine. Parce que plus que sa santé, c'est l'arbitraire que l'on pourfend et son honneur que l'on protège.

*

Lundi 21 juillet. Le docteur Gonzales insiste pour que je me fasse interner à l'hôpital psychiatrique Pinel d'Amiens. Une proposition que j'accepte, cette maison d'arrêt m'étant devenue insupportable.

Ce même jour, le chemin pour me rendre au parloir de 14 h 30 relève du calvaire, tant ma tête tourne et mes muscles m'éprouvent. Comme mon cœur s'emballe, je dois m'arrêter à chaque étage pour reprendre mon souffle, le sac de linge sale sur mes épaules pesant des tonnes. En me voyant aussi amaigri – je suis à soixante-quatre kilos – mes sœurs pleurent, me conjurant d'accepter d'aller à l'hôpital. Quelques minutes plus tard, le médecin annonce un placement en hospitalisation d'office en attente de la décision préfectorale. Enfin une bonne nouvelle.

Mais c'est oublier l'impéritie des services. À 21 heures, en effet, un chef et deux surveillants pénètrent dans la cellule accompagnés d'un médecin : la demande d'hospitalisation d'office ayant été perdue, il faut la refaire. Décidément, rien ne me sera épargné. En fait, comme le psychiatre ne veut plus me voir ici tant mon état est préoccupant, la procédure va cette fois aller à toute vitesse. Puisque, depuis peu, je fais aussi l'objet d'étourdissements, d'essoufflements, de crampes continuelles qui m'empêchent de dormir, bref que ma santé se dégrade inexorablement, pour moi comme pour eux, mieux vaut que je sois transféré de toute urgence. Deux heures plus tard, je suis donc conduit en ambulance à Pinel, accompagné de quatre infirmiers.

Me revoilà en somme parmi les fous, mais cette fois beaucoup plus maigre.

Chapitre 23

La grève de la faim justifie les moyens ou *Ne jamais flancher pour se faire écouter*

J'arrive à l'hôpital en pleine nuit. Des infirmiers portent mes affaires puisque je n'en ai plus la force. On me place dans une chambre d'isolement comprenant un lit scellé au sol, sans oreiller ni drap, et un seau de nuit. Mes vêtements sont confisqués et je dois endosser le pyjama-uniforme. Comme un membre du personnel remarque que mon pot de chambre n'est pas conforme, parce qu'équipé d'une anse, il me le retire.

J'ignore les consignes communiquées à mon sujet mais je fais d'emblée l'objet d'une surveillance pointilleuse. Visiblement, les infirmiers veulent aussi me dissuader de continuer ma grève de la faim, m'apportant de la nourriture, multipliant les mises en garde musclées, prédisant un placement sous perfusion et sonde nasale, avec en outre un Pénilex[1]. En cas d'opposition de ma part, ils m'avertissent que je serai attaché. Leur posture de gardes-chiourmes m'indiffère : mieux, je m'en fous puisque mon but est de mourir.

À 16 heures, après des moments de somnolence, je bois du café et ne touche pas au goûter, préférant regarder le plafond de ma chambre cellule. Un peu plus tard, on m'avertit qu'étant hospitalisé, je n'ai plus droit aux parloirs. De cela aussi je me moque puisque je vais mourir.

J'entame la lecture du Nouveau Testament, réconfort moral

1. Sonde insérée dans la verge pour recueillir les urines.

qui pallie mes douleurs physiques, et m'endors le soir avec un somnifère.

Le mercredi matin, un infirmier me propose de prendre un bain. Je m'exécute, bien que la tête me tourne et que je rencontre des difficultés à entrer dans la baignoire. À ma grande surprise, je constate que mes jambes sont maculées de plaques vertes semblables à des hématomes : l'absence de nourriture entraîne des effets secondaires inattendus. Tant bien que mal je me lave devant l'infirmier chargé de me surveiller. Assez gentil, je lui conte mes malheurs pendant qu'il me nettoie le dos, me rase et me fournit un autre pyjama. Je suis propre comme un sou neuf pour entrer dans l'au-delà.

À peine revenu dans ma chambre, j'apprends que je suis transféré dans un autre service, dépendant toujours du centre psychiatrique.

*

Deux infirmiers viennent me chercher. Vu mon état, nous sommes obligés de prendre l'ascenseur. J'intègre une pièce semblable à celle que je viens de quitter, tous les détenus provenant de la maison d'arrêt d'Amiens étant placés en chambre d'isolement. Le radiateur encastré dans le mur est protégé par une grille de sécurité et une horloge à quartz fixée au mur, juste devant le lit, me permet de me situer dans le temps, n'ayant plus les repères des plateaux-repas. Suivi quotidiennement, j'ai plusieurs prises de sang dans la journée. Je pèse maintenant soixante-deux kilos et ma tension varie entre 9 et 10. Me réfugiant le week-end dans la lecture et la prière, mon emploi du temps durant la semaine se résume à prendre mes médicaments, fumer, boire du café ou du thé.

*

Comme voilà plus de quatre semaines que je ne m'alimente pas, je suis incapable de me tenir debout et de marcher. Ma mobilité est si faible que je dois maintenant uriner dans un urinal. Quand une collaboratrice de mon avocat m'avertit qu'une nouvelle demande de mise en liberté a été déposée, requête qui, selon elle, devrait me dissuader de poursuivre cette grève de la faim, je souris. Pourquoi interromprais-je ce chemin de croix salutaire, alors que maintes autres procédures du même type n'ont abouti à rien ?

Maître Delarue monte alors à l'assaut, me promettant une déclaration à l'AFP – l'annonce de mon hospitalisation sera d'ailleurs publiée le lendemain dans le journal *La Voix du Nord* – et insiste pour que je suspende mon funeste projet dans l'attente de la décision de la cour d'appel. Que faire ? Finalement, je me décide à l'écouter partiellement et, le soir, accepte une soupe et un yoghourt. Le lendemain, vers 15 h 30, mes deux sœurs arrivent à l'improviste. Bien que ne disposant d'aucune autorisation de visite, le cadre du service s'est montré compréhensif. Elles repartent vers 17 heures, heureuses de mon fléchissement. Désormais, avec en point de mire cet ultimatum judiciaire, je me contente de la soupe et du yoghourt. Cela n'est pas assez pour mes proches, mais déjà beaucoup pour moi.

Mercredi 6 août 2003. Ma tension reste à 8,5 et mon poids est tombé à soixante kilos. Le médecin constate l'atrophie des muscles de mes jambes et me prévient que « je risque d'être paralysé à vie ». Je m'en moque, étant dans mon droit. Déplorant l'absence de kiné, elle prescrit de nouveaux médicaments et un électrocardiogramme.

Dans l'après-midi, l'aumônier vient me voir et me raconte comment il multiplie les démarches afin que je sois accueilli dans un monastère en cas de liberté provisoire.

À 17 heures, on me véhicule, en chaise roulante, vers la salle de bains : désormais, je suis presque grabataire. Parvenu à me déshabiller et à me mettre sous la douche sur une chaise prévue à cet effet, je constate que mon état est pire que prévu quand je dois appeler l'infirmière pour me laver. Adieu la pudeur ! Je suis obligé, pour me brosser les dents, de prendre appui sur le lavabo et même d'être soutenu. Me voir dans un tel état m'afflige mais je dois persévérer. Au cours d'une visite, mes sœurs m'annoncent une nouvelle – bonne ou mauvaise ? –, je ne me fais plus d'illusions, attendons : ma demande de mise en liberté sera évoquée à l'audience du 14 août. Par ailleurs, mon avocat a reçu la visite d'un journaliste de *Libération*, en proie au doute quant à toute cette affaire. Les médias ouvriraient-ils enfin les yeux ?

À nouveau seul, je me mure dans la nostalgie, qui m'apporte de la quiétude. J'ingurgite la soupe et le yoghourt, fume une cigarette et ai droit, en soirée, à une infusion.

Le dimanche, dans l'après-midi, le père Joseph vient me voir. Nous prions et il me donne la communion. La foi peut soulever des montagnes mais en ai-je encore la force ? J'apprends de sa bouche que les gendarmes ont téléphoné pour connaître mon état de santé en vue de mon extraction du 14, mais que le médecin a exprimé des réserves. L'inquiétude gagne enfin du terrain !

Mardi, multiples visites : Dany et son mari Bertrand arrivent en début d'après-midi. Quelque temps après, maître Delarue me remet l'article paru dans *Libération*, plutôt favorable, et m'informe avoir donné une interview à France 3 devant la porte de l'hôpital. Ensuite survient le père Joseph avec une mine des mauvais jours : le monastère du Mont-Des-Cats refuse de m'accueillir. Décidément, si même les moines ne veulent pas me tendre la main, autant en finir.

Mercredi, je suis réveillé tôt par les bruits des autres patients, ainsi que par mon anxiété : ne croyant plus dans la justice, comment imaginer qu'elle puisse enfin se contredire et, explicitement, admettre son acharnement comme ses torts ? Le cadre du service prépare mon extraction. En accord avec le médecin de l'hôpital, il convient de mon voyage vers la cour d'appel, en ambulance et perfusé. Il tient également à ce qu'une infirmière m'accompagne. Me portera-t-elle chance ?

*

C'est le grand jour. Celui qui m'a fait tenir et suspendre ma grève de la faim. Celui où, théoriquement, je dois obtenir gain de cause. Or, malgré tous mes déboires et revers, paradoxalement une part de moi y croit encore.

7 h 45. On m'apporte un baquet d'eau pour faire un brin de toilette, puis deux infirmières me posent une perfusion et m'installent dans un fauteuil roulant, opération difficile car mes muscles ne répondent plus. Je ne bois rien, ayant trop peur de

devoir aller aux toilettes en arrivant à la cour d'appel ce qui, vu mon état, me ferait honte. L'ambulance survient lorsque je suis déjà allongé sur le brancard, entouré de deux ambulanciers, du surveillant Sylvio Sarnataro et d'une infirmière. À 9 heures, une fois les gendarmes arrivés, nous partons. Durant le trajet, j'ai mal au bras perfusé, je ressens une terrible nausée, et je suis glacé. Rien ne va plus.

À 10 h 30, je vois mon avocat : étant donné mon état, il va passer en priorité. Maître Delarue se trouve devant une chambre de l'instruction composée d'un magistrat de la chambre civile, d'un magistrat de la chambre commerciale et d'un magistrat habituel. Il plaide trois quarts d'heure, laissant bouche bée l'infirmière, le surveillant et les gendarmes par son brio et les arguments implacables qu'il avance. L'avocat général, lui, requiert, en cinq minutes maximum, mon maintien en détention provisoire. La routine quoi ! Lorsque j'obtiens la parole, je fonds en larmes, reviens pour la sempiternelle fois sur mon cas et supplie le président d'essayer au moins de se mettre à ma place. Un appel vibrant et humain : mais peut-être est-ce trop demander.

L'audience terminée, je m'avoue dubitatif. Maître Delarue aussi. En revanche, les deux infirmiers ayant assisté à l'audience se montrent optimistes, arguant qu'il est impossible, compte tenu de ce qu'ils ont entendu, de me laisser en prison. Je croise les doigts. Peut-être ont-ils raison ?

De retour à l'hôpital, je suis reconduit à ma chambre en chaise roulante, où on m'ôte la perfusion. Vers 15 heures, Dany vient attendre avec moi le verdict, nous leurrant d'espoir et de projets. Un leurre en effet puisque, cinq heures plus tard, la sentence tombe. Ma demande de mise en liberté, celles d'expertise psychiatrique et de confrontation sont rejetées.

Dany fond en larmes, moi pas, presque soulagé, serein même, conscient en fait d'avoir déjà un pied dans la tombe. Immédiatement, je lui confie un nouveau codicille au testament du 12 juillet, tout en la priant d'embrasser très fort mes enfants, en lui certifiant n'avoir aucun regret puisque j'ai bien vécu, avec ma famille, jusqu'à ce jour fatidique où débuta pour nous l'affaire d'Outreau. Ma sœur peut partir tranquille, pour moi la messe est dite.

Dès son départ, deux infirmiers font irruption dans la chambre. Déshabillé, fouillé, on me retire le peu de confort récemment accordé, à savoir une table sur roulettes et quelques magazines. On m'enlève aussi mon oreiller, mon drap, ma housse de matelas, puis on me laisse en slip et en tee-shirt avec seulement deux couvertures alors que j'ai extrêmement froid. Deux couvertures rêches qui deviennent mon seul refuge, dans lesquelles je m'enroule en grelottant. L'interne de service les aurait bien saisies aussi, si l'infirmière Aline ne m'avait défendu en faisant remarquer que je dormais sur un matelas en plastique.

Désespéré, affligé, scandalisé et humilié, je n'ai rien pour en finir, pour me suicider, mais plus que jamais ce geste ultime me hante. Je prie Dieu de m'appeler près de lui, chantant, implorant la mort comme une délivrance apaisante.

*

Vendredi 15 août 2003. Je suis toujours vivant, malgré mes prières, mais plus proche du moribond que jamais. J'ai du « vague à l'âme », un dos qui me fait souffrir et des papillons noirs qui volent devant moi. Mon état de faiblesse s'aggrave. À 8 heures, un infirmier vient prendre mes constantes mais je refuse tout en bloc. Je reste allongé sur mon lit, transi de froid. Le médecin de garde tente de me raisonner mais en vain. Maître Delarue apparaît à son tour, plus que jamais offusqué par la décision de la cour d'appel. Combatif, il m'annonce le dépôt, dès le lundi, d'une nouvelle demande de mise en liberté, avec audience publique et convocation de la presse. Il insiste pour que je cesse ma grève de la faim, mais je refuse, arguant que quatre jours de plus sans boire me délivreraient de cette sale histoire mieux qu'aucun jugement. « Courage, dit-il enfin, on va gagner à la cour d'assises ! » Peut-être, mais à quoi bon ? Et puis, j'en suis sûr, il sera trop tard : la mort m'aura innocenté avant.

En début d'après-midi, je fais un malaise, tombant du lit. Le matelas sur moi étant trop lourd, je n'ai pas la force de l'enlever, ni même de crier. Résultat, je reste dans cette posture pendant une demi-heure environ jusqu'à ce qu'un infirmier constate la situation et en réfère à ses collègues. Ils me recouchent et, malgré mon opposition, prennent mes constantes. Vers 16 heures, un violent mal de tête m'assaille : ne parvenant plus à m'asseoir, criblé de crampes, je tente d'apaiser mes douleurs en avalant deux Doliprane®. Éprouvant maintes difficultés à les absorber à cause de mes lèvres gercées et de ma bouche sèche qui n'arrive plus à déglutir, je réalise alors que je n'ai plus de salive. En proie à d'horribles souffrances, vers 19 heures je demande à l'infirmière de baisser le volet pour rester dans le noir, mais rien n'y fait. Heureusement, malgré le froid mordant, les douleurs intenses et le tintamarre des chambres voisines, un somnifère m'aide à grappiller quelques heures de sommeil. Dans les limbes, je vogue vers un autre monde. Ma fatigue est telle que je n'arrive même plus à ouvrir les yeux quand le médecin apparaît. N'ayant pas l'énergie pour résister, je le laisse prendre mes constantes et me faire un électrocardiogramme, désormais insoucieux de tout. À demi comateux, je ne sais même plus indiquer l'âge de mes enfants ou citer leurs prénoms. Lorsqu'il me suggère un traitement antidouleur, je lui rétorque que je ne pourrais pas l'avaler, puisque je refuse de boire une goutte d'eau !

Le lendemain, vers 15 heures, le surveillant, M. Sarnataro, se déplace spécialement pour venir me voir. C'est son jour de repos, mais il a tenu à être là. Très inquiet, il me supplie d'arrêter ma grève, n'ayant pas envie que je meure dans son service. Nous restons ensemble longtemps et je prends la force d'écouter cet homme *a priori* courtois m'assurant qu'il mettra tout en œuvre pour améliorer mes conditions de détention et me faire entrer à l'hôpital général si je reprends mon alimentation et, surtout, me réhydrate. Pour m'inciter à accepter, il me tend un verre d'eau avec un médicament destiné à calmer mes douleurs. Je m'exécute, buvant avec peine. Aussitôt fait, il ouvre le volet et ordonne au personnel de me redonner des draps, de me rendre mes magazines, ma tablette, un oreiller et mon nécessaire à écrire. Une infirmière et une aide-soignante m'installent dans une chaise roulante et refont mon lit, puis me mettent en pyjama avant de me recoucher. Vers 17 heures, on m'apporte un verre de café que je bois à petites gorgées, douloureusement.

*

Lundi 18 août. Dany, arrivée à 10 heures, reste avec moi jusqu'à 19 heures. Vers midi trente, tandis qu'elle est dans le couloir et que je prends un thé parcimonieusement, survient un phénomène étrange : mon mollet droit durcit, mon cœur se contracte et ma poitrine me fait mal. Je pleure de douleur et de peur, songeant que si je dois mourir là, c'est que tel est mon destin. Lorsque ma sœur revient, paniquée elle appelle du secours. Le surveillant surgit, puis très vite le médecin. Lequel diagnostique un début d'embolie pulmonaire. Conséquence immédiate : je vais être transféré à l'hôpital carcéral de la maison d'arrêt de Fresnes.

Deux infirmières, Hélène et Caroline, signifient la fin des visites. Elles veulent me prodiguer des soins, mais je repousse la piqûre anticrampes. Je crois avancer seul vers le sommeil quand, à 20 heures 30, sans prévenir, cinq infirmiers, dont deux hommes, surgissent dans ma chambre. À leur vue, j'ai peur. Je me débats aussi parce que je sais pourquoi ils sont là. Sans perdre une seconde, ils me plaquent en effet sur le lit et m'administrent de force une injection foudroyante dans le ventre contre les phlébites ou embolies, provoquant chez moi une crise de nerfs.

Ce soir-là, une fois mon calme revenu, écœuré par cette violation de ma liberté de choix à vivre ou pas, je décide de reprendre ma grève de la soif.

*

Le lendemain je me réveille tôt, paniqué à l'idée d'abandonner un lieu devenu familier pour un autre, inconnu. Inquiet de quitter un personnel soignant globalement serviable et attentionné, en somme humain comparé à tant d'autres. Car, ce soir, de quoi sera-t-il fait ? À quoi va ressembler cette nouvelle maison d'arrêt dont le nom à lui seul évoque le pire, Fresnes ?

Vers 11 h 30, la coiffeuse me donne, à ma demande, le profil d'un bagnard. En début d'après-midi, entre dans ma chambre un des surveillants chefs de la maison d'arrêt d'Amiens avec qui j'ai toujours eu des rapports corrects, pour me faire signer un arrêt de la chambre d'instruction de la cour d'appel de Douai. Vers 15 heures, deux ambulanciers m'installent douloureusement sur une civière. Allongé dans l'ambulance je pleure, sanglots entrecoupés d'une conversation sur mon affaire avec le surveillant, que ce dossier laisse perplexe, et par une énorme douleur au mollet droit, signe que mon rythme cardiaque augmente furieusement. Les spasmes s'accélèrent. La fin approche. Surviendra-t-elle à Fresnes ?

*

En franchissant le porche de cette nouvelle prison, de nombreuses pensées tournent dans ma tête. Des pénibles comme des moins douloureuses. Tout d'abord, je suis heureux d'avoir été un Marécaux, fier d'avoir eu des parents comme les miens et d'avoir laissé une postérité. Je songe à papa, qui partage mes peines et mes angoisses, à mes deux sœurs qui, depuis le 14 novembre 2001, me soutiennent, m'aident, me secourent sans jamais flancher. Également au reste de ma famille, mes beaux-frères, ma filleule Valérie, neveux et nièces qui, eux aussi, m'ont accompagné dans la traversée de ces mois douloureux. Je revois aussi certains surveillants de la maison d'arrêt de Beauvais ou d'Amiens, qui ont su rester humains ; le personnel médical des établissements psychiatriques de Clermont-sur-l'Oise et d'Amiens, chez qui j'ai bénéficié d'une écoute, d'un professionnalisme, d'une humanité et d'une gentillesse formidables. En mon âme meurtrie, je remercie chacun des cadres du service dans lequel j'étais, dont MM. Roger à Clermont et Sarnataro à Amiens, sans qui je n'aurais jamais pu avoir la visite de mes sœurs ; sans oublier l'aumônier de la maison d'arrêt de Beauvais, le père Hubert, Alzira et Danièle de la maison d'arrêt d'Amiens, le frère Stéphane du centre psychiatrique de Clermont, et le père Joseph de celui d'Amiens, dont l'assistance spirituelle me fut un réconfort.

Malheureusement, tout tableau comporte sa part d'ombres. Et, au fond de moi, une déchirure est apparue. J'y songe tandis que la sirène de l'ambulance résonne : depuis peu, en plus de l'incroyable erreur judiciaire dont je suis victime, une autre guerre se joue : celle de mon couple en péril.

Parce que je ne corresponds plus – mais l'ai-je jamais été à leurs yeux ? – au mari parfait dont certains membres de ma belle-famille rêvaient, ils semblent avoir entamé un travail de sape auprès d'Odile. Revenue auprès d'eux depuis sa libération, ma femme a choisi de prendre ses distances. D'oublier le martyre que nous endurons en coupant les ponts avec moi. Moins de lettres, peu de contacts, pas de parloir, j'aurais dû m'attendre à quelque chose, mais je l'aimais tellement que je n'ai rien vu venir. Or là, c'est un fait. Son silence se révèle si assourdissant que je dois me résoudre à l'incroyable : Odile, la femme que j'aimais par-dessus tout, m'a abandonné. Décidément, cette affaire d'Outreau m'aura vraiment tout pris.

Chapitre 24

Quatre-vingt-dix-huit jours de grève de la faim
ou
Terminus Fresnes

Sur ma chaise roulante, dans l'ascenseur qui me conduit vers l'hôpital de Fresnes, j'ai l'air d'un vieux grabataire sans force. Un fantôme passé de quatre-vingt-dix-sept kilos voilà un an à cinquante-cinq kilos aujourd'hui.

À sœur Begonia, religieuse cadre du service qui m'accompagnera durant mon séjour, je fais part de mon désir d'en finir par une grève de la faim. Elle se montre compatissante, tendresse affectueuse qui me va au cœur mais n'entame pas ma détermination. La chambre où je suis affecté, qui comporte deux lits, est une pièce de luxe par rapport à ce que j'ai connu. Elle est propre, correctement équipée, adaptée à un malade aussi faible que moi. Dès mon arrivée, après avoir enfilé une veste de pyjama se boutonnant par derrière, une « casaque » dans le jargon des lieux, j'ai droit, en plus d'une prescription de bains de bouche, la mienne en ayant grand besoin, à un somnifère.

*

Deux lits médicalisés, cela implique deux patients hospitalisés. Autrement dit deux détenus en grève de la faim. Et celui qui partage ma chambre s'appelle Pierre Chanal !

La première fois que j'entends ce nom prononcé par les infirmières, il m'évoque vaguement quelque chose. Mais je ne parviens pas immédiatement à trouver quoi. Et puis, après réflexion j'y suis : il s'agit de cet ancien militaire soupçonné de plusieurs meurtres d'appelés, acteur principal de « l'affaire des disparus de Mourmelon ». La vie comme le hasard font bizarrement les choses : jamais, des mois plus tôt, je n'aurais pu imaginer un jour côtoyer celui que d'aucuns présentent comme un tueur en série.

Puisque nous sommes compagnons de cellule, nous échangeons d'emblée des banalités et nous tutoyons tout de suite, ainsi que le veut la coutume. Il m'apprend qu'il est là depuis huit jours ayant, le 5 juillet 2003, entamé une grève de la faim, tout en continuant de s'hydrater, ce qui lui permet d'être encore capable de tenir debout.

Je reste avec lui le lendemain et le surlendemain matin, temps nécessaire pour obtenir de sa part, outre des confidences pénibles, quelques précieuses explications sur les diverses manières de se suicider. La section de l'artère fémorale ou de la carotide serait, selon lui, radicale ; il s'était raté une fois en s'entaillant la veine du poignet. En fait, d'après son récit, alors qu'il était évanoui, son poignet était retombé sur le matelas, ce qui avait obturé sa blessure et lui avait sauvé la vie. Le temps nécessaire aussi pour entendre de sa bouche les affres de son enfance pauvre et malheureuse, parmi quatorze frères et sœurs, et des parents très sévères ; ainsi que les vertus de son éducation catholique pratiquante.

*

Au petit matin, une religieuse infirmière vient prendre ma tension. Une fois la chambre nettoyée, sœur Bégonia entre. Toujours aussi gentille, elle tente évidemment de me convaincre de cesser mon action. Le médecin qui la suit se fait plus directif, me menaçant d'une contention, exigeant ma collaboration, qu'il obtient seulement pour installer un matelas anti-escarres. Un surveillant m'apporte aussi un carton rassemblant mes affaires : j'en fais un inventaire rapide puisque presque tout a été supprimé. Je n'ai plus de chaussures, de pantalons, de tee-shirts, les feuilles vierges de mon bloc-notes ont été arrachées et mes timbres de collection décollés des enveloppes. Cerise sur la sanction, je n'ai plus rien pour écrire. Bref, il me reste uniquement mes sous-vêtements et les lettres reçues !

On m'annonce aussi la nécessité de me changer de chambre. Pourquoi ? Je l'ignore, ne comprenant pas en quoi me déménager modifiera mon envie de suicide. Puis je découvre rapidement le fin mot de l'histoire : c'est une tactique du service médical qui refuse d'avoir un cadavre sur les bras. Au final si, durant ce séjour, les membres les plus humains du personnel tentent de me faire changer d'avis avec modération, les plus techniques privilégient la dureté en me ligotant sur mon lit.

Ma santé se dégrade mais, pour tout dire, peu m'importe. *A contrario* du personnel médical évidemment. Quand ma perfusion fuit, on me l'enlève et, ô bonheur !, je me sens libre un instant. On veut me faire boire ? Je rejette le café infect, mais j'avale quand même de l'eau. On me fait aussi bouger un peu du lit au fauteuil pour éviter une phlébite, une embolie, voire, plus grave encore, une hémiplégie. Pour mes besoins, je pisse dans un urinal mais ma faiblesse est telle que mes gestes en deviennent maladroits. Résultat : il m'arrive de faire pipi au lit ! Mon humiliation s'accroît.

Pour tenter de me « raisonner », on me met face à un médecin psychiatre. Parce qu'il est convaincu de mon innocence, il m'insuffle un peu de confiance et me procure des bribes de dignité humaine oubliée. Néanmoins, ma tension basse et irrégulière met les appareils en état d'alerte lors des contrôles, mon 7,5/4,5 relevant hélas d'un triste record. Alors, devant ma dégradation physique, on renvoie au charbon sœur Bégonia, qui essaie en permanence de me convaincre d'arrêter. Quelle ténacité chaleureuse envers ses malades.

Comme ses démarches ne sont pas couronnées de succès, j'ai aussi droit à la venue d'Henri, un diacre affable et adroit qui me donne des enveloppes et des timbres pour répondre à mon père. Mes fournitures disparues ont fait l'objet d'une lettre de réclamation à l'administration pénitentiaire, mais en vain. J'attends toujours du reste.

*

Les journées s'étirent. Voilà soixante jours que ma descente vers la mort dure. Selon les infirmiers d'Amiens, ce cap signifiait la fin du voyage. Mais non, je suis toujours à cheval. Dans mon immense faiblesse, je réussis même un tour de cirque digne du clown Zavatta en tentant, depuis mon lit, d'attraper mon café posé sur une tablette trop éloignée. Penché pour y parvenir, inévitablement je chute et me retrouve le nez au sol et les pieds en l'air posés sur ma couchette. Essoufflé, j'agrippe les draps à la manière d'un alpiniste pour atteindre la sonnette. Sans résultat. C'est donc par hasard que le personnel soignant me découvre peu après, pantin semi-désarticulé à côté de son lit. Trois personnes sont nécessaires pour me recoucher correctement.

Plus tard, c'est en brancard que je pars faire une radio, l'administration craignant que j'attrape une tuberculose et voulant, après mon plongeon, vérifier ma hanche.

À mon retour, on m'offre à lire un nouvel arrêt de rejet de mise en liberté. Je le parcours en diagonale : à quoi bon se fatiguer, pleurer, s'angoisser, alors que tout est écrit... si j'ose dire.

*

Une mauvaise nouvelle n'arrivant jamais seule, Thérèse m'apporte des informations peu engageantes sur mon entourage. Je sens qu'il se trame quelque chose, mais je ne sais pas quoi. Quant à la collaboratrice de maître Delarue, elle ne m'annonce rien de nouveau, mais me rappelle que l'audience du 12 septembre 2003 n'est pas bien loin, me conseille de tenir, paroles déjà entendues maintes fois. Un peu agressif, je rétorque que, si ma mémoire est encore un peu ce qu'elle était, voilà vingt-deux mois que je tiens. Je suis au bout du rouleau.

Quand je rejette une nouvelle perfusion et une énième prise de sang, on me contraint à signer une décharge. Or, à défaut d'analyses de ce type, il est impossible d'adapter un traitement digne de mon délabrement (52,8 kg). Or mon état s'aggrave : mon poids plume n'est plus soutenu par mes jambes devenues inertes et tous mes déplacements se font en fauteuil ou en brancard. Pire encore, à la douche, j'ai constaté, en m'arrosant d'une eau trop chaude, que mes membres ne ressentaient plus cette température. Est-ce un début de paralysie ? Pour en avoir le cœur net, un coup de fourchette dans ma chair s'impose : et là, nouvelle confirmation. Un indice supplémentaire de mon délabrement.

Mais puisqu'il faut tenir jusqu'au fameux 12 septembre, je tiens. Et ce jour-là, comme d'habitude, on repousse ma demande. Mais ce rejet est cette fois assorti d'une sanction nouvelle : alors que le parquet la demandait, la nomination d'un expert psychiatre est refusée. Le rouleau compresseur ne s'arrête jamais.

Ma vie, elle, en revanche, approche lentement de son terme. De nouveaux signes ne trompent guère. Des hallucinations me prennent : je crois ainsi voir des rats noirs sur mes draps, des insectes nuisibles collés sur les bouches d'aération de la chambre ou dans mon lit. J'entre dans un tel état de régression que l'on s'occupe de moi comme d'un enfant, en m'ouvrant la porte, en allumant la lumière, en me rassurant. Ma perfusion étant douloureuse et les médecins craignant l'œdème, on me fait boire du thé. Tiens : il n'a plus aucune saveur. Aurais-je perdu le goût ?

*

Voilà maintenant quatre-vingt-dix jours que j'ai entamé ma grève de la faim et je n'imaginais pas possible de tenir si longtemps. Mon corps fait-il encore de la résistance parce que j'ai mon innocence pour moi ?

L'infirmière veut me reposer une sonde d'alimentation, mais je refuse catégoriquement. J'ai même retiré le tuyau et signé une décharge de responsabilité. Comme pour mon refus de bilan sanguin. À quoi bon ? Mon état se découvre à l'œil nu. Ma tension atteint péniblement les 6/4, j'ai des troubles de la vision, des douleurs musculaires atroces. Même le médecin convient qu'il ne peut rien faire contre mon mal, puisque je dépasse de beaucoup les doses médicamenteuses maximales. Il me le confirme sans détour : en persistant à ne pas m'alimenter, je mets ma vie en danger et, si je m'en sors, les séquelles seront irréversibles. Je l'écoute mais je continue.

Preuve que tout va mal, une nuit, tandis qu'un orage éclate, je m'efforce de regarder un film érotique à la télé... qui ne me fait aucun effet. Ma libido a toujours été faible, mais là je vois qu'elle m'a déserté. Je suis désormais en phase de survie.

Le lendemain, toilette sommaire parce qu'on ne peut plus me bouger. À vrai dire, je suis une épave sans forces. Sonde gastrique, Pénilex, qu'importe, une femme peut facilement me maintenir immobile et effectuer tout ce que le médecin de service lui ordonne. J'ai juste dans la main gauche la télécommande du téléviseur et dans la droite la sonnette. Le reste ne bouge plus. Pourquoi s'échiner à essayer de vivre puisque personne ne m'écoute, puisque je suis innocent de tout mais en prison depuis vingt-trois mois, soit presque deux ans, en grève de la faim depuis quatre-vingt-dix-huit jours, soit plus de trois mois ?

*

7 octobre 2003. À 18 heures, alors que je tente faiblement de m'intéresser à la télévision, je reçois un choc comme il m'en est rarement arrivé dans mon existence : un surveillant entre dans ma chambre assez fébrile et m'annonce... que je suis libre.

Est-ce une farce ? Non ! Immédiatement, la nouvelle est en effet confirmée par l'infirmière et le médecin, réjouis pour moi. Et là, aussi incroyable que cela puisse paraître, il se produit chez l'être délabré que je suis l'effet inverse de ce qu'on est en droit d'attendre. Au lieu de la joie, c'est une peur panique qui m'envahit, gagne mon esprit, paralyse mes mots et mes réflexions. Désespéré, je bredouille que je veux rester ici, être de nouveau attaché, promettant de signer toutes les décharges nécessaires, avançant que je connais mes droits et entends les faire valoir. Comme si je n'y croyais plus. Comme si retrouver cette liberté attendue après tant de souffrances relevait pour moi de l'irréel, du cauchemar, d'un ultime jeu de dupes. Comme si reprendre contact avec l'existence, la vie extérieure, les miens, revenait à me pousser à l'eau du haut d'une falaise sans que je sache nager. Comme si le « cocon » – tout est relatif – de la prison correspondait désormais pour moi au seul univers structuré capable de m'accueillir, ayant perdu mon métier, ayant vu ma famille se disloquer, ayant tout à reconstruire avec, sur les épaules, l'épée de Damoclès du procès. Que faire, dehors, quand on n'a plus rien en soi ?

*

Après une courte entrevue entre le médecin et le directeur de l'hôpital, il est décidé de mon départ immédiat. Je fume une cigarette, ayant toujours autant de mal à appréhender ce qui m'arrive. Anne-Sophie, une jeune aide-soignante dévouée du service, me passe un pyjama propre et, à peine habillé, deux ambulanciers me placent sur un brancard, direction le greffe avant le départ vers un hôpital proche. Là, comme flottant dans un monde irréel, je vois défiler des visages, des murs colorés, des lumières. Là, aux abonnés absents, à un surveillant qui me secoue, me demande comment je m'appelle et me donne de l'argent, je réponds machinalement sans réaliser de quoi il retourne. Ayant perdu tout repère, je signe des papiers, tends mes doigts pour donner mes empreintes, m'en vais dans un halo d'inconscience. Pour ne reprendre conscience, seul parmi les patients, que dans le hall d'un hôpital grouillant de monde... où je suis enfin libre.

Chapitre 25

Je suis libre
ou
Se battre pour reconstruire

À l'heure où je reprends cette chronique, je suis un autre homme. Plus un prisonnier, plus un malade en grève de la faim, mais un mis en examen qui lutte pour faire éclater son innocence au procès et tente de consolider son monde tombé en ruines. Ce qui n'est pas une mince affaire. Que s'est-il passé depuis mon retour à la liberté ?

*

Ma liberté sous contrôle judiciaire a donc enfin été prononcée après vingt-trois mois de détention. Une durée effarante quand on n'a rien à se reprocher mais en deçà encore des « peines » de préventive infligées à certains compagnons d'infortune de cette affaire d'Outreau qui en ont fait trente. J'ai, en somme, gagné huit mois grâce à ma grève de la faim. En vérité, personne ne peut imaginer le prix de ces huit mois. Et si je pourrais sembler exagérer mon calvaire au goût de certains, que l'on sache que mes souffrances ont été fort bien comprises par le personnel médical exemplaire de l'hôpital du Kremlin-Bicêtre, ainsi que par tous ceux qui constituaient mon cercle affectif. Qu'on en juge.

*

Lorsque j'arrive dans ce grand centre de soins, tout me paraît irréel. Quand mon brancard s'arrête dans les courants d'air, j'ai froid malgré ma couverture de survie, ce symbole des grands brûlés ou des accidentés de la route qui me va à merveille puisque je suis un accidenté de la vie. Pour l'heure, des hommes en blanc prennent en charge l'épave pantelante qui leur arrive et attend dans un couloir où déambulent beaucoup de patients. Bientôt, je suis pris en charge par une infirmière qui parvient à faire une prise de sang à ce pseudo-cadavre [1]. Ensuite, mon brancard est conduit chez un médecin qui constate que mes jambes ne suivent plus et que mon bassin est devenu insensible. Des radios s'imposent, or passer du brancard à la table relève de l'ascension d'une montagne de douleur que je ne peux franchir sans aide.

À 23 h 30, on m'avertit de la nécessité d'un scanner. Je m'affole : et si une paralysie définitive menaçait ? Me remettre à manger doit intervenir graduellement, par la faute d'un estomac rétréci. L'organisme étant fait de soixante à soixante-cinq pour cent d'eau, j'ai des besoins hydriques démentiels : jusqu'à douze litres par jour. Par ailleurs, mon métabolisme basal s'avère totalement désordonné. Ainsi j'apprends, au fil des jours, à essayer de retrouver des forces dans cet établissement. Mon ventre ne fonctionne plus. Dès lors, je me retrouve plus souvent qu'à mon tour aux toilettes, où je dois aller avec quelqu'un, à ma plus grande honte, mes jambes refusant tout déplacement. Si bienveillantes soient mes aides-soignantes, je souffre de leur infliger le spectacle d'un homme diminué, recroquevillé entre la cuvette et le mur, meurtri aussi de subir un énième dommage collatéral des inconséquences de cette affaire.

Autre dégât, mon appétit ne revient pas et le goût a disparu. Mon café ressemble pour moi à de l'eau chaude, un biscuit à un bol alimentaire farineux. Corollaire, je n'ai pas non plus d'odorat, ce qui constitue une source de tourments pour la diététicienne qui me suit. Histoire de ne rien arranger, je suis désormais dégoûté des produits carnés. Or, sans apport protidique, ma

1. Je pèse en effet quarante-huit kilos.

masse musculaire ne peut se régénérer, d'où le risque de m'enfoncer un peu plus dans le labyrinthe de l'immobilité.

Prolongeons encore cette liste de tourments. Les maux de tête sont quasi permanents et mes capacités de raisonnement éteintes ou faibles, ma pensée restant floue, déréglée. Certains se diront peut-être, en lisant cette description, qu'après tout je paie les conséquences d'une grève de la faim à laquelle rien ne m'obligeait. Certes, mais si j'en garde les séquelles, je ne regrette pas ce choix. Pour dénoncer l'erreur dont j'ai été victime, je devais frapper un grand coup, montrer par ma ténacité la vigueur de mon innocence.

*

Peu à peu, je reprends contact avec la vie. Recevoir des visiteurs me comble de joie. Il ne se passe d'ailleurs pas une seule semaine sans que Thérèse, son mari Dominique et ma filleule Valérie viennent me voir et m'apportent des produits d'hygiène, des fruits secs, des arachides et même du chocolat noir, prenant le temps de rester pour me faire réviser mon passé.

Un jour, alors qu'ils sont présents, surgissent aussi sœur Bégonia, sœur Marie Jo et la religieuse qui priaient pour moi tous les jours à Fresnes. À leur vue, ma joie est intense car je sais leur amour pour moi, la force de leur compassion et leur conviction de mon innocence. Je m'entretiens avec sœur Bégonia de l'amour du Seigneur, chose plus complexe que je ne le croyais, lui demandant pourquoi il m'avait tant fait attendre si c'était pour me libérer quelques instants avant ma mort ?

Un autre problème me hante : retrouver ma mémoire. Le passé, avant ma fatale arrestation, s'est transformé, avec cette grève de la faim, en puzzle à reconstruire. Si je conserve la mémoire immédiate – celle de mon incarcération –, ma vie familiale s'avère plus floue. Heureusement, mes enfants et ma femme n'ont jamais quitté mon esprit une seule minute. Ma maison, en revanche, ne correspond pas à l'image que mes sœurs en donnent. Pour mon Étude, là encore, il me manque des éléments. Le passé lointain est donc enfoui, traversé quelquefois par des flashs comme la vision de ma première cigarette, de mon vélo de course ou de détails anodins comme la culotte à fleurs visible dans la transparence du pantalon de la maman de mon filleul, ce qui nous faisait rire en terminale. Dès lors, je dois m'astreindre à des exercices de mémorisation, gymnastique des neurones désagréable parce qu'elle me rappelle l'interrogatoire subi en prison chez le psychiatre.

En fait, prendre conscience de son propre délabrement s'avère un supplice terrible. Et, très souvent, lorsque je cherche un réconfort dans les méandres de mon esprit affaibli, mon inconscient me le fabrique en ressuscitant ma mère. Plus que jamais, dans ma détresse, elle surgit comme un ultime secours.

*

Une autre fois, j'éprouve beaucoup de bonheur en recevant une visite du pasteur Dorte Oloé. En découvrant cette femme qui a baptisé mes trois enfants et dont je n'avais plus de nouvelle depuis son départ de Boulogne-sur-Mer, mon cœur fait un bond. Le passé souriant vient me faire un clin d'œil. Elle m'embrasse, me dit qu'elle m'a longtemps cherché quand elle a appris mon arrestation et m'apporte le bonjour du conseil presbytéral qui m'assure de son amitié comme de son soutien.

Transporté de joie, aussitôt je m'ouvre à elle, racontant l'enquête bâclée, mon sentiment de partialité du juge, les horreurs de ma détention, les hospitalisations d'office en psychiatrie, ma grève de la faim, son dénouement heureux. Elle m'écoute, s'avoue choquée par certains détails. En tant qu'Hollandaise, elle se faisait une tout autre idée de la France des droits de l'homme. Sa compassion me fait du bien.

Comme me procure du réconfort l'attention du personnel soignant. Ainsi les kinésithérapeutes font-ils avec moi un travail incroyable. Variant leurs exercices à l'envi pour me réapprendre à marcher, ils m'obligent à des efforts de traction et de flexion. Dans les autres services aussi on prend soin de moi. Pour un médecin, que vous soyez criminel ou innocent, vous êtes avant tout un malade, un blessé ayant besoin d'aide. Enfin de la sollicitude !

*

Mon organisme se reconstitue, ma mémoire se rassemble, mais ma vie ? Ma famille ? Mon couple même ? Si j'ai la visite de mes deux sœurs et de mon neveu Damien, si je reçois des nouvelles de Thomas, de Sébastien et Cécile, qui m'écrivent une jolie lettre allumant en moi une étincelle de joie, celles concernant ma femme ne sont pas très réjouissantes. Étant mis en examen, nous n'avons pas le droit de nous voir, nous parler au téléphone ou nous écrire, mais je devine depuis quelque temps que son silence est d'une autre nature. Une prémonition avérée puisqu'on m'apprend qu'elle a rencontré quelqu'un. À vrai dire, je n'en suis guère surpris. Ayant toujours été plus portée sur la chose que moi, j'imagine bien qu'après une incarcération de sept mois elle a eu besoin de se reconstruire une vie affective. Mais moi, moi qui l'aime et ai tenu en détention pour la retrouver, qu'est-ce que je deviens dans ce schéma ? Va-t-on pouvoir se rapprocher ? Notre couple est-il mort ou juste entre parenthèses, en souffrance pour employer une expression appropriée ?

*

Afin de ne pas me noyer dans de telles affres, afin de faciliter ma reconstruction, Damien m'a procuré un ordinateur portable dernier cri, avec toutes les fonctions et un disque dur important. Il m'apprend à m'en servir, m'a déjà préenregistré des musiques de Beethoven, Mozart, Bach ou Vivaldi, me laisse des DVD pour regarder des films et m'apprend le logiciel du traitement de texte pour poursuivre mon journal. De quoi attendre ma sortie, en sursis pour raison médicale, de façon moins pénible.

Contre toute attente, les semaines passent en fait assez vite, même si la totale liberté me fait encore peur. Mais j'ai le temps de me faire à l'idée puisqu'il me reste physiquement maintes étapes à franchir avant d'obtenir l'aval du médecin psychiatre. Si je veux quitter ces lieux, j'ai encore des progrès à faire pour ne pas arriver chez mes neveux en état de dépendance. Puisqu'ils ont eu la gentillesse de me recevoir, je dois être digne de leur accueil. Je tiens à soigner particulièrement ma mobilité et mon équilibre, me jurant d'y arriver au plus tôt. Du reste, le 11 novembre 2003, je réussis à uriner debout, sans vaciller ni me salir. Quelle victoire bien datée !

*

Parvenu à ce tournant majeur de cet ouvrage comme de ma vie, je vous demanderai de lire avec attention les incohérences administratives et judiciaires qui vont suivre. Moi, censé être un « pédophile » dangereux selon un juge d'instruction, sous le coup d'un procès en assises, je suis libre mais en ayant le droit d'être accueilli par un foyer où vivent trois enfants en bas âge. Alors même qu'on avait refusé durant des mois ma liberté provisoire pour ne pas être en contact avec mes enfants, on m'a en effet autorisé à aller chez ma nièce Sandrine, pharmacienne de son état, mariée à Guillaume, un vétérinaire, dont les emplois du temps me rendront gardien, pour ne pas dire nounou, de Lucas et Marianne, jumeaux de deux ans, et d'Alice, cinq ans. L'énormité de la situation saute aux yeux. Comme le côté ubuesque des décisions prises dans mon dossier. Vingt-deux demandes de libération sous contrôle judiciaire m'avaient été refusées au motif que je pourrais troubler l'ordre public, et là on m'accordait enfin la présomption d'innocence. Où est la logique de cette histoire ?

Chapitre 26

Le séjour du « pédophile » en Haute-Saône ou *Se préparer avant l'épreuve*

Pourquoi un titre aussi provocateur ? Parce qu'il met en évidence l'incohérence des jugements qui m'accablent, moi, présumé coupable désormais autorisé à passer ma convalescence dans une famille où vivent trois enfants en bas âge. Si je renouvelle mes remerciements à mes neveux Sandrine et Guillaume, parce qu'ils m'ont fait confiance face à leurs petits, tous les parents lecteurs resteront interdits en découvrant ce point. Car soyons logique : ou je suis innocent, ce que je clame depuis toujours, mais alors pourquoi m'avoir refusé d'aller chez mon père dans le Nord ? Ou je suis coupable et ma place se trouve en prison, en tout cas certainement pas dans un environnement peuplé d'enfants. La machine judiciaire avait jusqu'alors refusé ma libération sous le prétexte que je pouvais nuire à l'ordre public, et, tout à coup, j'étais libre d'aller et venir à Gy, un petit village de Haute-Saône. Décidément, j'ai du mal à comprendre la logique judiciaire. Mais revenons en arrière.

*

Nous sommes le vendredi 14 novembre 2003. Soit deux ans, jour pour jour, après avoir été arrêté, séparé de ma femme et de mes enfants. Deux ans après cette date horrible que je garde en moi comme le pire jour de ma vie. Or, en cette date anniversaire, je dois quitter l'hôpital pour vraiment reprendre contact avec l'extérieur. Les voies du destin ne sont-elles pas étranges ?

Ma sœur, son mari et ma filleule arrivent dans le service vers 14 heures, et s'occupent de tout. Ils rangent mes affaires, font mon sac, vérifient que je n'ai rien oublié puis préparent ma sortie administrative. Une chance : je n'aurai rien à payer, même pas le forfait hospitalier dans la mesure où, vu mon cas, je vais bénéficier de la CMU complémentaire. Une info qui apaise deux secondes la tempête qui souffle en moi : j'ai peur. Une trouille bleue de l'air libre. Poussé dans une chaise roulante, je ferme les yeux. Tout tourne dans ma tête. Quand j'arrive dans leur voiture, je monte à l'arrière sans dire un mot, incapable aussi de parler à mon père au téléphone.

À 19 heures, nous arrivons chez mes neveux. Mes douleurs dorsales m'insupportent mais je suis content d'être arrivé là. Il fait noir. Avec l'aide de Dominique, j'entre dans la maison. Après avoir salué mes hôtes, j'embrasse leur fille aînée, Alice, puis aperçois les jumeaux. Lucas, c'est tout son père, Marianne sa mère. Ce spectacle d'une famille unie, d'un foyer heureux, me procure un grand secours. Éreinté par le voyage, je m'assieds pesamment dans un fauteuil et regarde ma sœur Thérèse amuser ses petits-enfants. Sont-ils choqués en découvrant le moribond au visage creusé entré dans leur univers ? J'ai déjà du courrier, notamment une lettre d'Alzira, l'aumônier protestante de la maison d'arrêt d'Amiens. Petit à petit, je me mets à reprendre de l'espoir : dans cette maison, j'obtiendrai sans doute la guérison ferme et définitive de mes jambes. Sandrine et Guillaume ayant condamné leur bureau pour en faire ma chambre, je dispose d'un grand lit, d'une table, d'une chaise ainsi que d'une étagère en bois pour installer mes habits. Qu'il est bon de se savoir entouré et aimé.

*

Restant toujours très faible, je dois consulter régulièrement un médecin généraliste. Manquant encore de protéines et de certaines vitamines, je suis néanmoins écœuré par la viande ou le poisson, lesquels se sont transformés pour moi en cadavres immangeables au même titre que les œufs, les graisses du lait.

Encore une conséquence du traumatisme de l'incarcération ? Sans doute.

Deux mois après ma libération de l'hôpital-prison de Fresnes, je parviens enfin à utiliser une seule canne pour me déplacer. Quelques jours après, autre exploit : j'accompagne Sandrine à Besançon dans un grand magasin de jouets et un autre de bricolage. Une « promenade » qui arrive néanmoins plus de trois semaines après mon arrivée en Haute-Saône ! À Noël, ma marche sera enfin normalisée.

D'ici là, elle m'astreint à des contraintes. Ainsi, étant sous contrôle judiciaire, je dois pointer deux fois par semaine chez les gendarmes du bourg. Hélas, leur brigade se trouve à environ cinq cents mètres de mon nouveau domicile, distance qui, au début, me semble énorme puisque je ne sais pas me déplacer jusqu'à elle, tant à cause de la faiblesse de mes jambes que du dénivelé important du chemin. Aussi Guillaume leur signale-t-il mon arrivée et leur fournit-il des certificats médicaux d'hospitalisation attestant de ces difficultés. Dès lors, tant que je suis trop faible, ce sont les gendarmes qui viennent au domicile de mes neveux, situation qui ne tarde pas à devenir embarrassante pour Sandrine et Guillaume. Comment expliquer en effet aux voisins les visites domiciliaires régulières de la maréchaussée ?

Ne cessant de songer à cette gêne suscitée par ma présence, je désire ma guérison ardemment. Les choses se passent finalement très correctement.

*

Sandrine et Guillaume étant adorables, attentionnés et compréhensifs avec moi, je m'efforce d'être le plus discret possible et de leur rendre service au mieux, par exemple en pliant leur linge ou en faisant, lorsque j'aurai un véhicule, les courses de la semaine. Il me semble aussi avoir été adopté par les enfants, auxquels je peux donner l'affection qu'actuellement je ne peux fournir aux miens. Nous jouons beaucoup ensemble, notamment quand leur papa et leur maman ne sont pas présents. Quand ils sont là, j'essaie de ne pas outrepasser mon rôle. Je leur raconte des histoires, nous chantons de concert, bref je sers de baby-sitter, ce qui permet à mes hôtes d'aller un peu au restaurant, au cinéma ou chez leurs amis.

Pour penser à autre chose qu'à mon cas et mon affaire, je me remets également à faire du cheval. En douceur cependant, mon dos ne pouvant supporter trop d'efforts et mes revenus – dix euros par jour des Assedic – ne le permettant guère. Hélas, sans le savoir, je joue avec le feu, étant trop vieux et fragile pour continuer cette activité. Résultat, en mars, je fais une mauvaise chute qui me conduit directement aux urgences. De là, les radios laissant supposer une vertèbre fissurée, on m'expédie en ambulance et matelas coquille au CHU de Besançon pour passer un scanner. Heureusement, il n'y a rien de dramatique. Néanmoins, j'ai droit à une IRM par la suite, la douleur devenant trop insupportable. En fait, seul le temps pourra me guérir.

*

Par l'intermédiaire de Thérèse, j'offre à Thomas un téléphone portable pour la Saint-Nicolas. Depuis que j'ai l'autorisation d'être en contact avec lui, je l'appelle tous les jours. Hélas, cela paraît trop aux yeux de certains, à savoir des responsables du foyer dans lequel il est. Néanmoins, sachant pertinemment qu'il me vaut mieux ne rien dire ni faire compte tenu de ma situation, je me conforme à la requête des éducateurs. Dès lors, je laisse à mon grand le soin de me contacter, d'abord une fois par semaine, puis deux. Une brimade qui, une fois encore, attise ma hargne. Quand je pense à ce gâchis, la colère monte en moi : comment la société pourra-t-elle compenser le préjudice subi par mon fils dont on a volé la jeunesse et la scolarité ?

À vrai dire, Thomas m'inquiète. Toujours un peu turbulent, il réside dans un milieu difficile et je ne peux rien faire pour lui. Perturbé, il se sent abandonné par sa mère qui, malgré un droit de visite et d'hébergement, le laisse au foyer. La dernière fois que j'ai communiqué avec lui, il m'a confié en avoir assez, désirer s'ouvrir les veines même, ou venir habiter avec moi. Hélas, je dois lui répondre ne pas en avoir le droit et l'inviter à patienter quelques mois. Mais j'en suis sûr, le jour venu, nous obtiendrons notre revanche sur cette société qui nous a condamnés à partir de témoignages fragiles et incohérents. À force de paroles, d'énergie, d'explications, se produit un étonnant renversement des rôles : je tente l'impossible pour lui remonter le moral alors que le mien est bien bas et que, la date du procès approchant, une épée de Damoclès se dessine au-dessus de ma tête.

L'ennui, c'est que Thomas doit passer devant le juge des enfants pour coups et blessures volontaires. Ayant été traité de bâtard par un de ses petits camarades, il l'a frappé, ne supportant pas qu'on puisse insulter sa mère. Pour tout dire, si une rixe de cette nature était intervenue avant mon incarcération, je l'aurais condamnée, et j'aurais sérieusement tancé mon fils. Mais la prison pouvant endurcir même les plus doux, désormais je lui donne raison.

Le 30 mars, Thomas a seize ans. Je lui souhaite bien sûr son anniversaire par téléphone mais, voulant absolument marquer le coup – seize ans, c'est important – et apporter un peu de bonheur à ce garçon loin de son père par obligation, je désire lui offrir un cadeau sortant de l'ordinaire. Après une visite chez maître Delarue, dans un hôtel d'Amiens je tombe sur le *Ch'ti*, journal local décrivant avec force détails les bonnes tables de la région. Je pense d'abord convier Thomas au restaurant, puis je me dis que ce n'est pas assez, qu'il faut quelque chose de plus rare. En parcourant la revue, je tombe sur une publicité vantant la location d'automobiles de luxe. Or Thomas raffole des voitures. Voilà la solution. Mon père me prête de l'argent, et me voilà en route vers la maison de sa marraine le dimanche suivant. Quand il voit tout à coup une immense limousine dont son père descend, sa joie est immense. Et quand je l'emmène déjeuner au champagne dans un excellent restaurant, son sourire et ses yeux qui pétillent me vont droit au cœur. Bon anniversaire mon fils !

*

Peu à peu, je retisse les fils brisés. Et je remets des couleurs à la trame de ma vie déchirée. Je recrée des liens avec mon aîné, essayant de le distraire du foyer où il est contraint de séjourner par décision judiciaire, me raccrochant à cette pièce majeure de ma famille, cette cellule si unie avant 2001 qui a volé en éclats.

Quant à ma fille, restée près de sa mère, et à mon puîné, lui aussi avec elle, je n'ai aucun droit de les voir. Quels déchirements !

Mais le cours des choses doit reprendre le dessus. Et le quotidien ses droits. Ma mobilité revenue, je sais que, pour me reconstruire, il me faut travailler. Pour cela, j'écris à tous les huissiers du département sans oublier ceux du territoire limitrophe. Les quelques réponses en retour sont presque toujours négatives. Notamment parce que ma profession exigeant une remise à niveau continuelle, mes connaissances s'arrêtent, hélas, au 14 novembre 2001.

Que faire alors ? En quête d'un travail, j'attends piteusement mon tour sur les bancs de l'ANPE. Tout m'irait : je postule pour de nombreux contrats emploi solidarité d'entretien des espaces verts, de fabrication de fromages, de balayeur, mais à chaque fois ma candidature est repoussée. Motif : j'ai un niveau scolaire trop élevé pour bénéficier d'un contrat d'insertion. Je m'inscris également dans des sociétés d'intérim, sans grand espoir et, à titre anecdotique, je fais même un essai comme agent de sécurité dans une boîte de nuit, et même un casting pour être comédien dans un film. Une expérience riche et cocasse puisque je dois marcher avec dédain devant une reine, la regarder avec mépris, puis la saluer.

Mais, on s'en doute, ces petits boulots ne me suffisent pas. Ils ne peuvent me faire vivre. Or mon séjour à Gy va bientôt prendre fin. Et le printemps approche avec la date du 4 mai comme horizon : celle de l'ouverture du procès d'Outreau. Où je vais comparaître, ainsi qu'Odile, et me battre pied à pied pour prouver mon innocence.

*

Je dis « mon », et certains sont peut-être surpris que je n'écrive pas « notre ». Il va sans dire que, sur ce point, mon épouse et moi ne sommes coupables de rien. En fait, ce bémol traduit seulement l'état de dégradation de nos relations. Outreau n'a pas seulement anéanti ma vie et ma renommée, il a fait voler en éclats mon couple.

Certes, pour ne pas résister à un tel maelström, sans doute y avait-il des fêlures dans la coquille de notre cocon, mais qui résisterait à une telle tourmente ? Qui n'aurait pas envie de tourner la page du passé pour regarder plus sereinement vers demain ? Or, même si j'en ai souffert, et le regrette encore, je crois que c'est ce qu'Odile, loin de moi, choisit alors de faire. Emportée par le même raz-de-marée, ne pouvant me venir en aide de là où elle était, c'est-à-dire sa famille, elle se mit à regarder ailleurs. Dans le drame d'Outreau, il y a ceux que leur conjoint(e) a soutenu et d'autres, comme moi, que les événements ont séparés.

Les événements et sans doute certains proches aussi. En se rapprochant d'autres personnes, Odile s'est en fait éloignée de moi. Dès sa libération, elle a pris du champ sans me confier pour autant ses tourments et son désir d'avoir une autre existence.

*

Début avril 2004 : le procès arrive dans moins d'un mois. Maître Delarue m'adresse un courrier me convoquant en son cabinet pour que je puisse justifier de mon absence auprès de la gendarmerie. Le compte à rebours est déclenché et une nouvelle appréhension m'étreint. Ayant, en fait, voulu reculer cette échéance, pratiquant à merveille la politique de l'autruche, je me retrouve face à une réalité qu'il m'est temps d'embrasser à bras-le-corps. Déjà, fin mars, un clerc d'huissier de justice était passé me signifier les listes des jurés, des témoins et des experts, m'infligeant un sacré coup au moral, me renvoyant au visage que si mon quotidien avait changé depuis la prison, j'étais toujours sous le coup de l'infamie. Mais aussi à la merci de cette justice qui a déjà bafoué, durant l'instruction, tant de ses principes, que malgré ma foi en la vérité, en mon avocat, la peur de ne pas parvenir à faire éclater au grand jour l'erreur judiciaire agite mes pensées.

Un autre moment me ramène dans le procès à venir : un rendez-vous dans le Nord avec un chroniqueur du *Point*. Après une interview de deux heures et demie, le journaliste, abasourdi par la maigreur des pièces ayant conduit à mon arrestation, est reparti persuadé qu'il y avait eu là une profonde atteinte aux libertés fondamentales. Sous l'effet de l'énormité de l'affaire, il ne put d'ailleurs s'empêcher de rire, s'excusant ensuite de cette hilarité. Interrogé, maître Delarue lui confirma que tout le monde savait que ce dossier était vide, ne reposait sur rien, et que si je n'avais pas effectué une grève de la faim mettant en jeu le pronostic vital, je serais toujours incarcéré.

*

Durant les derniers jours d'avril, dernière ligne droite pour moi, je passe des journées entières avec la collaboratrice de maître Delarue à m'imprégner de tous les détails du dossier. Elle me fait plancher sur les incohérences et les contradictions des « accusateurs », l'instruction bâclée uniquement à charge. En écoutant les procès-verbaux je reçois un choc : les propos de Sébastien me terrassent. Comment cet enfant que je chéris a-t-il pu employer de telles paroles ? Et interpréter des gestes de tendresse en ce sens ? A-t-on orienté, suggéré ses réponses ? S'agit-il de ses vrais mots ou de propos « remoulinés » dans le jargon policier et adulte ? Je le crois. Mais s'il dit cela, est-ce parce qu'il était jaloux de ma proximité avec Thomas ? Autre coup au cœur, j'apprends qu'il a fréquenté les enfants Delay à l'école, et que, selon le dossier, il aurait été agressé par eux sans que jamais Odile ou moi ne soyons avertis par l'établissement[1]. Dès lors, un éclair surgit en moi : le « Dave » dont il parlait, ce copain dont il employait seulement le prénom et qui le frappait « avec ses frères » c'était le fils Delay ! Si j'avais été averti de la teneur de ces exactions, peut-être aurais-je pu saisir l'ambivalence de cet enfant souffre-douleur voulant rester son copain malgré tout. Quand il me raconta, un jour, que le fameux Dave savait beaucoup de choses, que son papa était méchant, je n'avais pas réagi, croyant à des ragots de gosse, mais je pense désormais que si j'avais su, j'aurais consacré plus de temps à essayer de comprendre la fascination qu'il avait pour ce camarade perturbé. Et que si l'école nous avait alertés, nous aurions pu agir, avertir,

1. Et au procès, bien sûr, personne n'en parlera.

mettre en garde, sauver aussi tant d'existences désormais endolories.

*

Mai 2004. Me voilà prêt. Mais l'est-on jamais dans ce genre d'affaire ?

Mon hébergement est prévu chez Dany et Bertrand à compter du 3. Ceci pour être à pied d'œuvre au tribunal le 4. Une date d'autant plus ancrée à jamais en ma mémoire qu'un mois auparavant, je dus faire la route Gy-Douai pour m'entendre dire par le président de la cour d'assises : « Vous vous appelez bien Alain Marécaux, vous êtes bien domicilié chez votre nièce à Gy, vous devrez vous présenter au procès le 4 mai... Bon retour. »

Quel retour, en effet !

Chapitre 27

Ce qu'on me reproche
ou
Les mots de l'accusation

C'est le juge d'instruction Cyril Lacombe, successeur du magistrat Fabrice Burgaud, qui a signé l'ordonnance de mise en accusation en date du 13 mars 2003 devant la cour d'assises où je suis renvoyé. Un document où il est écrit que je suis mis en examen des chefs de viols aggravés sur mineurs de quinze ans, agressions sexuelles aggravées sur mineurs de quinze ans, corruptions de mineurs de moins de quinze ans dans les termes suivants :

Alain Marécaux avait épousé le 27 octobre 1987 Odile Polvelche et de leur union devaient naître trois enfants, Cécile, Sébastien et Thomas[1]*. Alain Marécaux exerçait les fonctions d'huissier de justice à la résidence de Samer tandis que son épouse intervenait en qualité d'infirmière scolaire depuis 1988 à l'EREA de la Côte d'Opale géré par le rectorat de Lille. Auparavant elle œuvrait au sein d'un laboratoire privé de Boulogne-sur-Mer. Tous deux indiquaient ne pas connaître la famille Delay, ni aucune autre des personnes impliquées dans la procédure, du moins sur un plan personnel. En effet, M. Marécaux admettait avoir eu à traiter dans son Étude un dossier de recouvrement concernant Thierry Delay.*

Le couple possédant plusieurs habitations et appartements, des perquisitions étaient organisées dans les différentes rési-

1. Pour rappel, les prénoms ont été changés.

dences qui étaient à sa disposition après que M. et Mme Marécaux aient été mis en cause pour la commission d'abus sexuels par Myriam Badaoui, Aurélie Grenon et David Delplanque. Seule une de ces opérations, celle réalisée à leur habitation principale de Samer, s'avérait positive ayant autorisé l'appréhension d'une revue gay qui se trouvait disposée à l'intérieur d'une publicité pour les jouets Playmobil, le tout ayant pris place dans une armoire garnissant la chambre conjugale. Interrogée sur la présence insolite d'une publication réservée à un public adulte, dans un document à usage exclusif des enfants, Mme Polveche expliquait que la première avait été acquise par ses soins dans l'intention de faire une blague à sa sœur ; elle ne pouvait cependant avancer d'hypothèse susceptible d'expliciter le fait que les deux revues avaient été découvertes roulées l'une dans l'autre.

Alain Marécaux et Odile Polveche devaient, au stade de l'enquête de police, puis de l'information judiciaire, nier toute implication dans les agressions de nature sexuelle qui leur étaient imputées. Cependant, Odile Polveche paraissait ébranlée après que lui aient été révélées les indications procurées par Sébastien Marécaux mettant en cause son père. Elle déclarait aux enquêteurs qui l'entendaient qu'elle prenait un gros coup de massue. Elle ne tardait toutefois pas à se ressaisir affirmant notamment que sa tentative de suicide récente n'avait aucun rapport avec d'éventuels abus sexuels, étant seulement la conséquence de ce qu'elle se sentait de trop à la maison. Elle n'avouait qu'avec beaucoup de pudeur les difficultés rencontrées au sein de son couple, alors que leur vie sexuelle s'avérait être en réalité un échec et qu'elle vivait dans la crainte des réactions parfois brutales de son conjoint : « Il ne faut pas l'énerver », disait-elle à son sujet.

Personnage ambivalent, Alain Marécaux donnait de lui dans la vie professionnelle une image positive et sereine. Il était de ce fait apprécié du personnel de l'Étude, à l'égard duquel il semblait conserver toute la distance nécessaire. Au contraire, dans la vie familiale, celui-ci apparaissait sous un jour despotique, tant à l'égard de son épouse, que de ses enfants.

Au moment de l'enquête, Alain Marécaux avait cherché à modifier son apparence physique. L'artisan coiffeur chez lequel il se rendait habituellement confirmait en effet que ce n'était qu'au début de l'année 2001 que son client avait exigé une coupe plus courte tandis que jusqu'à cette période sa préférence allait à une coupe en brosse. De même, celui-ci, dans le même temps, s'affichait avec des longueurs de barbe variables au lieu de s'en tenir à la taille courte qu'il affectionnait depuis plusieurs années. Or, selon le témoin, cela avait eu pour conséquence de modifier substantiellement les contours de son visage. Alain Marécaux faisait état de la simple nécessité à l'époque donnée de rafraîchir sa coupe de cheveux, tandis qu'Odile Polveche évoquait l'indispensable régénération de la couleur de sa chevelure après l'échec d'une tentative de coloration réalisée par ses soins et qui avait malencontreusement échoué.

Alain Marécaux était mis en cause par plusieurs victimes. Entendu le 17 juillet 2001 par les services de police du commissariat de Boulogne-sur-Mer, Dave Delay s'exprimait à son sujet de la façon suivante : « Je connais la personne portant le n° 14, j'ignore son nom, c'est M. Marécaux, son fils se prénomme Sébastien, il m'a fait des manières partout sur le corps. » Ce faisant, l'enfant commettait une erreur, le portrait n° 14 ne correspondant pas à M. Marécaux mais à M. Godard, tandis que M. Marécaux figurait au 25ᵉ rang de l'album. Néanmoins, par la suite, l'enfant procurait à la gardienne en assurant la charge des précisions significatives : Madame s'appelle Odile, ils ont une maison à Wirwignes, Monsieur serait huissier, son cabinet serait à Samer, le couple a trois enfants.

Seul dans un premier temps à porter des accusations à l'encontre d'Alain Marécaux, ses frères Dirk, Karim et Johnny n'ayant manifesté aucune réaction au vu du portrait du mis en examen lors de la présentation de l'album photographique, il était néanmoins rejoint par la suite par Johnny Delay, qui, concernant M. Marécaux, apportait des modifications substantielles à ses déclarations initiales. Celui-ci indiquait que le mis en cause faisait pareil que son père et que Franck. « Il mettait son zizi dans mon derrière et dans ma bouche. » Seul, en définitive, Karim Delay persistait à affirmer ne pas avoir eu à souffrir du comportement de ce mis en examen.

Mais, l'élément déterminant au plan de la conviction était l'identification immédiate par Dave Delay, sur l'album photographique qui lui était présenté, de l'usage conféré aux différentes pièces de l'habitation principale du couple. Cette démarche de l'enfant démontrait sans aucun doute qu'il s'y était effectivement rendu comme il l'avait prétendu et annihilait au surplus les affirmations de M. Marécaux sur son absence de fréquentation du couple Delay. Des indices supplémentaires venaient d'ailleurs étayer cette assertion.

Ainsi, Cécile Marécaux identifiait sur l'album photographique qu'on lui présentait la personne de sexe féminin numérotée 8 (Sandrine Lavier) indiquant à son sujet : qu'elle est venue une fois à la maison, elle a parlé avec papa et maman mais elle n est pas rentrée, tandis que Sébastien Marécaux en faisait de même avec l'individu de sexe masculin référencé 3 (Thierry Dausque) précisant à son endroit : cet homme se faisait appeler Giovanni il est venu manger avec sa femme et il nous a raconté une blague avec des gros mots... Or, l'on ne peut qu'être surpris qu'un huissier de justice, que l'on disait par ailleurs assez méprisant pour l'ouvrier, ait été conduit à fréquenter des personnes de milieux si différents et qui surtout se trouvaient toutes impliquées dans le même contentieux d'abus sexuels. Ce d'autant qu'Alain Marécaux devait être également mis en cause par Alice Lavier qui à son sujet faisait état des faits suivants : « Le Monsieur avec le 25, il m'a fait sucer sa quéquette, on avait été très loin en voiture, il disait putain et ta gueule. »

Son fils Sébastien, pour l'accomplissement sur sa personne de caresses sexuelles. L'enfant indiquait en effet aux enquêteurs que son père prenait place dans son lit et s'allongeait sur lui, son sexe en érection. De même, il lui tirait le zizi. Devant le magistrat instructeur, Sébastien avait confirmé les termes de ses déclarations initiales, étant en mesure de préciser que l'érection intervenait après que son père l'ait caressé au niveau du sexe. La relation qu'il faisait de ces gestes venait en écho des déclarations de sa sœur Cécile qui avait reconnu aux services sociaux en ayant eu la charge qu'il était habituel de sanctionner les enfants en les contraignant à se déshabiller intégralement.

Myriam Badaoui accusait Alain Marécaux d'avoir pris une part active à des scènes collectives de débauche sans être en mesure néanmoins d'en indiquer le nombre. Selon elle, quatre enfants avaient été victimes de ces agissements : Dave et Johnny Delay, Natacha et Geoffrey Delplanque, ce que confirmait également Aurélie Grenon, même si cette dernière limitait le nombre des scènes auxquelles elle avait assisté à deux.

Aucun élément probant n'était cependant réuni venant corroborer les agressions sexuelles dénoncées par Myriam Badaoui et Aurélie Grenon sur les enfants Natacha et Geoffrey Delplanque. De même, aucun élément n'est venu étayer sa culpabilité à l'endroit des enfants Karim et Johnny Delay, de même que Sébastien Marécaux. Aussi, Alain Marécaux bénéficiera d'un non-lieu partiel pour ces faits, tandis que sera ordonné son renvoi devant la juridiction de jugement concernant les gestes dont ont été victimes Dave et Johnny Delay, de même que Sébastien Marécaux. Relativement au dernier mineur nommé, il convient de relever que le renouvellement des actes accomplis sur sa personne apparaît suffisant pour établir leur caractère délibéré et la finalité sexuelle poursuivie par leur auteur sans que celui-ci puisse prétendre qu'il se soit agi de gestes involontaires dépourvus de caractère lubrique. Il conviendra, par conséquent, de renvoyer devant la cour d'assises du Pas-de-Calais Alain Marécaux, pour les faits de viols aggravés, agressions sexuelles aggravées sur mineurs de quinze ans.

Ordonnons la mise en accusation devant la cour d'assises du Pas-de-Calais de Alain Marécaux : Pour avoir à Outreau, Samer, courant 1998 à courant 2000 et en tout cas sur le territoire national et depuis temps non couvert par la prescription, et de même en Belgique au préjudice de victimes mineurs, de nationalité française : Par violence, menace, contrainte ou surprise, commis des actes de pénétration sexuelles en l'espèce des actes de sodomie et de fellations constitutifs de viols sur les personnes de Dave Delay, né le 18.09.92, Johnny Delay né le 23.05.94, avec cette circonstance que les faits ont été commis sur des mineurs de quinze ans, faits qualifiés de viols aggravés. Commis des atteintes de nature sexuelle par violence, contrainte, menace ou surprise sur les personnes de Dave Delay, né le 18.09.92, Johnny Delay né le 23.05.94, avec ces circonstances que les faits ont été commis par plusieurs personnes agissant en qualité d'auteur ou de complice, sur des mineurs de quinze ans, faits qualifiés d'agressions sexuelles aggravées sur mineur de quinze ans. Commis des atteintes de nature sexuelle par violence, contrainte, menace ou surprise sur les personnes de Sébastien Marécaux, né le 30.04.92, avec ces circonstances que les faits ont été commis par l'ascendant légitime de la victime, sur un mineur de quinze ans, faits qualifiés d'agressions sexuelles aggravées sur mineur de quinze ans.

*

On le voit, le texte est d'une violence rare, les accusations proférées contre moi gravissimes, mais je ne voulais pas, dans ce livre de vérité, les passer sous silence. Parce qu'il faut en permanence les avoir en mémoire pour mieux appréhender le déroulement du procès d'Outreau et apprécier la façon dont elles volent en éclats au fil des audiences et des revirements des délateurs. Car de telles accusations, rédigées avec la froideur en apparence objective du jargon judiciaire, ont été portées contre tous les inculpés innocents de ce dossier monté de bout en bout.

Cette ordonnance de mise en accusation devant la cour d'assises du Pas-de-Calais étant frappée d'un appel déposé par mon avocat en date du 17 mars 2003, avec mémoire déposé au greffe de la chambre d'instruction de la cour d'appel de Douai en date du 3 juin 2003, pour expliquer que les éléments avancés ne prouvaient rien, la chambre de l'instruction a rendu un nouvel arrêt en date du 1er juillet 2003. Où il est écrit :

Attendu qu'Alain Marécaux, qui apparaît avoir cherché au moment de l'enquête, à modifier son apparence en se faisant couper les cheveux plus ras et tailler sa barbe différemment ainsi que l'a affirmé son coiffeur, a été mis formellement en cause par Dave Delay, pour l'avoir sodomisé et lui avoir imposé des fellations, dans des déclarations particulièrement précises, dont son assistante maternelle avait reçu la confidence ; Que Johnny Delay a également mis en cause de manière circonstanciée Alain Marécaux pour l'avoir sodomisé à plusieurs reprises et lui avoir imposé des fellations ; Que Dave Delay, qui a affirmé s'être rendu chez Alain Marécaux, conduit sur place par le taxi Martel, a reconnu sur l'album photographique qui lui était présenté la maison de l'habitation de l'huissier et les pièces où les faits s'étaient déroulés, en présence notamment de Thierry Dausque et de Dominique le curé ; Que la présence de Thierry Dausque au domicile d'Alain Marécaux a été confirmée par le propre fils de ce dernier Sébastien Marécaux qui a indiqué que Thierry Dausque était venu manger chez eux avec sa femme ; Que Cécile, la fille d'Alain Marécaux a également reconnu Sandrine Legrand épouse Lavier pour s'être une fois rendue au domicile d'Alain Marécaux ; Attendu que cet élément peut être rapproché de la déclaration d'Alice Lavier, fille de Sandrine Legrand épouse Lavier, qui indique qu'Alain Marécaux lui avait fait « sucer sa quéquette », faits pour lesquels celui-ci n'a d'ailleurs pas été mis en examen ; Attendu que les faits décrits par Johnny et Dave Delay, lesquels se sont déroulés aussi bien au domicile des époux Delay qu'à celui des époux Marécaux ou en Belgique ont été corroborés par Myriam Delay, Aurélie Grenon, David Delplanque, Daniel Legrand (fils), avant sa rétractation ; Qu'il convient donc de confirmer l'ordonnance entreprise en ce qu'elle n'a pas retenu comme victimes des agissements d'Alain Marécaux, Karim, Dirk Delay, mais a considéré qu'il existait des charges suffisantes à son encontre s'agissant des faits commis sur Johnny et Dave, ainsi que sur son propre fils, Sébastien, dont les déclarations constantes et précises font état d'attouchements sexuels qui ne peuvent être considérés comme un simple jeu entre un père et son fils ; En conséquence, il résulte contre Alain Marécaux, charges suffisantes : D'avoir à Outreau et Samer, de courant 1998 à novembre 2000, en tout cas sur le territoire national et de même en Belgique au préjudice de mineurs de nationalité française, depuis temps non couvert par la prescription, par violence, contrainte, menace ou surprise, commis des actes de pénétration sexuelle de quelque nature qu'ils soient sur Dave et Johnny Delay, avec ces circonstances que ces viols ont été commis par plusieurs personnes agissant en qualité d'auteur ou de complice et sur des mineurs de quinze ans ; Commis des atteintes sexuelles par violence, contrainte, menace ou surprise sur Dave Delay, Johnny Delay avec ces cir-

constances que ces agressions sexuelles ont été commises par plusieurs personnes agissant en qualité d'auteur ou de complice, sur des mineurs de quinze ans ; Commis des atteintes sexuelles par violence, contraintes, menace ou surprise sur Sébastien Marécaux, avec ces circonstances que ces agressions sexuelles ont été commises sur mineur de quinze ans par ascendant ; Statuant à nouveau, ordonne la mise en accusation et le renvoi devant la cour d'assises du Pas-de-Calais, pour y être jugés, conformément à la loi, de Alain Marécaux des chefs de viols sur mineurs de quinze ans, en réunion, agressions sexuelles sur mineurs de quinze ans, en réunion, agressions sexuelles sur mineur de quinze ans par ascendant.

*

Cet arrêt fit à nouveau l'objet d'une réaction juridique de maître Delarue, avec un pourvoi en cassation. Sur ce point, la cour de cassation, chambre criminelle, a rendu l'arrêt suivant en date du 15 octobre 2003 :

Attendu que les motifs de l'arrêt attaqué mettent la cour de cassation en mesure de s'assurer que la chambre de l'instruction, après avoir exposé les faits et répondu comme elle le devait aux articulations essentielles des mémoires dont elle était saisie, a relevé l'existence de charges qu'elle a estimées suffisantes contre Alain Marécaux, pour ordonner son renvoi devant la cour d'assises sous l'accusation, notamment de viols et agressions sexuelles aggravées et de complicité. Qu'en effet, les juridictions d'instruction apprécient souverainement si les faits retenus à la charge de la personne mis en examen sont constitutifs d'une infraction, la cour de cassation n'ayant d'autre pouvoir que de vérifier si, à supposer ces faits établis, la qualification justifie la saisine de la juridiction de jugement ; Que, dès lors, les moyens ne peuvent qu'être écartés ; Et attendu que la procédure est régulière et que les faits, objet principal de l'accusation, sont qualifiés crime par la loi ; Rejette les pourvois.

*

Derrière la barrière du langage administratif, derrière les accusations portées par des adultes dérangés et des enfants qui le sont autant, ce sont donc dix-sept personnes, censées être impliquées dans un vaste réseau de pédophilie ayant des ramifications en Belgique, qui sont poursuivies pour « viols aggravés » et/ou « viols avec actes de barbarie sur mineurs de moins de quinze ans » et/ou de « proxénétisme ». Dont treize, sans se connaître ni le savoir, clament leur innocence depuis le début de leur incarcération. Dont treize contestent ces propos et documents ignominieux, treize innocents qui, comme moi – mais nous ne le découvrirons qu'au fil des jours –, ont beaucoup perdu si ce n'est tout en tombant dans les filets de cette instruction. Autant de mis en examen qui risquent entre vingt ans de réclusion criminelle ou la perpétuité pour les faits les plus graves. Autant de vies en équilibre pour des charges reposant exclusivement sur des déclarations d'enfants et sur les assertions de Myriam Badaoui, lesquelles ont plusieurs fois varié dans le temps et continueront à changer durant le procès.

Comme l'a résumé mon avocat en lisant tous les documents officiels : « Pour une très large part, ce dossier a été monté de toutes pièces. Nous sommes dans une sinistre fable et une sinistre farce. Ce dossier ne tient pas. Il n'y a rien, pas une preuve ou un début de semblant de preuve matérielle. Mieux, les éléments matériels et scientifiques recueillis, comme les constatations médicales opérées, discréditent totalement l'accusation. »

Chapitre 28

À l'approche des audiences
ou
L'appréhension

Pour avoir à nouveau étudié la totalité du dossier avec la collaboratrice de maître Delarue la veille du premier jour du procès, moi qui ai quelques notions de droit et un peu de recul, je suis dégoûté. Écœuré de constater à nouveau que la charge de la preuve a été inversée et la présomption d'innocence en permanence battue en brèche. Que le dossier en question a été truffé de détentions provisoires inutiles. Que le réseau « belge » évoqué est introuvable, tout comme les fermes où des actes de viols et des scènes de zoophilie sur des enfants auraient été commis. Sans parler de la petite fille belge censée avoir été battue à mort, selon ceux qui m'accusent. En somme que de multiples déclarations invraisemblables ont été prises pour argent comptant alors que d'autres n'ont pas bénéficié de l'once d'une preuve. Bref, que cette affaire repose de bout en bout sur des sables mouvants mais qu'on n'a pas voulu s'en rendre compte.

Vers qui va ma colère ?

En aucun cas, évidemment, aux victimes, à savoir Dave et Johnny, qui, s'ils m'ont mis injustement en cause, restent à mes yeux des enfants perdus, en pleine douleur et désarroi parce qu'agressés sexuellement pendant plusieurs années.

Vers mon fils Sébastien, dont les propos sont sans fondement mais me troublent au plus profond ?

Évidemment non, même si je regrette que sa propension à l'affabulation se retourne contre moi, si je déplore qu'il ait mal

– ou qu'on lui ait mal fait comprendre – interprété des jeux anodins. En fait, j'en arrive à me demander, après ses déclarations, si on ne l'a pas, involontairement ou maladroitement, conduit à dire de telles choses. Et là, je ne peux m'empêcher de penser à certains membres de l'entourage d'Odile qui ne m'aiment guère. J'en veux pour preuve des lettres détestables qui me sont adressées depuis le début de mon incarcération. Même si leur intention n'était sans doute pas d'orienter les propos de mon petit garçon, du moins je l'espère, je pense que le climat délatoire dans lequel mon fils baignait a dû favoriser ce malaise, mon épouse préférant, elle, rester dubitative et incrédule.

Oui, évidemment, et on l'aura compris, ma colère est dirigée contre ceux qui ont précipité tant d'existences dans la tourmente. Celle-ci cessera-t-elle un jour ? Je l'espère, bien sûr, mais le spectre de l'erreur judiciaire hante toujours mes dernières heures avant le sommeil.

*

Après une nuit à l'hôtel, je passe à nouveau la journée à consulter les PV. En soirée, mes sœurs viennent me chercher. Au cours de la discussion, Dany m'alerte sur un point : elle a vu Sébastien et Cécile, qu'elle rencontre régulièrement, et les trouve en train de changer. Pour elle, mes enfants sont l'objet de pressions psychologiques afin que, peu à peu, ils m'oublient. Mes craintes se concrétisent-elles ? Je m'interroge. En tout cas, je ne comprends pas l'attitude de l'entourage d'Odile, ayant le sentiment d'avoir toujours été un beau-fils respectueux. Souhaite-t-on lui faire tirer un trait sur son passé ou me charger pour qu'elle s'en sorte ?

Afin d'éviter un maximum de frais, je me suis donc rapproché de Saint-Omer, siège de la cour d'assises du Pas-de-Calais, en demeurant sur Bailleul chez Dany. J'occupe la chambre libérée par ma nièce, Stéphanie, devenue vétérinaire, et m'apprête à partir tous les jours vers 8 heures pour une audience fixée à 9 h 30, et rentrer le soir entre 19 heures et 21 heures. Je sais tout cela, mais surtout je sens la peur monter, l'angoisse que ma totale innocence ne soit pas mise en évidence, reconnue. Et, à chaque instant, passent et repassent dans ma tête, à quelques heures de ce procès où va se jouer mon destin, les multiples pièces de ce puzzle d'horreurs dont la plupart ne s'emboîtent pas.

Chapitre 29

Le procès, Acte I, scène 1
ou
Les trois coups

La cour d'assises du Pas-de-Calais se situe à Saint-Omer, ville de moyenne importance nantie d'un palais de justice à l'ancienne. Les services du greffe se trouvent au rez-de-chaussée et la salle de la cour d'assises au premier étage. La donne, pour cette affaire très médiatisée, est exceptionnelle. N'y a-t-il pas à la clef un « grand procès de pédophilie » impliquant un « réseau international » de cassettes vidéo avec des ramifications en Belgique (jusqu'à Ostende) ? Un réseau composé de « notables », dont un huissier de justice et son épouse, un supposé gérant de sex-shops, un chauffeur de taxi, une boulangère et un curé ? L'audience se déroule dans la salle d'assises « habituelle », avec, au centre, le président, entouré de trois assesseurs, et, de chaque côté, un jury composé de neuf jurés et de suppléants éventuels. L'avocat général, qui n'est autre que le procureur de la République de Boulogne-sur-Mer, siège dans le box prévu sur le côté droit, assisté d'une jeune collaboratrice, tandis que les places du greffier et de l'huissier audiencier sont réservées.

*

Quand débute le cérémonial de souveraineté très solennel annonçant le début d'audience avec sa sonnette retentissante, un huissier de service annonçant « la Cour » et une entrée théâtrale du président tout habillé de rouge et d'hermine, suivi de ses assesseurs et des jurés devant un public prié de se lever, je suis pris de frissons.

Ce décorum, j'en ai rêvé quand j'étudiais le droit, mais je n'aurais jamais imaginé être, moi, au banc des accusés. Et encore, le terme est usurpé puisque les accusés sont disséminés dans les premiers rangs de la salle réservée au public, accompagnés de leurs défenseurs, alors que les boxes nous étant initialement destinés sont occupés par les nombreux avocats des parties civiles, associations diverses d'aide à l'enfance ayant décidé de se joindre au ministère public contre nous. Les rangs du fond sont, quant à eux, réservés aux journalistes et aux membres de la famille, sans oublier quelques places pour le public.

Évidemment, cette salle est trop exiguë pour contenir tout ce monde. Dès lors, la salle du premier étage donnant, elle aussi, sur celle des pas perdus, va servir à la retransmission vidéo des audiences, vite déplacée, en cours de procès, sous une grande tente installée dans la cour du tribunal. Pour accéder à l'étage, il faut montrer « patte blanche », présenter le contenu des sacs, déposer son téléphone portable auprès des services de police, puis passer sous un portique détectant les métaux. Les accusés libres ont droit, en plus, à une palpation, sans doute pour leur rappeler qu'ils sont d'anciens « détenus » et qu'il ne faut pas perdre « les bonnes habitudes de la maison d'arrêt ». Sait-on jamais !

*

Le premier jour, rendez-vous de bon matin à Bailleul pour un départ groupé : Dany, son mari Bertrand, Jacques, un ami de la famille, mon ancien directeur de centre aéré, Sylvie ma meilleure amie, mon autre sœur Thérèse et son fils Damien sont là. Nous rejoignons maître Delarue et sa collaboratrice à Saint-Omer, puis filons vers la cour d'assises.

La petite rue du tribunal est interdite à la circulation et deux policiers en faction aux extrémités contrôlent chaque personne désirant accéder. Il y a là une cohorte de journalistes avides de commentaires, munis de caméras et d'appareils photo. Les flashes crépitent de partout. Un très important service d'ordre escorte les dix-sept accusés, leurs avocats, une trentaine de jurés, cent cinquante témoins divers, des membres des familles. La cohue est indescriptible, mais je peux toutefois apercevoir dans la foule des membres de ma belle-famille que, par politesse, je vais saluer, obtenant un rictus pour unique réponse. J'ai chaud au cœur, en revanche, quand je vois mon aîné Thomas et d'ex-collaborateurs de mon Étude : Josiane, Olivier, Catherine et mon successeur maître Marguerite. Je parviens également à échanger quelques mots avec mon meilleur ami Hervé, huissier de justice à Calais, ainsi que mon président de chambre, les époux Lepers, également mis en cause de façon persistante par de nombreuses personnes et enfants, des relations de Samer et notre médecin de famille, le docteur Chemin, à qui Sébastien, selon les PV, aurait « fait des confidences » sur moi[1]. Je croise également des avocats de Boulogne-sur-Mer avec qui j'entretenais d'excellentes relations, lesquels sont pour certains défenseurs de mes principaux accusateurs. Sans aucune animosité pourtant, nous nous saluons.

À l'intérieur, je m'installe dans la partie droite de la salle d'audience, à la deuxième rangée. Avec à ma gauche maître Delarue et à ma droite un siège qui me sépare de mon épouse et de son avocat. Comme Odile me parle à peine, je me demande ce qu'elle a encore à me cacher ? D'autres aventures ? Mais je m'en moque, étant mis au parfum depuis la lecture du dossier.

La journée commence par la désignation du jury, chaque juré appelé à la barre pouvant être récusé par les avocats de la défense, selon son profil ou sa profession. Ainsi, j'apprends que les agents de sécurité sont systématiquement écartés, parce qu'ils se croient investis d'un pouvoir de police qu'ils n'ont pas. Ensuite, le président Monier appelle les témoins de moralité des accusés et, à chacun d'eux, donne la date et l'heure de la compa-

1. Il est important de préciser d'emblée, mais j'y reviendrai bien sûr, qu'interrogé officiellement, celui-ci a nié avoir reçu la moindre déclaration de mon fils m'accusant de quoi que ce soit. Quant à un autre médecin ayant reçu le même type de confession, personne ne sait de qui il s'agit. N'aurait-il pas été utile aux enquêteurs de vérifier d'emblée ces deux points pour constater le caractère farfelu des propos de cet enfant ?

rution, faisant de même ensuite avec les experts. Des procédures qui nous conduisent jusqu'à midi et demie, où je déjeune avec mon avocat et certains de ses confrères. L'audience reprend en début d'après-midi pour la lecture, par les deux greffiers et à tour de rôle, de l'arrêt de renvoi devant la cour d'assises. Un pensum de plus de cent quarante pages d'une si affligeante monotonie qu'il s'avère difficile de maintenir son attention. Quand la litanie terrifiante des accusations s'achève, je souffre d'un atroce mal de tête et rêve de regagner le domicile de Dany et Bertrand, où nous passerons la soirée à commenter cette première journée.

Chapitre 30

Le procès, Acte I, scène 2
ou
Le défilé des accusés

Deuxième jour. Une journée rude et pénible, entièrement consacrée à l'audition de sept des accusés et de leurs témoins. Avec, comme point d'orgue et entrée en matière, un show terrifiant et incohérent de la principale accusatrice, Myriam Badaoui elle-même.

La prestation de l'épouse Delay fait froid dans le dos : follement audacieuse, armée d'une assise incomparable, elle est complètement fantasque. Défendue par maître Pascale Pouille, qui se fait invectiver par ses confrères de la défense la qualifiant d'emblée d'avocat général bis tant elle tire tous azimuts pour éloigner sa cliente du centre de la cible, cette femme me paraît encore plus perturbée et mythomane que lors de notre confrontation. Toujours est-il qu'accusée de viols, d'actes de torture et de proxénétisme, elle admet avoir abusé de ses propres enfants. « Ce ne sont pas des menteurs », assène-t-elle en ajoutant qu'ils ont été violentés par elle mais aussi par tous les accusés présents dans la salle. Comme, de mon côté, je sais que c'est faux, j'en arrive à me demander si c'est la même chose pour les autres. Son avocate, de son côté, tente de la défendre comme elle peut, en diluant sa responsabilité et en faisant « porter le chapeau » à son époux. Elle insiste lourdement sur le fait que Myriam Badaoui a énormément souffert et a tenté sans succès d'informer les services sociaux des sévices que subissaient ses quatre garçons. Nous avons également droit au récit de son enfance et d'un épisode où elle aurait été violée, « vendue » à des hommes et, par la suite, mariée de force à un cousin. Les haut-le-cœur ne sont pas loin.

Nous entendons ensuite les témoignages en faveur des époux Lavier, des voisins de Myriam, Roselyne Godard, la boulangère ambulante qui faisait des tournées dans le quartier de la Tour du Renard, David Brunet et Karine Duchochois, un autre couple de voisins, et pour terminer Thierry Delay.

Il appert en fait de ces premières auditions qu'il n'est pas possible de croire aux délires de Myriam Badaoui. Nous avons en effet vu défiler plusieurs catégories de témoins très différents dont certains avaient l'accent typique du Boulonnais et d'autres non, un peu plus stylés. Je pense notamment à un témoin de dernière minute en faveur de Karine Duchochois : la maman de son nouveau compagnon, retraitée de l'Éducation nationale. Et pour moi, qui viendra ?

En tout cas l'audience, terminée à 19 heures 30, me laisse épuisé et pressé de retourner chez les miens. Il est vrai que le lendemain c'est à moi d'entrer dans l'arène.

*

Ce jour-là, tout commence par l'audition des témoins de l'abbé Dominique Wiel, dont je trouve les déclarations percutantes. Je reconnais d'ailleurs l'ancienne première adjointe du maire de Samer, que j'avais rencontrée alors qu'elle était responsable des logements sociaux de sa commune et qui nous avait trouvé notre premier logement, à Odile et à moi, dans une cité HLM à l'époque où nous étions désargentés. Par la suite, elle m'avait fait travailler, notamment en cas de loyers impayés. Du prêtre, il ressort en tout cas une image d'homme intègre, toujours disponible, ayant sans cesse consacré sa vie aux autres. Les témoins de Pierre Martel, eux, sont tout autant émouvants, notamment sa fille et son épouse, une famille ayant aussi beaucoup souffert. Suit l'étude de personnalité de Thierry Dausque, un garçon timide, invisible presque, qu'on n'entend jamais. Après, c'est mon tour.

*

Quand arrive le moment de passer à la barre, je m'impose une élocution correcte, claire, pour que tout le monde me comprenne bien. J'évoque ma jeunesse, ma scolarité sans problème, ma fierté d'être un maillon de la justice, mon Étude qui fonctionnait... un discours qui se brise quand j'en viens à évoquer mes enfants. Là, je m'effondre, déclarant que « ma vie était cassée et que je n'attendais plus qu'une chose, retrouver mon honneur et ma famille ».

De retour à ma place, j'assiste à l'audition de mes témoins : mon successeur au sein de l'Étude, mon ex-comptable Josiane, mon ex-clerc principal Olivier, mon ex-secrétaire Catherine, mon président de chambre, mon meilleur ami et confrère Hervé, ma nièce Sandrine chez qui j'ai habité plusieurs mois, mes sœurs, mon beau-frère Bertrand, Sylvie, ma meilleure amie connue au lycée à l'âge de seize ans, Jacques mon ex-directeur de centre aéré avec qui j'ai exercé les fonctions d'animateur durant huit ans, et Laurence, une amie de faculté. Attentif, je reçois avec émotion leurs différents propos, sensible à l'affection que tous viennent affirmer en public alors que je suis assis sur les bancs de l'infamie. J'apprends différentes choses aussi : que mon successeur a gardé tous les clients de l'Étude ; que ma nièce est fière de l'amour que ses enfants me portent, moi qui me suis bien occupé d'eux, au point de les laver, de jouer la « baby-sitter » parfaite. Enfin, lorsque Dany évoque le décès de maman, morte de chagrin pour moi, je ne peux m'empêcher de rester cloué sur mon siège, secoué par les sanglots, alors que la salle se vide.

En rejoignant, les jambes chancelantes, les journalistes qui m'attendent, je ne sais que dire, trop pressé de quitter cette atmosphère pesante et d'aller prendre un remontant. Mais là, un nouveau rebondissement dramatique me prend à la gorge : Thérèse m'avertit que mon fils aîné a essayé de se suicider en avalant des lames de rasoir. J'y devine un nouvel appel au secours urgent, mais je ne peux rien faire, étant coincé là, incapable d'aller le voir à l'hôpital à cause du procès. Thomas et moi vivons en symbiose et il ne supporte pas ce qui m'arrive, comme il me le confie peu après au téléphone. Là, j'ai à nouveau envie de mordre, tout ceci me rappelant que l'on a touché à mes enfants !

L'écho de la presse relatant cette journée paraît plutôt flatteur : nous sommes tous décrits par les témoins comme des gens « parfaits » à « l'enfance heureuse, généreux, gentils, honnêtes, intègres ».

*

Odile, entendue le jour suivant, bouleverse la cour d'assises. Alors que je viens de l'informer de la tentative de suicide de notre fils, elle pleure à la barre en expliquant combien, dans ces circonstances, témoigner lui sera difficile, puisque elle-même a osé un tel geste, tentative dont elle m'impute une part de responsabilité pour m'être trop investi dans mon travail et l'avoir négligée. Elle fait citer en tant que témoins sa maman, son beau-frère Arnaud et une collègue de travail du lycée où elle a été infirmière scolaire, dont le témoignage ne plaide pas en ma faveur puisque je suis, à ses yeux, un mari absent. Ce dont j'accepte la critique et que je regrette amèrement.

Je suis prêt à reconnaître tous mes torts conjugaux quand un rebondissement imprévu survient : là, devant tout le monde, sans m'avoir jamais averti de quoi que ce soit ou donné une chance de changer, ma femme déclare qu'elle veut me quitter. D'un coup, le monde s'écroule. J'étais sur le point d'admettre des erreurs, mais je ne m'attendais pas à être puni à ce point. Encore une fois, je pleure beaucoup, réalisant seulement en ces lieux solennels que je n'ai pas su rendre mon épouse heureuse, étant trop absorbé par mon travail, trop sévère peut-être, trop absent c'est sûr. Mais au fond de moi une petite voix se demande pourquoi : pourquoi une telle annonce dans un tel endroit ? Dois-je vraiment boire le calice jusqu'à la lie ?

*

Surviennent ensuite les témoins de Christian Godard, plus connu sous le vocable du « mari de la boulangère », qualifié d'homme honnête et droit. Ensuite apparaissent les Legrand Daniel, père et fils. Le premier est carrément soupçonné d'être le chef d'un réseau international de pédophilie, ainsi que le propriétaire de nombreux commerces et autres biens, alors qu'il n'a même pas su garder sa petite maison et a failli être expulsé. Il suffit d'observer cet ouvrier métallurgiste de condition très modeste pour se rendre compte que ce qui a été colporté sur lui relève de l'invraisemblable. Quant à son fils, il est bien trop jeune pour avoir commis ce dont on l'accuse.

Enfin entre en scène Aurélie Grenon, l'un des trois dénonciateurs des autres adultes, sorte d'alter ego de Myriam Badaoui. Son audition est différente des précédentes, puisque seul son nouveau compagnon est appelé à témoigner, avec des déclarations floues, empreintes de doutes. Personnellement, je me demande comment cette femme, qui a avoué des viols sur enfants, peut être en liberté tandis que des innocents restent, eux, en prison ? Et là, je réalise ma chance d'avoir été remis en liberté après vingt-trois mois de détention. Ma conviction de ne plus jamais y retourner ne peut que s'accroître en constatant toutes ces incohérences.

*

Avant d'entrer dans les méandres du dossier, il reste à entendre David Delplanque. Qui n'a fait citer aucun témoin, reste secret, apparaît comme un si grand timide que je me demande comment il a fait pour en arriver là. En constatant que peu de questions lui sont posées sur sa personnalité, j'en conclus que tout le monde attend avec impatience l'étude des faits.

Chapitre 31

Le procès, Acte I, scène 3
ou
Place aux « faits »

« Les faits, tous les faits, rien que les faits. Avec preuves à l'appui... » Telle devrait être la logique d'une enquête bien menée ? Mais, en la circonstance, alors que tout le monde – jurés, avocats, journalistes et accusés innocents – attend de se forger une opinion, les fameux « faits » vont se révéler être un peu dénués de réalité.

Quand débute l'interrogatoire de Thierry Delay, celui-ci commence par nier en bloc, « contestant tous les faits », se contentant, interrogé sur le nombre de godemichés retrouvés dans son appartement, d'affirmer qu'ils servaient à son seul usage personnel. En fait, ses réponses les plus fréquentes sont « je ne sais pas », « je ne me souviens pas », « je ne peux pas vous dire », refus de parler qui suscite un brouhaha dans la salle et pousse le président Monier à ordonner une suspension de séance de dix minutes.

À la reprise, alors que depuis le début Thierry Delay tente de faire croire à son innocence, se retranchant même derrière l'argument d'une vengeance personnelle de sa femme pour expliquer les accusations proférées contre lui, un coup de théâtre a lieu. Lorsque son avocat lui demande s'il ne veut pas enfin se décider à soulager sa conscience, Thierry Delay répond qu'il a honte et a bien violé ses quatre enfants Dave, Karim, Johnny et Dirk, en précisant jusqu'à la fréquence de ces faits odieux : « Deux, trois fois par semaine ». Poussant plus loin cette nouvelle – et espérée – politique de vérité, il se met à disculper l'ensemble des autres accusés, à l'exception de son épouse, de David Delplanque et d'Aurélie Grenon. L'homme, à la différence de sa femme, n'avait jamais accusé à tort, préférant jouer les amnésiques ; ses propos explosent comme une bombe. Dans la salle, la rumeur est perceptible. Sur le banc des prévenus, tandis que Myriam gesticule et s'agite à sa place, treize d'entre nous, au fond d'eux-mêmes, poussent un premier soupir de soulagement. En moi, une lueur nouvelle se fait : celle qui m'annonce peut-être la fin du tunnel.

Répondant aux questions des avocats des accusés qu'il disculpe, Thierry Delay persiste et signe. Quand j'entends maître Delarue lui demander si j'ai participé aux faits de viols et lui répondre « non », la bouffée d'air frais ressentie me grise un instant. Je le sais : ce témoignage donne un nouveau tournant à l'affaire et je suis soulagé d'entendre la vérité révélée par la bouche même d'un des agresseurs avérés, « amnésique pendant trois années » ! C'est un virage d'autant plus incroyable qu'il lui a fallu moins d'une semaine pour admettre la supercherie et dédouaner des innocents, alors que trois ans d'instruction n'auront pas permis de lui faire reconnaître ses méfaits.

*

Lundi 10 mai 2004. Myriam Badaoui, qui se déplace avec des béquilles, passe à la barre. Va-t-elle suivre la voie de la sagesse prise par son mari ? Hélas non : persistant dans ses déclarations à géométrie variable et sa stratégie de défense consistant à attaquer les autres, elle continue à affirmer que tous les accusés présents dans la salle sont coupables. Premier bémol toutefois, elle revient sur d'anciennes vilenies, admettant que les autres intervenants dans la procédure sont innocents, sauf le médecin de famille, le docteur Leclerc. Son témoignage, digne d'une parfaite comédienne, commence pourtant à en ébranler certains. Son caractère plus diabolique que jamais, pétri de contradictions et d'agressivité, suscite maintes interrogations. Il me semble même que la Cour commence à se faire une idée plus précise de la personnalité de cette femme quand elle se fend d'un énième revirement, en avouant mentir puis dire la vérité en même temps ! Elle tient en outre des propos effroyables, n'hésitant pas, en parlant du viol de ses enfants, à avouer sans honte au micro y avoir pris du plaisir. Déroutante, très atteinte, portant la mythomanie au rang de véritable pathologie, elle se donne en spectacle avec complaisance.

Quand le président, curieux de savoir si elle n'a pas chargé à tort certains accusés, lui demande de réfléchir à ses paroles, elle maintient que nous avons tous participé aux viols, et avance cette fois ne plus mentir. En complète opposition avec son mari donc. Elle parle toujours de l'existence d'un réseau de pédophilie aux ramifications allant jusqu'en Belgique, continuant à assurer que ses enfants y ont été emmenés pour tourner des films à caractère pédophile et zoophile dans une ferme.

Deux fois quatre heures d'interrogatoire éprouvant durant lesquelles jamais elle ne faiblit. Malgré la logique, les propos de son mari et la vérité !

*

Pour moi cette journée est très éprouvante et j'ai de plus en plus de mal à parler du procès ou à écouter les informations à son sujet. La somme de détails sordides qui nous arrivent, la tension et l'animosité dégagées par cette femme parvenue aux confins de l'incohérence, me pèsent à un point rare. Comme me ronge encore le fiasco de mon couple. Quand je vois Franck et Sandrine Lavier, assis au premier rang juste en face d'Odile et moi, en train de se tenir par la main tels de vrais amoureux, je regrette mon amour envolé. Néanmoins, leur intimité m'incite à leur parler. Voisins des époux Delay, leurs filles devenues parties civiles dans le procès, ils sont tout aussi perdus que les autres dans ce drame. Après avoir été convaincu de l'innocence du prêtre et du chauffeur du taxi, je vais bientôt l'être de la leur et nouer des premiers liens. Tous les deux nient les accusations, mais ne se montrent pas assez convaincants, notamment Franck, qui reconnaît maladroitement avoir été témoin par hasard de coups infligés aux enfants Delay et n'avoir pas réagi.

Pour clôturer la journée arrive à la barre David Delplanque.

Qui, après les révélations de Thierry Delay, fait à nouveau sensation. En disculpant les treize autres prévenus qui clament leur innocence depuis le début de l'affaire. Pourquoi ce revirement ? Parce qu'il « ne veut pas envoyer des innocents en prison », déclare son avocate, Fabienne Roy Nansion. Un acte de contrition tardif mais qui a au moins le mérite d'intervenir à temps et devant tout le monde.

Il va même plus loin, affirmant qu'ils n'étaient que quatre à avoir abusé des enfants : lui, son ancienne compagne Aurélie Grenon, et les époux Delay-Badaoui. Des viols ayant eu lieu de septembre 1998 à la première semaine de décembre 1998. Voilà une nouvelle brèche, et de taille, dans les certitudes de l'instruction, puisque cet homme enfin sincère avait, dès son arrestation, mis en cause de nombreuses personnes dont Odile et moi, reprenant par là les accusations de Myriam Badaoui et Aurélie Grenon. Si, interrogé, il ne sait pas dire les raisons de ses déclarations antérieures, il finira par expliquer que, poussé par les affirmations contenues dans des questions fermées et insistantes, il avait accordé crédit à ces suspicions. « Je croyais que ces personnes-là étaient impliquées et j'ai donné les noms, maintenant je regrette », assène-t-il.

*

C'est au tour d'Aurélie Grenon de se faire entendre. Elle qui a toujours entériné les propos de Myriam Badaoui va-t-elle aller dans le sens de son ex-mari ? En tout cas, lorsque je la vois, je ne peux m'empêcher de penser que depuis le départ elle est en liberté sous contrôle judiciaire et, pour corser le tout, habite à Équihen, à environ un kilomètre de la cité de la Tour du Renard. Faut-il avouer des crimes pour être libre et se dire innocent pour être embastillé ?

Loin de faire preuve d'honnêteté, elle réitère ses déclarations passées et la présence aux orgies pédophiles de tous les accusés présents. Elle ajoute même des détails, avançant qu'elle et son compagnon David Delplanque allaient chez les époux Delay pour « boire un café », puis que peu à peu les discussions s'étaient orientées vers les attouchements d'enfants et qu'ensuite ils avaient osé franchir le pas. « Ça s'est fait », dit-elle. Elle en profite pour parler du caractère violent de son concubin, homme qui la battait et lui interdisait de sortir de l'appartement. Poussée dans ses retranchements par maître Dupont-Moretti, avocat de la boulangère Roselyne Godard, elle ne varie pas d'un pouce, campe sur ses positions, et nous remet en cause.

*

Quand maître Delarue me convie à un déjeuner avec Odile, je me dis qu'il est arrivé quelque chose d'inhabituel. En effet, à table, j'apprends que ma femme a eu une altercation avec Aurélie Grenon à la fin de l'audience et lui aurait lancé : « J'espère qu'on aura ta peau et que tu vas en prendre pour vingt ans. » À la reprise, alors que nous pensions que personne n'en tiendrait compte, une des avocates des parties civiles réclame, au nom de ses confrères, que l'enceinte du tribunal retrouve sa sérénité parce qu'une des accusés a fait l'objet de menaces. Maître Bachira demande alors à Aurélie Grenon, appelée à la barre, de raconter ce qui s'est passé et celle-ci assène qu'Odile Marécaux l'a menacée de mort. Folle de rage, mon épouse se lève alors et se met à hurler sa haine contre cette accusée accusatrice, en lui lançant au visage que ses actes comme ses fausses accusations sont horribles, qu'on lui a arraché ses petits et qu'elle espère qu'elle en prendra pour vingt ans, avant de s'effondrer en larmes. Je me lève à mon tour, tout comme mes avocats, pour affirmer que ma femme n'a jamais souhaité la mort de quiconque, criant au scandale. Devant tant de mensonges et de parti pris, maître Berton intervient alors pour demander une suspension d'audience, tout de suite accordée. Quand Odile se lève pour sortir de la salle, en pleurs, elle se tourne vers moi et me lance : « Ces gens vont-ils prolonger nos souffrances encore longtemps ? »

Tentant de reprendre mon calme, je reste quelques minutes dans la cour d'assises vidée de la foule, à l'exception de quelques policiers, et de Myriam Badaoui et Aurélie Grenon installées à leurs places respectives, pérorant entre elles. En témoin privilégié de la scène, j'observe à loisir « la reine Myriam », comme la qualifie mon avocat maître Delarue, donner des ordres et encourager sa soubrette Aurélie à camper sur ses positions. Je sors, dégoûté de ce spectacle, pour gagner la salle des pas perdus où, dans un brouhaha monstre, de vives discussions agitent avocats et journalistes. Je vais rejoindre Odile, assise sur une chaise dans les toilettes, un pompier à ses côtés surveillant sa tension, et l'accompagne dans une petite pièce afin qu'elle se repose un peu. Nous ne sommes plus un couple, certes, mais ma tendresse pour elle est aussi forte que ma solidarité.

*

À la reprise, Aurélie Grenon est vivement interpellée par les différents avocats des accusés, qui la questionnent avec méthode. Au terme des questions de maître Delarue, je me lève à mon tour pour lui demander calmement, et solennellement, si elle ne pense pas qu'il est temps de dire la vérité. Et là, sans se retourner, entêtée, elle répond qu'elle m'a bien vu.

L'avocat général intervient alors, insistant encore pour lui demander d'être certaine de ses propos. Et là, dans une volte-face folle, elle les confirme pour finalement revenir en arrière et admettre qu'elle s'est peut-être trompée. Un des avocats de la partie civile monte aussitôt à l'assaut, lui rappelant la pénombre de l'appartement dans lequel se seraient déroulés ces terribles méfaits et là, elle doute puis lâche : « Ça se peut. » Tout et son contraire ! Ensuite, d'autres conseils de la défense l'interrogent jusqu'à la suspension de séance, à 17 heures, sans obtenir plus de certitudes de cette accusatrice majeure. L'audience révèle ainsi que l'accusation est en grande partie fondée sur les déclarations d'une femme qui n'est sûre de rien, sinon de mentir sans cesse.

La séance reprend, mais avec un important retard. Ce qui, selon la collaboratrice de maître Delarue, maître Berriah, constitue un bon signe, le président, l'avocat général et les jurés commençant sans doute à s'interroger sur la solidité des pièces maîtresses de l'accusation. Aurélie Grenon se voit à nouveau mise sur des charbons ardents, questionnée avec précision et insistance par les avocats qui flairent bien qu'elle est sur le point de flancher et notent un affaiblissement dans l'exercice répété du mensonge. Mais là, alors qu'il conviendrait d'aller jusqu'au bout de cette logique, une chose incroyable a lieu : le président de la cour, passablement exaspéré, perd patience. Sans doute parce qu'il s'aperçoit que les digues de l'accusation sont sur le point de céder, que la « vérité » initialement assénée paraît de plus en plus fragile, il demande à l'auxiliaire de justice combien de temps doit durer son intervention puis interroge la salle sur le nombre d'avocats devant encore intervenir. Manifestement, en ayant assez pour aujourd'hui, il modifie le programme à la surprise générale : au lieu de permettre aux avocats d'obtenir une réponse ferme de la factotum de Myriam Badaoui, il change l'ordre, annonce qu'Odile et moi passerons demain et déclare la séance terminée. Lorsqu'un conseil a le malheur de demander à quel moment témoignera son client, il réplique d'une voix colérique : « Comment voulez-vous que je sache qui passera vendredi à 14 heures ! »

Nous quittons la salle devant les caméras, photographes et journalistes, lesquels se tiennent à l'affût, mais nous les évitons, reprenant au plus vite la voiture pour filer chez ma sœur. Le lendemain matin, dans la presse, le comportement du juge est sévèrement noté. Les yeux des uns et des autres se dessillent-ils enfin ?

*

Comme on pouvait le craindre, l'interrogatoire n'apporte rien. Alors que la veille on la pensait sur le point de dévoiler son jeu, cette fois, Aurélie Grenon retrouve de la fermeté, et ne démord plus de la culpabilité des treize autres accusés. Elle décrit les sévices et les viols infligés aux enfants qui « hurlaient, et dont certains étaient frappés par des adultes qui criaient aussi », essayant même de faire croire qu'elle a des remords sans convaincre une seconde. Seul avantage au final de son interrogatoire, l'immixtion du doute dans l'esprit de maintes personnes sur la présence et la culpabilité d'Odile et moi dans les séances pédophiles.

La suit à la barre Roselyne Godard, la boulangère, mais je ne me sens pas concerné par ses déclarations. Ce que je retiens, c'est qu'elle est sévèrement mise en cause par Myriam Badaoui avec laquelle elle a une violente altercation. La tension est palpable. Très vite, je vais réaliser qu'elle, comme tous les autres, est logée à la même enseigne que nous, c'est-à-dire soumise aux ravages des fausses accusations de personnes dérangées.

Chapitre 32

Le procès, Acte I, scène 4
ou
L'huissier à la barre

Au fil des heures, mon angoisse monte de plusieurs crans. En cet après-midi du jeudi 6 mai 2004, je vais à mon tour subir la question. Et me voir projeté au milieu de l'arène, à la merci des autres, sous le regard de ceux qui me connaissent (ou pas) mais me pensent coupable puisque l'instruction le dit, me terrifie. Je n'ai rien à me reprocher mais je sais que mon destin va se jouer sur ces minutes majeures, que je dois convaincre, « emporter le morceau » comme s'il s'agissait d'un casting pour une pièce de théâtre ou un film – médiatisation et qu'en dira-t-on oblige – alors que c'est sur la scène de ma vie, de mon honneur, de mon innocence et de mon avenir que je vais jouer mon rôle : celui de l'huissier qui a tout perdu, doit convaincre de sa bonne foi pour retrouver la liberté.

— J'appelle Alain Marécaux à la barre.

L'heure a sonné. À moi de faire éclater la vérité. Mais m'aidera-t-on ?

*

Je suis interrogé par le président, un assesseur et même un juré. Quant à l'avocat général, il me pose une multitude de questions, souvent futiles. Il est vrai que lorsqu'il n'y a rien à dire, il faut bien meubler. En plus, pour une fois qu'il tient un huissier de justice en main, pourquoi se priverait-il ? Et puis, au fond de lui, peut-être pense-t-il devoir justifier mon renvoi devant cette cour d'assises et faire croire que l'enquête a été conduite dans les règles de l'art ? Un autre point m'énerve, tandis qu'il me bombarde d'interrogations insipides : est-il le mieux placé, cet avocat général, pour m'asséner ses certitudes alors qu'il n'est autre que le procureur de la république de Boulogne-sur-Mer, qui a chapeauté l'ensemble du dossier et son instruction ? Est-il logique qu'il tente de me pousser dans mes retranchements et de me faire passer pour malhonnête alors que, autorité de tutelle de ma charge, connaissant mes bilans fiscaux et ma vie professionnelle parfaitement, s'il avait eu un seul soupçon quant à mon intégrité, il ne m'aurait pas laissé exercer ?

Ses interrogations ? L'obsession de l'enquête sur ma barbe. Je dois en effet justifier un prétendu changement de look, suite à une coupe de cheveux et à une barbe taillée de façon différente. À l'en croire, cela signifierait que j'ai voulu qu'on ne me reconnaisse pas. Mais où va se nicher le ridicule... Jamais ces hommes de loi n'ont eu envie de se rafraîchir, comme on dit, la tête. Et encore, cela ne change en rien mon allure puisqu'on parle de quelques centimètres, et bientôt de quelques millimètres... En somme, si on suit leur logique, tous ceux qui taillent de quelques centimètres leurs cheveux sont forcément des pervers désireux de cacher quelque chose.

Autre question étrange, celle relative aux déclarations d'un commercial du concessionnaire automobile Renault me présentant comme dédaigneux envers l'ouvrier et profitant de ma situation. Tout cela parce que j'avais osé contester la fiabilité de mon véhicule, m'étant pris de passion pour une marque japonaise plus réputée en la matière, chose qui ne lui avait pas plu. En somme, par un mesquin esprit de revanche, il avait profité de mes malheurs pour me calomnier. Bel exemple d'incongruité. Soit dit en passant, là encore, en quoi ces propos ont-ils à voir avec ce dossier de pédophilie aggravée ? Tous les clients des constructeurs vont-ils devoir désormais se méfier de ce qu'ils disent par crainte de faire vingt-trois mois de préventive ?

*

On en est à ces billevesées quand, tout à coup, sans doute lasse de ne pas avoir commis un éclat, Myriam Badaoui se met à crier. En hurlant que j'ai « sodomisé des enfants », elle me lance :

— Regarde-moi dans les yeux.

Ce que je fais, mais au moment où je me retourne, des avocats s'interposent, des policiers calment sa furie et je poursuis mon interrogatoire. Un énième coup de théâtre pathétique et déstabilisant.

C'est au tour des avocats des parties civiles de s'en prendre à moi, notamment ceux des associations de défense de l'enfance maltraitée convaincues de la culpabilité de tous. Je sens qu'ils cherchent à me déstabiliser, mais je les écoute calmement et prends le temps de réfléchir avant de leur répondre, toute parole malencontreuse pouvant faire mauvaise impression. Malgré ma pudeur, je dois expliquer le fonctionnement de mon couple, me défendre contre les déclarations de mon fils et les propos délirants de Cécile ayant soi-disant indiqué qu'elle pouvait recevoir comme punition de ses parents de devoir se déshabiller dans le cadre de gages donnés au cours d'une fondue savoyarde, assertions abracadabrantes que je dois à nouveau démentir. Je pleure en parlant de mes enfants, comparant cette fatidique journée du 14 novembre 2001 au 11 septembre pour des millions d'Américains, explique comment je percevais ma profession, ma responsabilité de titulaire d'une parcelle de puissance de l'État chargé de remplir une mission de service public. Puis je m'étends sur mes contacts, plus que ténus, avec les personnes poursuivies, ayant seulement aperçu certaines dans le cadre de saisies durant lesquelles je prenais le temps d'expliquer ce qui leur arrivait, et le caractère obligatoire du titre exécutoire et de la condamnation sans équivoque du magistrat ayant rendu la décision de justice. J'en profite aussi pour signaler qu'un jour, face à un couple de débiteurs démunis, j'avais classé leur dossier comme insolvable alors qu'ils voulaient à l'époque me verser cent francs par mois, leur ayant même proposé de passer prendre gratuitement à mon domicile un four, un aspirateur et une machine à laver, qu'Odile avait l'intention de remplacer, afin de les aider. Bref, que je n'étais en rien un huissier sanguinaire voulant étrangler les débiteurs, comme le confirmera d'ailleurs mon successeur maître Margueritte.

*

Après des questions fusant de toutes parts, destinées évidemment à me pousser dans mes derniers retranchements, c'est au tour de maître Delarue d'intervenir. Il me laisse souffler un peu et met en avant mon intégrité et les incohérences du dossier. Mais je dois par exemple expliquer la faiblesse de ma libido, ma passion pour le travail – d'aucuns y voient une obnubilation, un comble à une époque où l'on vante à nouveau l'effort comme vertu dans les plus hautes instances –, les déclarations de mon coiffeur sur mon changement d'aspect et même ma connexion à un site gay.

Sur ce dernier point d'ailleurs, je tiens à m'arrêter quelques instants. Au-delà du fait, banal hélas, que ladite connexion s'est effectuée par hasard en cliquant sur un bandeau de publicité, je ne vois pas en quoi cela ferait de moi un abuseur d'enfants. Pire, tout laisse à penser que dans l'esprit des enquêteurs ou des juges se penchant sur ce genre d'affaire, un homosexuel est forcément un pédophile en puissance. Bien que n'étant ni l'un ni l'autre, je perçois cette homophobie tout au long du procès. Voilà, à mon sens, un état d'esprit conservateur et rétrograde fort pernicieux qu'à aucun moment un journaliste ou une association de défense n'a noté.

Je dois également préciser les rapports que Sébastien entretenait avec les enfants de la famille Delay à l'école, dont j'ignorais la nature et la violence, rappelons-le, même si je savais qu'il était copain avec Karim. Concernant le second fils de Myriam Badaoui, comme je l'ai déjà expliqué, je me souviens qu'il me disait que son copain « Dave [le] frappait », mais n'avais jamais porté attention à cette déclaration relevant dans mon esprit de la dispute de gamins. Soit dit en passant, quand, aujourd'hui, on songe à l'emprise que sa mère avait réussi à avoir sur Aurélie Grenon et les autres esprits fragiles de ce drame, qui sait si mon fils ne fut pas à son tour fasciné par ce garçon aussi fantasque qu'étrange ? J'en suis aujourd'hui convaincu.

*

À l'heure de la pause, je pousse un ouf de soulagement. Pour avoir résisté aux assauts mais aussi à cause d'une douleur dorsale qui m'empêche de tenir la position debout plus de dix minutes. Je n'ose du reste pas avancer un pied par peur de la douleur.

Maître Delarue s'aperçoit assez vite de mon état de faiblesse et, avec l'aide d'un autre avocat, m'avance une chaise. Essoufflé comme si j'avais couru un marathon, j'avale une gorgée d'eau et me mets à pleurer. Victime d'une hypotension, j'hésite à faire appeler les pompiers, puis préfère d'autorité avaler quatre comprimés, avant de me lever tout doucement pour aller vers le fond de la salle et éviter le regard de la mère Badaoui.

*

Odile est entendue à la reprise de séance. Plus de la moitié des questions posées me concernent, la Cour semblant très intéressée par ma personnalité.

Mon épouse tient le coup avec une force extraordinaire, évoquant, sans rien cacher, ce qu'elle pense de moi... ce qui n'est pas toujours agréable à entendre de sa bouche. Elle s'explique sur le fait que je sois autoritaire, admet que je ne pensais qu'à mon Étude, estime que je la délaissais, au même titre que les enfants. Cela ne prouve évidemment en rien que je sois pédophile, mais l'avocat général se montre le fer de lance de ces questions visant plus à m'atteindre qu'à lui faire admettre quoi que ce soit. Une attitude « logique » de sa part puisque, ayant initialement requis un non-lieu pour elle, il ne pouvait raisonnablement plus l'impliquer. Ferait-il une allergie aux huissiers de justice ?

Chapitre 33

Le procès, Acte I, scène 5
ou
Quand les mensonges s'écroulent

Vendredi 14 mai 2004. Auditions de l'abbé Dominique Wiel, de Thierry Dausque et des Daniel Legrand père et fils. Il faudrait encore entendre Karine Duchochois et David Brunet, mais leurs interrogatoires seront reportés à une date ultérieure.

Nous découvrons d'abord le prêtre-ouvrier qui se défend des accusations portées contre lui avec caractère et éloquence, se tirant très bien de cet « examen ». Je ne le connais pas, mais je sais maintenant qu'il est, lui aussi, innocent. Au fil des séances, en fait, de mon banc des accusés, je m'aperçois peu à peu que la plupart de ceux qui ont été impliqués sont autant de victimes d'une cabale que moi. Triste et terrible constat.

*

Thierry Dausque, lui, est un individu effacé, peu prolixe, répondant de façon succincte aux questions, son seul crime ayant été d'être le concubin occasionnel de la « meilleure amie » de Myriam Badaoui qui demeurait au rez-de-chaussée. Décidément, être juste entré dans le périmètre de ces accusateurs, même de manière fortuite, conduit à l'horreur.

Ainsi de Daniel Legrand père qui, ayant eu la malchance d'avoir un jour effectué un chantier à la Tour du Renard, se retrouve accusé. Alors qu'il n'est jamais allé chez les époux Delay, ni même dans l'immeuble où ils habitaient !

En l'entendant, Myriam Badaoui fond à nouveau un plomb : elle s'énerve, puis le tutoie en lui intimant l'ordre d'avouer ce qu'il a fait aux enfants. Ce petit monsieur, ouvrier métallurgiste honorablement connu et censé, d'après les différentes conclusions du juge, incarner le chef du vaste réseau de pédophilie mis en cause et être propriétaire de nombreux sex-shops, ne se laisse pas perturber et la renvoie dans ses cordes de façon tout aussi agressive.

*

Daniel Legrand fils, dont la seule passion est le football, est également fortement pris à parti par Myriam Badaoui, mais comme son père il ne se laisse pas démonter.

L'ennui, c'est qu'il a inventé l'histoire du meurtre de la petite fille belge battue à mort, mensonge relayé par la reine Myriam dans ses élucubrations, fable dans laquelle il avait vu le seul moyen de la confondre.

Il s'en est expliqué en présentant des excuses au journal de France 3 à qui il avait envoyé la lettre de dénonciation, expliquant qu'à ses yeux une telle invraisemblance démontrerait aux yeux du juge les mensonges de Myriam Badaoui et le pousserait à comprendre autant son erreur que la folie accusatrice de cette femme, à qui il suffisait de rapporter n'importe quelle ineptie pour qu'elle la relaie aussitôt comme vraie. Il a également argué qu'il s'agissait pour lui d'un geste de désespoir, ne comprenant pas pourquoi lui qui n'avait rien fait était incarcéré alors qu'Aurélie Grenon, elle, restait en liberté.

Chapitre 34

Le procès, Acte II, scène 1
ou
Karim, Dave et un expert

Nous entrons dans la troisième semaine du procès. Et, enfin, vont apparaître les vraies victimes de ce drame : les enfants. Je crois leurs auditions essentielles dans la mesure où leurs témoignages pourront lever une partie du voile déposé sur cette affaire de pédophilie d'Outreau, laquelle ressemble de plus en plus à un dossier d'inceste mal appréhendé. D'après les déclarations de Myriam Badaoui qui, en début d'audience, affirme que « le procès ne fait que commencer », beaucoup pensent que son mari finira par avouer ce qu'« il ne veut pas décrire, ce qu'il a fait sur d'autres enfants, et qui va venir ».

*

La cour d'assises commence par entendre Karim, à huis clos, un des avocats des parties civiles ayant à bon escient demandé cette discrétion des débats à laquelle le président a accédé. Une demande que j'estime normale compte tenu de la nature de l'affaire et des dommages causés à ces gamins. Karim, fils aîné du couple Delay-Badaoui, est en fait un enfant de Myriam Badaoui reconnu par la suite par Thierry Delay. Au fil des questions, son témoignage semble cohérent et lui paraît posé. Il avance calmement l'existence d'un réseau pédophile et l'implication de quatorze des personnes présentes dans la salle. Alors qu'il nous connaît, au même titre que l'assistante maternelle chez qui il loge désormais et qui habite à environ cent mètres de l'Étude, une débitrice invétérée avec qui j'ai toujours entretenu de bonnes relations, il ne nous met pas en cause, Odile et moi. Cela devrait ouvrir les yeux de certains, non ?

En revanche, il persiste à montrer du doigt d'autres personnes comme les Daniel Legrand, père et fils. Sans doute, à leur sujet reviendra-t-il en arrière d'ici quelques jours !

*

Un grand moment de surréalisme administratif et médical nous est ensuite offert : l'audition d'un expert judiciaire, premier du genre. Or, tenons-nous bien : ce professionnel n'a pas expertisé les enfants, mais les expertises faites sur ces enfants ! Autrement dit, aussi incroyable que cela puisse paraître, à la seule vue des pièces du dossier que le magistrat instructeur a bien voulu lui transmettre – à savoir deux certificats médicaux mettant en avant l'absence de lésions au niveau anal –, il conclut que les déclarations des enfants Delay sont conformes aux faits qui se sont déroulés.

Son audition, on s'en doute, n'apporte aucune clarté à ce dossier embrouillé, bien au contraire, tendant plutôt à renforcer l'incohérence qui règne dans cette histoire. Personnellement, j'ai du mal à croire qu'un auxiliaire de justice puisse porter de telles conclusions à la vue de documents triés par un juge.

En toute logique, il se fait « descendre » par les avocats de la défense, lui, l'expert judiciaire, apparaissant moins crédible que Karim, l'enfant entendu précédemment. Acculé, il se retranche derrière le fait qu'il y aurait beaucoup de pénétrations anales ne laissant aucune trace, ajoutant même que les blessures causées par des objets contondants – couteau, fourchette... – peuvent disparaître en six semaines ! Bref, son expertise ne sert à rien.

*

L'audition de Dave se fait dans le même cadre que pour son aîné, c'est-à-dire le huis clos. Autant son frère paraissait spontané, autant lui semble réciter une leçon apprise par cœur. Comme le dit un des avocats : « C'est dur pour un gosse d'être prisonnier de son imagination ! » Il nomme une multitude de personnes, dont Odile et moi, en disculpe d'autres, et en ajoute certaines ayant bénéficié de non-lieu durant l'instruction, notamment les époux Lepers, son médecin de famille, etc. Une nouvelle fois, la parole des enfants oscille au gré de leurs humeurs et montre les sables mouvants sur lesquels cette instruction a été édifiée. Peu à peu, le « procès du siècle » prend l'eau. Dave a cité en tout une cinquantaine de personnes durant l'instruction, allant même jusqu'à reconnaître des agresseurs au sein du commissariat de police de Boulogne-sur-Mer. De mauvaises langues diront même plus tard que son assistante maternelle ne voulait plus aller au rayon des produits ménagers des supermarchés avec lui, de peur qu'il ne « reconnaisse » Monsieur Propre. Ce qui fera dire à maître Delarue à la presse qu'« entre ce que dit Dave et ce que dit son grand frère, il y a des contradictions majeures qui décrédibilisent totalement leurs accusations ».

Me concernant, le président demande au garçon ce que je lui ai fait et il répond : « Comme mon père ! » Quant à Odile, à l'en croire, elle lui aurait « mis son devant dans [la] bouche ». Il affirme encore avoir assisté à quatre assassinats durant lesquels Marc Douchain, le mari de la boulangère et copain de ma femme, aurait tué un enfant d'un coup de pelle sur la tête ! Interrogé par mon avocat afin de savoir s'il connaît Sébastien Marécaux, il répond avec un large sourire qu'il était son meilleur copain. Son discours est marqué de tellement d'invraisemblances, d'incohérences et d'abscences de teneur que tout le monde s'en rend compte.

*

À la sortie de l'audience, la presse est aux aguets. Mais moi, ce qui me trouble, c'est de constater que selon la partie interrogeante – un avocat de la défense ou un de la partie civile – les déclarations rapportées des enfants sont de teneurs différentes. Dès lors, ce procédé du huis clos total n'est sans doute pas la meilleure solution. Peut-être le huis clos partiel pourrait-il s'avérer plus judicieux, solution finalement retenue pour les prochaines auditions de mineurs.

Chapitre 35

Le procès, Acte II, scène 2
ou
Le 18 mai 2004, une journée cruciale

Mardi 18 mai 2004. La journée débute par l'audition de l'assistante maternelle de Dave et Dirk, chez qui les enfants Delay sont accueillis depuis mars 2000. Un témoignage crucial parce que cette femme que mon épouse connaît bien est à l'origine de multiples contrevérités proférées contre nous. Employée de maison d'un couple d'amis demeurant à Samer, elle a en effet rapporté maints éléments troublants, allant dans tous les sens, croyant Dave quand, au supermarché, il reconnaissait encore d'autres agresseurs. Sans vraiment comprendre la portée des déclarations de ce garçon perturbé, ni parvenir à faire le tri du vrai et du faux ou détecter l'enjeu de sa déclaration, elle mélange tout dans un magma complexe. J'apprends ainsi qu'elle est déjà venue chez nous à l'occasion d'une réunion de cosmétiques, qu'elle était, depuis, devenue une amie de ma femme, et que c'est elle qui a livré à Dave, sans le vouloir, nos prénoms et lui a parlé de notre maison à Wirwignes, commune voisine de Samer. En somme, à trop bavarder avec un enfant fortement perturbé, elle a retenu des détails ou des noms que son esprit traumatisé a ensuite ressortis, en leur faisant « dire » autre chose. Il fut facile pour lui, alors, afin d'étayer ses fausses accusations, de nous couvrir de déclarations falsifiées nourries de détails aux apparences de vérité, connaissant parfaitement notre couple, ainsi que Sébastien et la petite Claire Lepers.

En fait, j'ai l'impression que « Christiane », la nounou de ces enfants, n'avait aucune qualification ni bagage pour recevoir et comprendre la parole d'un enfant et trier le bon grain de l'ivraie. À mon sens, elle était plus à sa place dans son travail d'employée de maison que dans un rôle d'assistante maternelle accueillant des enfants en proie à des troubles. À l'écouter à la barre tout mélanger, embrouiller, je me demande même comment des services sociaux ont pu confier un garçon si fragile à une personne sans formation ni expérience.

Apparaît ensuite un ancien instituteur de Dave, qui le décrit comme étant perturbé, l'ayant même une fois surpris en train de s'introduire un crayon dans l'anus. Une assistante maternelle lui ayant alors demandé les raisons de ce geste, il aurait commencé à livrer lentement, par bribes, l'horrible traumatisme de sa vie.

*

En fin de matinée est aussi entendu Damien, mon neveu, qui a habité chez nous entre 1999 et 2001. Il a confirmé ce que j'avais toujours dit – à savoir que la pièce que Dave désignait, sur le plan de notre domicile, comme une salle de bains – était en fait, à l'époque prétendue des faits qui nous étaient reprochés, sa propre chambre, meublée à l'époque d'un lit, d'un bureau, d'un ensemble informatique, d'un téléviseur, d'une table et d'un coin cuisine. Une pièce dont il a déménagé en septembre 2001, époque où Odile et moi y avons installé un matelas à même le sol pour les amis venus à l'improviste. La preuve que Dave faisait erreur !

Je précise également qu'il était à la maison du dimanche soir au samedi matin, bénéficiait d'une entrée indépendante, et participait régulièrement à « la vie familiale ». Ainsi, il mangeait tous les mardis avec les enfants et moi tandis qu'Odile allait à la gym. Et d'expliquer que lorsqu'il m'entendait parfois, le soir, arriver tard et aller embrasser mes enfants, la lumière du couloir était toujours allumée et sa porte ouverte. Si j'avais osé pratiquer des attouchements sur ma progéniture, il l'aurait évidemment vu. Son témoignage est donc essentiel pour détruire les racontars proférés à mon encontre.

En évoquant Sébastien, dont les propos pèsent sur mes

épaules, il confirme que son filleul a toujours été un peu fantasque, n'hésitant pas, par exemple, à accuser facilement son frère aîné ; que jamais lui-même n'avait vu ou entendu quoi que ce soit d'irrespectueux et même que je ne restais pas plus de quelques minutes dans la chambre de mon fils. Et ce témoin de première main d'ajouter que je passais plus de temps avec Cécile, à qui je lisais volontiers des histoires avant qu'elle ne s'endorme, battant en brèche le portrait caricatural du père sans affection que l'on avait dessiné de moi. Quant à la fable des gages contenant le pain perdu dans la fondue, elle lui paraît on ne peut plus fantaisiste et invraisemblable.

Pas de doute, voilà une intervention qui me blanchit totalement, tant des propos de mes enfants incités par des enquêteurs à charge que des contrevérités des petits Delay.

*

À la barre, un médecin légiste. Un expert près les tribunaux qui a le courage de désavouer son confrère de la veille et d'affirmer que si les enfants Delay ont été violés autant de fois qu'avancé par eux, leurs parents ou l'instruction, ils en garderaient des traces. Ce qui n'est pas le cas. À la question de savoir si les viols ont été perpétrés avec des objets contondants, il se montre dubitatif et affirme que cela aurait laissé des lésions, voire des cicatrices.

*

Nous entendons ensuite Mme Joly, assistante sociale, référent de nombreux enfants impliqués dans ce dossier. Concernant les petits Delay, elle évoque leurs scolarités chaotiques et déclare, lorsqu'elle est interrogée sur d'éventuelles suspicions de sévices sexuels : « Je ne vois pas, dans le suivi que nous avons pu avoir, quelque chose qui aurait pu nous mettre sur la voie. »

Quelle énormité ! Cette personne a suivi ces enfants entre 1995 et 2000, mais elle n'a rien vu des trois cents cassettes vidéo pornographiques exposées sans discrétion à proximité de la télévision des Delay. Jamais vu non plus les verrous que

Myriam Badaoui avait installés aux chambres de ses enfants. Rien vu de la violence qui régnait dans ce couple infernal. Et il faut réellement la pousser à bout pour qu'elle admette à demi-mot qu'il existait un climat de mauvais traitements, ayant, seulement une fois, reçu le signalement de traces de coups sur un des enfants.

Évidemment, les avocats de la défense s'en donnent à cœur joie. Pour toute réponse, elle tente, maladroitement, de minimiser ses erreurs en rejetant le mauvais fonctionnement du système social sur les instances supérieures. Des arguties qui ne prennent pas : elle est mise à mal et, à travers elle, la responsabilité des services sociaux très engagée.

Elle se fait même sermonner par le président de la cour, par l'avocat général et ceux des parties civiles. Quand vient le tour de maître Pascale Pouille d'interroger Mme Joly, elle lui déclare tout de go qu'elle n'a pas fait son travail, que les services sociaux ont été dramatiquement inefficaces, laissant accuser nommément des personnes dont elle ignorait l'identité. Et là, coup de théâtre. L'avocate passe le micro à Myriam Badaoui qui assène :

— Monsieur le Président, je ne sais pas comment vont le prendre messieurs et mesdames les jurés, ce n'est pas évident de dire que les enfants sont des menteurs, mais j'ai suivi. Je suis une malade, une menteuse, j'ai menti sur tout. Pourquoi ? Parce que j'ai suivi les enfants, je ne voulais pas qu'on me traite de menteuse.

Ensuite, enfin avec la vérité à la bouche, elle interpelle un à un les accusés innocents en leur demandant pardon. Quand vient mon tour, elle me dit :

— Maître Marécaux, vous n'avez rien fait, je ne vous connais pas, et vous demande pardon.

Je m'effondre en larmes. J'ai le micro en mains parce que je suis prêt à lui accorder mon pardon, mais mes sanglots sont trop lourds pour qu'on m'entende. Enfin, cette folle se décide à dire la vérité ! Quel soulagement. Quelle stupéfaction aussi dans la salle.

Maître Bachira Hamani, conseil d'Aurélie Grenon, intervient alors pour indiquer que sa cliente a aussi quelque chose à déclarer. Cette jeune femme, complice de Myriam dans ses accusations mensongères, vient alors à la barre et avoue à son tour :

— Ben en fait, quand j'ai accusé ces personnes, c'est parce que j'ai entendu Myriam les citer, alors je l'ai suivie mais je sais que c'est pas bien, c'était sur sa demande.

*

Dans la confusion générale, les avocats des accusés réclament la poursuite des débats pour crever l'abcès jusqu'au bout, mais le président choisit de suspendre la séance jusqu'au lendemain. Pourquoi ? Je m'interroge encore. En tout cas, la séance est ajournée. En pleurs, le conseil de David Delplanque, maître Fabienne Roy Nansion, se jette dans mes bras en me répétant :

— Mon pauvre Alain, qu'est-ce qu'on t'a fait ?

Maître Bachira vient également me consoler. À l'avocat général, que j'éprouve le besoin d'aller voir soutenu par maître Delarue, je demande :

— J'espère, monsieur le procureur, que vous n'avez jamais douté de moi.

Et lui de me répondre :

— Sachez, maître Marécaux, que vous avez toujours gardé ma confiance mais il y avait des charges et je ne pouvais pas faire autrement.

— Vous savez bien, monsieur le procureur, que j'ai toujours fait mon travail dans le respect des parties, lui dis-je alors. La seule chose que vous pouviez me reprocher était de ne mettre ni cravate, ni costume.

— Oui et c'est peut-être cela qui vous a perdu. De toute façon, je crois avoir contribué, bien que modestement, à la déclaration de Myriam Badaoui et à l'éclatement de la vérité, conclut-il.

Mais, lorsqu'il reviendra sur cette profession de bonne foi dans ses réquisitions, je réaliserai combien ces propos étaient ambigus.

Quant à maître Normand, avocat des parties civiles, il me serre la main en s'excusant mais je lui affirme ne pas lui en vouloir. Maître Pouille m'exprime aussi ses regrets.

*

En sortant de la salle, effondré par tant de tension et d'émotions contradictoires, tandis que maître Delarue continue à me soutenir, devant des journalistes je déclare :

— Ce qui m'est arrivé à moi peut vous arriver à vous tous demain. On peut venir vous chercher parce que des personnes ont déclaré des choses, et vous foutre en taule, vous foutre au trou, sans preuve.

En larmes, je parviens à ajouter : « J'ai tout perdu, mes enfants, ma maison, mon Étude », puis je quitte le palais de justice avec ma filleule Valérie et mon neveu Damien, obsédé par la responsabilité de cette instruction et par celle de l'État. Comme le dit de son côté maître Dupont-Moretti, avocat de Roselyne Godard : « On a sacralisé à outrance la parole des enfants, ce qui a amené cette catastrophe judiciaire, et l'institution judiciaire n'a pas fait ce qu'il fallait, d'où ce gâchis. L'acquittement de ces gens, ce ne sera pas la victoire de la défense, mais la victoire de la justice. Ce dossier a explosé, c'est une sorte de libération. »

Chapitre 36

Le procès, Acte II, scène 3
ou
19 mai 2004, la confirmation

Le lendemain, suite au salvateur rebondissement de la veille, le procès reprend. Je le sens : le public comme les journalistes nous regardent autrement. Non plus en pervers effrayants mais en victimes effrayées d'une incroyable erreur judiciaire. Entre nous, les accusés, un nouveau soutien naît : une solidarité sourde de gens unis par la communauté de calvaire. Mais, ne rêvons pas trop, entre ces révélations et le verdict, il y a encore beaucoup de chemin à faire. Et d'embûches à éviter.

Comme les déclarations de nos dénonciatrices de la veille n'ont pas été actées, le président de la Cour décide de réentendre les deux principales accusées revenues sur leurs déclarations.

Myriam Delay confirme point par point que seuls son mari, Aurélie Grenon, David Delplanque et elle-même ont participé aux viols de six enfants : les siens et ceux du couple de voisins. Elle explique même que la mise en cause de l'huissier Marécaux et de son épouse, personnes qu'elle n'avait jamais vues auparavant, a été consignée sur procès-verbal une fois qu'on lui a soumis notre nom. Elle ajoute être consciente d'avoir « brisé des vies » et que c'est l'audition de son propre fils qui l'a poussée à dévoiler la vérité. En revanche, elle ne peut demander pardon, ce terme relevant pour elle du « gros mot ».

*

Aurélie Grenon, de son côté, si elle confirme l'innocence des treize autres accusés, se dit, à la différence d'hier, innocente des viols commis. Et de déclarer : « Je n'ai jamais touché un enfant, j'aurais jamais été capable de le faire, jamais, elle le sait très bien. »

Elle, qui jusque-là s'accusait du viol des petits Delay, se rétracte et disculpe son ancien compagnon : « En ma présence, il n'a jamais touché à aucun enfant. »

*

Le président souhaite alors réentendre Thierry Delay et David Delplanque, qui confirment la présence d'Aurélie Grenon aux viols tout en disculpant à leur tour les treize autres accusés.

Les avocats des innocents disculpés encore incarcérés présentent alors une demande de mise en liberté. Tous, moi le premier, pensons qu'elle sera évidemment acceptée mais, contre toute attente, aussi incroyable que cela puisse paraître, à l'exception de Sandrine Lavier, la Cour refuse ! Une décision étonnante allant même à l'encontre de l'avis de l'avocat général qui, « au vu des nouveaux éléments », ne s'était pas déclaré opposé à ces huit remises en liberté, pourvu qu'elles soient assorties du contrôle judiciaire. À quoi correspond ce choix ? Pourquoi la Cour maintient-elle en détention des personnes qui, depuis le début du procès, clament leur innocence et ont été disculpées ? En entendant cette décision, les familles hurlent au scandale. Dans ce procès, alors qu'on aurait pu croire qu'une leçon avait été tirée, à nouveau certains témoignent de leur aveuglement et persistent à refuser la vérité.

La colère gronde. Dans la salle des pas perdus, au sein du tribunal comme dans la cour du palais de justice, le tollé est unanime : « C'est une honte ! » murmure-t-on. Même le porte-parole du gouvernement et le garde des Sceaux sortent le soir même de leur réserve après avoir pris note du fiasco judiciaire en cours et promettent « de réparer le préjudice » s'il y a lieu, une fois l'affaire terminée.

Dans ce tumulte général, l'un des accusés s'étant vu refuser la liberté casse de rage une partie des panneaux d'affichage. Les cinq mis en cause « libres », Odile, Roselyne Godard et son époux, Karine Duchochois et moi restons ensemble salle des pas perdus, dans l'attente de nos conseils restés avec le président pour déterminer le planning des semaines à venir. À leur sortie, nous apprenons qu'il n'y aura pas d'audience le vendredi, pont de l'Ascension oblige, et que le procès durera une semaine de plus. Pas de doute, si tous nous avons franchi un grand palier vers la vérité, rien n'est encore définitivement joué. La roue de la justice tourne toujours et si elle a connu des ratés, elle peut encore briser le dos, par solidarité de caste, de certains d'entre nous. Derrière l'euphorie, notre vigilance doit rester intacte.

Chapitre 37

Le procès, Acte II, scène 4
ou
Un dramatique entracte

Je sors de l'audience épuisé, vidé, et Dany, qui me raccompagne à son domicile avec Thérèse, téléphone à son médecin pour qu'il vienne m'examiner. Face à tant d'émotions, de tension, de coups au cœur, mon état dépressif s'aggrave. Dès mon arrivée chez ma sœur en week-end, je me vois donc conduit à l'hôpital psychiatrique d'Armentières, l'EPSM où, après avoir rempli un dossier d'admission, je suis examiné par l'interne de garde, puis par le médecin psychiatre. Lequel, chef du service, change mon traitement et m'explique qu'il lui faut au moins deux ou trois semaines pour soigner la détresse affective et la souffrance qui me rongent. Mais je ne peux rester là longtemps. Mieux, je ne le veux pas : si je reste hospitalisé, mon procès risquerait d'être disjoint des autres, donc retardé, et ce nouveau délai je ne le souhaite à aucun prix.

*

Le lendemain, réveillé assez tôt alors que je prie pour obtenir un repos salvateur, je m'entretiens avec un psychothérapeute, puis passe la fin de la matinée assis sur une chaise, sans bouger. Même en ces lieux *a priori* protégés de l'extérieur, les journaux parlent de l'affaire d'Outreau et de ses rebondissements. Le revirement des médias devrait me combler mais en fait cette médiatisation à outrance me donne l'impression que cette affaire me suivra partout sans jamais cesser de me hanter.

Le jour suivant, je persiste à me reposer et à tenter d'éloigner le spectre du tribunal. Un médecin psychiatre estime que je pourrais suivre les séances mais précise que, selon elle, cette présence relève de la pure permission, considérant que je suis en fait incapable d'affronter une telle douleur.

La chef de service, de son côté, se montre beaucoup plus prudente. Reprenant les propos de sa collègue, elle me conseille vivement de rester, prête à me signer un certificat médical destiné au tribunal. Mais à elle aussi j'explique que je ne peux me dérober, refusant de me soustraire à ces instants que j'attends depuis si longtemps. Elle comprend mais me met en garde. Selon elle, je cours un grave danger. Mon état mental n'est pas au beau fixe, c'est le moins que l'on puisse dire, et mon corps encore plus éprouvé qu'avant. N'ai-je pas perdu un kilo, frisant les soixante-six kilos. Pas de doute, un procès est une méthode d'amaigrissement imparable !

Chapitre 38

Le procès, Acte III, scène 1
ou
Les auditions reprennent et l'instruction se délite

Comment raconter un procès majeur sans craindre de paraître trop répétitif ? Sans risque de lasser ? L'écueil existe pour tous ceux qui sont victimes d'une erreur judiciaire, mais il convient ici de franchir la peur de l'ennui ou du rabâchage en soulignant combien décrire les erreurs commises lors de l'instruction met au jour le malaise que procure l'affaire d'Outreau. En narrant comment peu à peu des pans entiers de l'accusation s'effritent puis s'écroulent, c'est tout l'édifice judiciaire qui laisse apparaître ses lézardes. Or, c'est sur ce champ de ruines que ma vie, comme celle des douze autres accusés innocents, devra se reconstruire. Et qu'en est-il du quatorzième, décédé en prison ?

*

Lundi. À 10 heures, la matinée débute par l'interrogatoire des deux derniers accusés, les voisins directs des Delay entre 1998 et 1999, couple désormais séparé. David Brunet est mis en cause pour viols et agressions sexuelles sur les enfants Dave et Johnny Delay, ainsi que pour viol sur son fils Alexis. Soit dit en passant, alors que je trouve déjà odieux d'être personnellement accusé d'attouchements sur mon fils, comment lui, ce père, peut-il tenir avec de telles accusations, qu'il conteste vigoureusement ?

En sortant du tribunal, je rencontre des reporters ayant interviewé mes sœurs pour une émission de télévision. À d'autres journalistes, je lâche quelques banalités toujours réelles comme « c'est dur d'entendre des choses immondes », avant de me fendre d'une perfidie contre l'officier de police judiciaire ayant procédé à mon interrogatoire durant ma garde à vue, expliquant avoir très envie qu'il nous renseigne sur les méthodes de perquisition et de questionnement employées dans cette affaire. Hélas, ce souhait ne sera jamais exaucé et lui jamais entendu. Dommage, car je me serais fait un plaisir de lui rappeler comment il critiquait les méthodes du juge Burgaud, arguant du fait que c'était sa première participation à une enquête de ce type, investigation durant laquelle, à l'en croire, ses collègues et lui s'étaient contentés d'obéir scrupuleusement aux ordres de l'instruction.

*

Nouveau huis clos pour l'audition de Johnny, le troisième fils des époux Delay. Un huis clos « partiel » toutefois, car si les journalistes ne peuvent être présents, ils voient tout ce qui se passe de la salle de projection vidéo.

L'enfant commence en citant toute une série de noms, s'étonnant de l'absence en cette salle de certaines des personnes l'ayant violé. Il ne me cite pas et quand l'avocat d'Odile veut savoir si « madame Marécaux est présente », il dit ne pas la reconnaître.

Ses déclarations sont en fait empreintes de multiples contradictions et fabulations. Il fait ainsi état, avec maints détails « farfelus », du meurtre d'une petite fille, puis affirme être allé à une ou deux reprises en Belgique avec certains des accusés, où on l'aurait filmé dans des scènes pédophiles et zoophiles. Devant tant de détresse et de délire, on ne peut qu'être certain que ce garçon a été traumatisé par des viols et des agressions sexuelles.

Une vidéo montrant l'interrogatoire de ce petit bonhomme l'atteste d'ailleurs. Même si cette cassette apparaît de mauvaise qualité, elle en apprend en tout cas plus qu'aucune autre retranscription écrite. Je constate d'ailleurs que dans ses propos tout n'a pas été retranscrit minutieusement ni même repris. Là, je me pose une question : pourquoi Sébastien n'a-t-il pas pu bénéficier d'un interrogatoire filmé ? Une telle méthode aurait permis, lors de sa première audition, de déceler ses contradictions, et aurait apporté la preuve que ses mots n'avaient pas été correctement retranscrits sur le papier. Je me rappelle alors que, dès le premier entretien avec le juge, mon avocat avait demandé le visionnage de la cassette mais que Fabrice Burgaud avait paru embêté. Et pour cause, aucune vidéo n'avait été enregistrée.

*

Le défilé des « accusés » et intervenants ne cesse pas. Après une assistante maternelle demeurant à Outreau, où Johnny a été scolarisé, survient son mari, accusé par ce petit Delay d'avoir fait l'amour avec Michelle, petite-fille à la charge de son épouse. Une accusation qu'il ne s'explique pas, impuissant à répondre aux questions des avocats.

Puis entre en scène la directrice de l'école maternelle de la Tour du Renard, une femme *a priori* sincère et professionnelle n'apportant aucun élément nouveau. Elle parle de Dave et Johnny comme de garçons malpropres, capables de manger de la boue, ainsi que de leurs dessins particulièrement sales et crus. Elle évoque aussi l'ambiance « sexuelle avancée » des enfants de l'établissement, citant en exemple une petite fille qui, quinze jours plus tôt, avait demandé à un camarade de « baisser son slip pour qu'elle puisse lui sucer sa quéquette ».

À vrai dire, je suis abasourdi par son récit. Comment, vu ce contexte, a-t-on pu mettre les petits Delay en contact avec les écoliers de Samer sans en avertir les parents d'élèves ? Je devine d'emblée la réponse : essayer de mieux intégrer des gosses perturbés. Soit, mais comment ne pas songer aussi à protéger les enfants n'ayant pas de problème ou, à tout le moins, informer les parents des amitiés ayant pu se nouer à leur insu afin d'accroître leur vigilance ? La question mérite débat.

*

Encore un coup de théâtre de Myriam Badaoui. Mais cette fois, il s'apparente à un coup d'épée dans l'eau. Elle a tellement dit tout et son contraire que plus personne ne lui accorde de crédit. Après avoir disculpé la semaine précédente treize des dix-sept prévenus, voilà qu'elle revient sur ses déclarations et remet en cause tout le monde à l'exception du mari de la boulangère. Pourquoi lui ? Encore un mystère.

— Mes enfants n'ont pas menti, j'étais là et j'ai tout vu, s'enflamme-t-elle en ajoutant : Je n'ai pas détruit la vie des accusés mais on a détruit la vie des enfants. Tous les accusés, à part M. Godard, ont bien participé aux viols.

Elle reparle même du meurtre de la petite fille, soi-disant assassinée par son mari, et précise que son fils Johnny a assisté au crime.

Comme le proclame alors l'un des avocats de la défense : « Treize vies sont aux mains d'une folle. »

Ce nouveau coup d'éclat relevant du énième revirement confirme, s'il était besoin, la fragilité de son esprit et l'inanité de ses accusations. Personne ne peut désormais se fonder sur ses déclarations pour forger son intime conviction. Si les juges vont devoir jongler et composer avec tous ces errements, comment un juré peut-il continuer à croire aux délires de cette prévenue qui accuse un jour, disculpe le lendemain, pour pourfendre à nouveau ensuite ?

Chapitre 39

Le procès, Acte III, scène 2
ou
Le carnaval des innocents chanceux

Les autres enfants Delay interrogés sans révéler de choses majeures sinon leurs propres tourments ; l'avocat de Frank Lavier contraint de céder sa place à cause d'ennuis de santé – ce qui vaut une passe d'armes procédurale pénible et absconse – ; les audiences se suivent et réservent leur petit lot de surprises et douleurs.

Pour la défense des accusés innocents, il est temps de tirer parti des divers enseignements des premières semaines du procès. Et monter à l'assaut de l'instruction afin d'en montrer les incohérences et les erreurs. D'un commun accord, la journée de ce mercredi 26 mai est consacrée à l'audition de quatorze personnes ayant été mises en cause, à un moment ou à un autre, mais qui n'ont pas fait l'objet de mises en accusation. Pour maître Delarue, « si nous avons voulu que la Cour entende toutes ces personnes, c'est pour démontrer qu'il y a bien eu deux poids deux mesures dans l'instruction de l'affaire ».

Et entendre tous ces hommes et femmes passés à travers les mailles du filet discrédite en effet la justice française et, par là même, la démocratie, l'égalité des citoyens ainsi que la présomption d'innocence.

Nous entendons ainsi des commerçants de quartier, des connaissances ou des anonymes. Des gens ordinaires, cités par un ou plusieurs des dix-sept enfants comme par Myriam Badaoui, parfois accusés de forfaitures et crimes tout aussi imaginaires mais bien plus graves que ceux reprochés aux malheureux qui trépignent sur le banc des accusés. Pourquoi nous et pas eux ?

Plusieurs témoins défilant à la barre indiquent du reste avoir été choqués de leur mise en cause injuste et infondée. L'un des rescapés refuse même de donner sa profession au président, craignant d'être de nouveau poursuivi par la presse, tandis qu'un autre confie avoir encore peur d'entendre sonner à sa porte. Il en est même certains contraints de déménager pour retrouver un semblant de calme dans leur quotidien. Quel lamentable gâchis !

Devant cette farce de mauvais goût, cette répétition d'un court-métrage burlesque et pitoyable, Gérald Lesigne, l'avocat général, paraît atterré. Quand maître Berton lui demande s'il entend poursuivre les personnes entendues parce que l'action publique n'est toujours pas éteinte à leur égard, il répond par la négative.

Mon défenseur a le mot de la fin en déclarant : « Tous ces témoins entendus doivent comprendre qu'ils ont eu une chance extraordinaire de ne pas être aujourd'hui aux côtés des accusés. C'était, aujourd'hui, le “bal des innocents chanceux”. »

*

27 mai 2004. C'est mon anniversaire. Et pour mes quarante ans, je vais recevoir un des plus beaux cadeaux de ma vie.

Le début de matinée est consacré à l'audition d'énièmes témoins stupéfaits d'être là, comprenant à leur plus grand effroi qu'ils auraient pu occuper notre place et partager notre triste sort. Nous apprenons également l'existence d'un second « procès d'Outreau », dit Outreau bis, censé débuter en octobre 2004[1], dont deux prévenus apparaissent sous bonne escorte car incarcérés, dossier parallèle nourri des déclarations d'une protagoniste dont nous avons pu vérifier la fiabilité, Myriam Badaoui elle-même !

Mais l'enjeu majeur de cette journée n'est pas là. Les conseils des sept accusés toujours incarcérés, mais mis hors de cause par

1. Il n'a toujours pas eu lieu à ce jour de mars 2005.

cette femme diabolique la semaine précédente, présentent une nouvelle demande collective de remise en liberté provisoire. Si la précédente requête avait seulement permis à Sandrine Lavier de sortir de prison, cette fois la donne est inversée. Embûche toutefois, l'avocat général s'oppose à ces demandes en estimant qu'il n'y a pas d'éléments nouveaux les autorisant. Heureusement, le tribunal tranche en début d'après-midi et toutes les requêtes sont acceptées.

En apprenant la nouvelle, des larmes de joie embuent mon regard. Enfin, toutes ces personnes incarcérées que je sais maintenant aussi innocentes qu'Odile et moi vont pouvoir humer l'air libre. Leur libération est si émouvante que je ne peux m'empêcher d'aller les féliciter, de leur serrer la main, de les encourager dans leur combat pour que justice soit enfin rendue.

Ce soir, pour ceux qui ont encore un domicile, ils dormiront dans leur lit ! À un journaliste qui cherche à savoir pourquoi je pleure, je réponds que cette décision magnifique m'émeut et que je suis heureux de constater le bonheur de tant de personnes meurtries ayant enfin droit à retrouver l'affection d'un être cher.

*

L'audience reprend avec l'audition de l'ancien instituteur de Dave, lequel a également été l'enseignant de mon fils, parlant de lui comme d'un enfant brillant et ouvert. Ensuite s'expriment d'anciens confrères de Boulogne-sur-Mer, lesquels font part de la solidarité de leur profession envers moi en assurant la Cour de mon intégrité. Notre médecin de famille, aussi entendu, ne se montre pas tendre pour notre couple, mais confirme que Sébastien ne lui a fait aucune confidence relative aux prétendues agressions sexuelles dont il aurait été victime de ma part. Il indique d'ailleurs que si cela avait été le cas, il aurait fait un signalement d'office, ce qui n'a jamais eu lieu.

Chapitre 40

Le procès, Acte III, scène 3
ou
L'art de couper les cheveux en quatre pour se voiler la face

Dernier jour de semaine. Le procès reprend avec plus d'une heure de retard, parce que Myriam Badaoui a refusé de se présenter à la cour d'assises. Par voie de courrier envoyé au président, elle explique « en avoir marre d'être ridiculisée ». Un comble. La « reine » refuse de venir au palais !

L'audience débute donc, sans la principale accusatrice, par l'audition de mon ancien coiffeur. Une histoire de cheveux à dormir debout à laquelle on accorde une importance démesurée. Mais sans doute faut-il boire le calice jusqu'à la lie, endurer les erreurs de l'instruction jusqu'au bout et ne pas déranger l'ordonnancement d'un planning établi avant les « aveux » de l'absente du jour ? L'interrogatoire du Figaro dure une heure, avec une question majeure à la clef : pourquoi ai-je coupé mes cheveux deux millimètres plus courts qu'à l'ordinaire ? Ce thème préoccupe l'avocat général, l'un des avocats des parties civiles, le président de la Cour, et même un de ses assesseurs. J'ai beau arguer que je perds mes cheveux et que, calvitie oblige, je désirais une coupe de plus en plus courte, ils peinent à me croire. Si on finit par apprendre que le coiffeur lui-même avait insisté, quelques années auparavant, pour que j'adopte cette chevelure plus rase, que j'aie eu le malheur d'accéder à sa demande en 2001 ne fait quand même pas de moi un pédophile violeur ? Lorsque mon coiffeur dément avoir tenu les propos que les PV lui prêtent et déclaré aux enquêteurs qu'il s'agissait de modifier mon apparence physique, je suis soulagé.

Soulagé mais aussi inquiet, car il n'est pas le premier à noter des interprétations de discours. Et de raconter qu'il avait même fait la remarque que le procès-verbal ne reprenait pas exactement ses dires, mais s'était vu répondre que cela signifiait la même chose. On imagine ce que cela put donner avec des enfants ne sachant pas bien lire...

Les autres interrogatoires me sollicitent moins. Je note cependant l'audition de la mère d'un handicapé mental mis en cause de façon très circonstanciée par les enfants Delay et Myriam Badaoui, mais déclaré irresponsable de ses actes. Sa maman explique qu'il est incapable de se déplacer seul, ne sait pas monter les escaliers ou s'habiller sans aide, pas même aller aux toilettes, et que, de toute façon, il est impuissant. Elle précise avoir, à l'époque, téléphoné au juge d'instruction pour lui expliquer le cas de son fils et solliciter une expertise, mais que le juge Burgaud avait préféré lui raccrocher au nez. Un témoignage qui renforce le sentiment de malaise de ce procès et confirme l'attitude critiquable du magistrat instructeur.

Chapitre 41

Le procès, Acte IV, scène 1
ou
Enfin mon fils me disculpe aux yeux de tous

Pas d'audience aujourd'hui. Mais des rendez-vous médicaux. Dont le psychiatre auquel Dany, qui assiste à l'entretien, confie que j'aurais un comportement étrange, oscillant entre abattement et impulsivité, voire agressivité. Bref, je ne suis plus dans mon état normal. Le médecin me fait alors passer des tests concluant que j'ai besoin d'apporter des explications à toutes mes angoisses. De nouveau, pour me soigner, elle souhaite m'hospitaliser, mais je refuse énergiquement. Pour réguler mes sautes d'humeur et la dépression qui me ronge, elle modifie le traitement en augmentant les doses de Tersian®. J'en arrive à dix-sept comprimés par jour. De quoi assommer un cheval.

Le lendemain, on fête mon anniversaire chez ma marraine où je retrouve sa fille Véronique. Évidemment, tout le monde parle de l'affaire, s'intéresse aux comportements des uns et des autres, décortique les jeux de rôle, les retournements de situation. Tous sont persuadés que les treize innocents vont être libérés alors que je pense désormais le contraire, convaincu qu'il sera impossible à l'avocat général de demander treize acquittements sous peine de discréditer complètement le système. À mon sens, il maintiendra quand même l'accusation sur quelques points. Je ne croyais pas si bien dire... hélas.

Au petit matin du lundi de Pentecôte, je me réveille tôt. Je me pèse – encore un kilo en moins –, travaille dans mon bureau, répondant aux multiples courriers reçus, consultant toutes les lettres de soutien des amis, des connaissances, des débiteurs de l'Étude, des confrères, des anonymes. Des messages où un élément m'étonne par son ampleur : nombreux sont ceux qui expriment leur mépris de la justice française.

*

Nous entamons la cinquième semaine du procès et Myriam Badaoui, après avoir refusé le vendredi précédent son extraction de prison, est de retour sur son banc. Le show pathétique de cette femme aux confins de la folie va-t-il reprendre ? À vrai dire, cela ne m'importe guère dans la mesure où le Tersian® agit plus que bien : l'audience du matin, je la vis en effet quasi endormi sur mon siège, les yeux mi-clos.

Nous écoutons deux enfants qui mettent en cause le prêtre-ouvrier, puis l'assistante maternelle. Le premier, suivi dans un institut médical spécialisé, confie des souvenirs pleins de contradictions, d'invraisemblances et d'imprécisions. À part le prêtre-ouvrier, il dénonce des voisins, en précisant « qu'il y avait d'autres adultes ». Pourtant, son audition donne l'impression d'un numéro d'équilibriste mal réglé, improvisé, laborieux même. Le deuxième enfant, de son côté, s'en prend au couple Delay-Badaoui, mais aussi au pauvre religieux. L'assistante maternelle, une fois à la barre, souligne que l'enfant était scolarisé avec Dave Delay et qu'un jour ils avaient regardé une cassette pornographique ensemble. Ce qui fait réagir l'avocat d'Odile, parlant de la pernicieuse et fétide « rumeur de Samer », née des récits des enfants Delay scolarisés dans la même école que les nôtres. Récits dans lesquels ils impliquaient des personnes dont ils avaient seulement entendu les noms. Mon pauvre Sébastien, comment as-tu pu être pollué ainsi sans que je m'en aperçoive ? N'as-tu pas été sous la coupe de ces copains autoritaires dont l'un a accusé sa mère d'attouchements au-dessus du pantalon comme tu le fis à ton tour ?

*

Dans mon cas, les propos de mon fils sont évidemment ceux qui me troublent et m'inquiètent le plus. Mon avocat en est conscient : puisque peu à peu les autres reproches formulés à mon encontre tombent les uns après les autres, il doit aussi faire comprendre aux jurés le caractère non-fondé de cette accusation. L'audience du lendemain débute donc par l'audition d'un médecin légiste expert près les tribunaux ayant ausculté mon fils le 14 novembre 2001, connaissant pertinemment les motifs de son intervention, à savoir d'éventuels viols ou agressions dont cet enfant aurait été victime dans le cadre familial. Le praticien, prolixe, expose sa méthode avec professionnalisme, expliquant comment mon fils a été mis en confiance et entendu en présence d'une infirmière spécialisée. Maître Delarue insiste d'ailleurs sur sa façon de travailler, son expérience, la qualité des personnes qui l'assistent. Pour l'expert, Sébastien est un garçon bien élevé, poli, qui comprend le sens de questions posées avec mesure dans un univers où il se sent écouté, un garçon qui, conclut ce spécialiste, n'a jamais déclaré avoir été victime d'agression sexuelle et ne présente aucune lésion physique de viols ou de pénétrations !

Pas de doute, voilà un rapport d'une personnalité reconnue qui diverge fondamentalement de celui rédigé par l'enquêteur ayant entendu mon fils le même jour ! Face à un tel hiatus, il convient dès lors de se demander comment on a initialement posé les questions. Je décèle aussi dans cette divergence une étrangeté du comportement de Sébastien : sa propension à être influencé par de plus forts ou de plus autoritaires, comme le jeune Dave, ou toutes les personnes extérieures incarnant une autorité quelconque. Mais, après tout, c'est un enfant et comment pourrais-je lui en vouloir : il ignorait la portée de ce qu'on lui faisait dire.

En fait, le seul « reproche » que je puisse lui faire est d'être trop influençable. J'en ai une nouvelle preuve ces jours-là. Dany, qui l'a vu le week-end, m'a averti qu'il allait m'écrire et que Cécile m'avait fait un dessin. Or, à mon arrivée au tribunal, demandant à ma femme ces écrits, Odile, un peu étrange, m'a répondu qu'elle ne voyait pas de quoi je parlais. Sa dénégation a laissé un goût bizarre dans ma bouche. Mon sixième sens, mis en éveil, me conseilla d'être sur mes gardes.

J'ai raison car le lendemain, en début d'audience, mon avocat m'informe d'autre chose : mon fils aurait rédigé un courrier dans lequel il dirait ne plus souhaiter me voir. Je réalise dès lors que Sébastien est influencé.

Ma sœur Dany, furieuse, en veut à l'entourage d'Odile, persuadée elle aussi qu'il fait tout pour que mon fils continue à m'accuser. Elle indique alors à mon avocat être d'accord pour venir en témoigner à la barre.

*

Mercredi 2 juin 2004. Mon avocat sera retenu ailleurs toute la journée et celui d'Odile le matin, mais ces absences n'ont guère d'importance puisque les enfants interrogés, comme tous les autres de cette semaine, ne nous mettent en cause ni l'un ni l'autre. Pour la première fois depuis longtemps, mon épouse m'adresse même la parole, s'inquiétant de ma santé ainsi que des doses de médicaments que j'avale. Même la collaboratrice de son conseil me met en garde sur ce point. Leur nouvelle sollicitude m'étonne tellement que je peine à parler, bafouillant une banalité avant d'aller m'asseoir vacillant sur mon banc.

Je passe la matinée à somnoler, levant juste les yeux pour vaguement écouter les réflexions des avocats lors d'une suspension d'audience créée par un tumulte entre conseils. J'ai néanmoins retenu les paroles du jeune Alexis qui, à l'instar de Sébastien, a fait état d'attouchements et de fellations par son père lors des interrogatoires policiers mais qui, en séance, avoue ne plus se rappeler sa vie avec ses parents. Ainsi que l'audition rapide du fils de David Delplanque, qui ne se souvient lui non plus de rien, pas même de son père, lequel a avoué le viol des petits Delay mais pas celui de ses propres enfants.

L'après-midi débute avec l'entrée d'un adolescent d'une quinzaine d'années à l'arrogance et l'outrecuidance extrêmes. Son insolence, son hypocrisie manifeste et ses contradictions font même dire à l'un des avocats de la défense qu'il est « un menteur ». Ce qui provoque un nouvel incident avec un conseil des parties civiles qui se met à crier au scandale. Défenseur ou procureur, tous les rôles sont tellement inversés dans cette incroyable histoire que la tension atteint dans le prétoire un paroxysme pesant. On retiendra néanmoins des récits de ce garçon qu'il aurait été violé une vingtaine de fois par Thierry Delay, que ce dernier aurait menacé de tuer son chien, et que les Lavier s'en seraient pris à lui. Une accusation semble-t-il soufflée par une avocate assise à ses côtés, ce qui suscite un nouvel émoi. Parti dans sa désignation tous azimuts, il met encore en cause l'abbé Dominique, ainsi que « l'huissier de justice » dont il a « reconnu la tête et appris son métier quand il l'a vu à la télé ». Comme il fait également état de voyages en Belgique où des enfants auraient été violés et des cassettes pédophiles vendues, plus grand monde ne fait vraiment attention à ses multiples dénonciations.

Lui succède son frère cadet, beaucoup plus poli, mesuré et d'apparence sincère. Assez émouvant, vrai, il met en cause le couple Delay, ce que Myriam Badaoui confirme, ainsi que l'abbé Dominique, point sur lequel je demeure perplexe, ne croyant pas une seconde aux accusations portées contre lui.

*

3 juin 2004. À la reprise de l'audience va se jouer un moment majeur de ce procès : l'interrogatoire de mon fils. Va-t-il parvenir à se libérer de la pression exercée sur lui, libérer sa conscience et laver mon honneur ? Je le crois, je l'espère, mais sait-on jamais comment réagit l'âme d'un garçon aisément impressionné par le décorum.

Quand Sébastien arrive dans le box pour cet interrogatoire à huis clos, je suis ému. Je ne l'ai pas vu depuis ce séisme du 14 novembre 2001 et je dois bien dire qu'il est beau. En le découvrant ainsi devant moi, je pleure à grosses larmes. A-t-il conscience des enjeux ? Interrogé avec respect par les avocats divers, tout comme par le président et l'avocat général – ce dont je leur suis reconnaissant –, Sébastien se montre on ne peut plus clair. À maître Delarue il indique que j'ai certes une fois touché son « zizi » mais que c'était à travers son pantalon et en aucun cas intentionnel. Il raconte également avec ses mots d'enfant qu'une autre fois, j'ai jeté sa culotte de pyjama dans sa chambre, geste absolument pas équivoque dont je me souviens, puisque j'avais tendance à ne pas vraiment prendre soin de ses vêtements lorsqu'il m'arrivait de l'habiller le matin (négligence qui me valait quelques disputes avec Odile quand elle ne retrouvait pas ses habits le soir). Je me réjouis : mon petit reconnaît, devant le tribunal, qu'il a mal interprété mon geste, pouvant prendre un jeu pour des attouchements. Enfin je suis soulagé : la vérité est désormais établie et moi innocenté.

Même si je déplore au fond de moi que la contamination « sexuelle » de Dave ait pu pousser Sébastien à s'imaginer le pire ; même si je ne comprends pas que des policiers aient surinterprété ses mots ; je ne lui en veux pas et ne lui en voudrai jamais. À la fin de son audition, je prends du reste la parole, et, en larmes, lui lance :

— Sébastien, je t'aime ; j'ai trop travaillé, je te promets de ne plus travailler autant et m'occuper de toi.

J'éclate en sanglots en me rasseyant et maître Delarue propose de demander une suspension de séance, mais je la refuse. Puisque la vérité est enfin apparue, poursuivons ! J'ai peut-être une fois touché le sexe de Sébastien par mégarde, mais jamais il n'y eut dans mon esprit d'intention sexuelle. Tout le monde l'a entendu désormais : je ne suis pas un abuseur d'enfants. Je ne l'ai jamais été et ne le serai jamais. Car, après tout, ayant surveillé tant de centres aérés, de campings, de piscines, sans le moindre problème, si j'avais été malade, ne le saurait-on pas depuis longtemps ? J'ai toujours considéré le corps d'un enfant comme un tabernacle, j'ai enseigné à Sébastien qu'il était propriétaire de son corps et que personne ne pouvait le toucher. Oser souiller cette innocence m'a toujours paru le pire des actes. Dès lors, comment aurais-je pu commettre une telle horreur ?

*

Mon fils Thomas sera également interrogé. N'ayant jamais proféré d'accusations contre moi, il est essentiellement interrogé sur l'ambiance au sein de notre famille. Affirmant que j'étais sévère mais qu'il reste proche de moi, il confirme avoir quitté un jour le domicile avec son frère mais qu'en aucun cas il ne s'agissait pour eux d'une fugue. Comme il nie avoir jamais tenté de se suicider par pendaison ainsi qu'il est indiqué dans le dossier. Déplorant le temps que je passais à travailler, il se souvient néanmoins que je savais profiter des bons moments avec lui dans les parcs de jeux et les aires de loisirs.

Entendue à son tour, l'assistante maternelle ayant accueilli nos enfants après leur placement parle d'un vrai climat de violence et de rivalité entre mes deux garçons, Sébastien étant à ses yeux en opposition avec son frère. Elle raconte qu'un jour, ayant surpris mes deux fils en train de fredonner une chanson paillarde, lorsqu'elle leur en fit la remontrance ils lui expliquèrent qu'elle avait la même réaction que leur mère. Pensant que c'était moi qui leur avais appris cette chanson, elle leur demanda ce qui m'était passé par la tête pour leur dévoiler une telle rengaine. Mais en fait on comprend que c'était Arnaud, le mari de la sœur d'Odile, qui leur avait adressé ce chant via Internet. Immédiatement interpellé sur ce point, la référente de Sébastien, autrement dit la personne chargée de surveiller les conditions de son placement en famille d'accueil, apparaît sur la défensive. Interrogée, sans savoir ce qui venait d'être raconté, par des avocats qui contestent son travail et par là même celui des autres assistants sociaux, elle ose avancer que la chanson paillarde aurait été apprise par moi d'après les informations qu'elle avait reçues de l'assistante maternelle. Stupeur dans l'assistance : cette personne se coupe puisque tout le monde a entendu affirmer le contraire ! Elle est également mise en difficulté quand il est rappelé que la majorité des enfants de ce dossier a été placés sur Outreau... ce qu'elle admet ignorer. Quel manque de professionnalisme !

Une nouvelle preuve en est apportée peu après. Bertrand, mon beau-frère, raconte en effet une anecdote remontant à deux ans. Le 12 mai 2002, Sébastien lui avait confié que Karim Delay lui en voulait, croyant qu'il l'avait dénoncé à la suite d'un vol. Et de le frapper, tandis que Dave l'injuriait et que l'autre frère, Dirk, lui crachait dessus. Tout cela dans la même école.

À la barre à son tour, ma grande sœur Thérèse fait état, elle, du caractère fabulateur et outrancier de Sébastien, en donnant plusieurs preuves, dont le jour où il avait prétendu que la mère d'Odile lui donnait des coups de pieds à la tête quand il était à terre.

*

Je crois enfin en avoir fini avec cette chimère de l'attouchement quand revient mon tour de commenter tout cela. À nouveau, le président et un assesseur me parlent des anciennes déclarations de Sébastien, selon lesquelles je tirais sur son zizi, baissais son pyjama, posais mon sexe en érection sur sa jambe, lequel aurait atteint les vingt centimètres, lui faisais des bisous sur le corps. Sans oublier la fable selon laquelle, lors de fondues à la maison, il aurait reçu de ma femme et moi comme gage de se mettre nu dans les escaliers. Pour la énième fois, j'argumente que j'ai peut-être un jour, sans le vouloir, touché son « zizi », que jamais il n'y a évidemment eu des fondues de ce genre et que mon sexe en érection n'a jamais atteint les vingt centimètres. Odile, interrogée, vient à ma rescousse et corrobore toutes mes déclarations.

Mais que leur faut-il donc pour qu'ils me croient enfin ? L'audition de mes fils, de ma femme, de celui-là même qui m'avait plongé dans le déshonneur par des propos inconsidérés ne leur suffit-elle pas ? Doivent-ils tous se raccrocher à ces contrevérités pour sauver ce procès d'Outreau en train de leur échapper ? Pitié, pourquoi ne me croyez-vous pas après toutes ces preuves évidentes et ces témoignages à décharge ?

Chapitre 42

Le procès, Acte IV, scène 2
ou
L'entrée des artistes, les experts

L'affaire d'Outreau serait-elle devenue un tel ratage judiciaire sans le rôle majeur accordé aux experts ? Beaucoup d'observateurs pensent que non et, d'entrée de jeu, les auxiliaires de justice admettent implicitement leur responsabilité tant, sentant le vent en train de tourner, ils essaient de réduire la portée des mises en cause proférées par les enfants. À les en croire, alors que certains d'entre eux ou de leurs confrères ont fait exactement le contraire, dans cette histoire il est essentiel de relativiser leur parole, même s'ils avaient pour la plupart un indiscutable statut de victime. Des précautions d'usage qu'il aurait fallu appliquer.

*

Il y a au moins des enseignements à tirer des discours tenus par ces experts au procès. D'abord que la psychologie est à la fois soporifique et sans rapport avec une science exacte. Ensuite, et je m'en doutais, que tout réside dans la façon de formuler les choses. Ainsi, un pédopsychiatre affirme à la Cour qu'ont été posées aux enfants des questions orientées et tendancieuses entraînant de leur part des déclarations pouvant « être crédibles sans être toutefois la vérité ». Conclusion : en pleine souffrance « un enfant peut accuser quelqu'un d'autre ».

Comme si la découverte de ces précautions non appliquées ne suffisait pas, un nouveau psychodrame intervient peu de temps après. Les avocats de la défense déposent en effet une demande pour donner acte à la cour d'assises de constater la partialité de Jean-Luc Viaux, expert ayant « analysé » la crédibilité de certains enfants, en train de se répandre dans les médias sans la moindre mesure, et ce en violation des articles 311 et 328 du code de procédure pénale ainsi que de l'article 6 de la convention européenne des droits de l'homme. Si l'avocat général convient que ses interventions dans la presse relèvent d'un manquement à la déontologie, il argue que son rapport étant déjà au dossier, il convient quand même de l'entendre témoigner.

En attendant son entrée, c'est à Mme Gryson qu'il revient de s'expliquer. Laquelle tient des propos bien en dessous de ses affirmations écrites et précise que si c'était à refaire, il faudrait aussi interroger des psychothérapeutes. Quand le président lui demande s'il ne faudrait pas plus de prudence dans les rapports et le choix des intervenants, elle lui réplique en mettant directement en cause les travaux du docteur Bensussan, pourtant renommé, uniquement parce qu'il est un simple psychiatre généraliste ! Ce qui ne l'empêche pas, elle, de comparer un dessin montrant une rose, une tulipe et une marguerite à la représentation sexuée du corps.

Finalement autorisé à s'exprimer, Jean-Luc Viaux avance de son côté n'avoir jamais été en quête d'une vérité judiciaire, admet que des erreurs surviennent dans toutes les disciplines et que, dans l'esprit d'un enfant de huit ans, si un adulte dit quelque chose, c'est vrai. Poussant plus loin sa réflexion, il pense que les interrogatoires des enfants dans le cadre de l'instruction n'ont pas été conduits correctement dans la mesure où ils étaient listés alors qu'il ne faut jamais poser de questions directes. Concernant sa propre expertise, cet expert ajoute qu'elle n'a pu être réalisée dans des conditions optimales parce qu'on l'a poussé à travailler dans l'urgence, son rapport s'en trouvant *de facto* truffé de fautes d'orthographe. Il conclut son intervention en soulignant que les déclarations des enfants ne sont pas homogènes et même se contredisent.

Pas de doute, c'est l'hallali. Si jour après jour l'instruction a été assaillie de toutes parts, cette fois c'est une vraie voie d'eau qui menace de la couler. Dans la salle, le travail de Fabrice

Burgaud suscite désormais les ricanements. On entend même : « Tirez pas sur l'ambulance. » Ce qui, à tout le moins, ne fait vraiment pas les affaires des associations s'étant portées partie civile. Leurs conseils sont d'ailleurs décontenancés.

*

Au final, après avoir vu défiler encore d'autres spécialistes, le public sent que les experts sont embarrassés de constater combien leurs rapports ont eu une importance considérable dans les décisions de mises en examen et les rejets des demandes de libération conditionnelle. Combien aussi, à partir de leurs conclusions, il faut être prudent et comprendre que dire de quelqu'un qu'il est crédible ne signifie pas qu'il dit vrai.

Comme l'a indiqué maître Hubert Delarue, après ces journées d'auditions : « On voit bien ici les limites des experts. Les psychologues, et dans une moindre mesure les psychiatres, interprètent des signes. On en a tiré des conclusions hâtives qu'ils viennent aujourd'hui tempérer, après ce que nous ont appris ces cinq semaines de procès. »

Ce à quoi maître Berton renchérit en déclarant : « Ces conclusions ont eu un poids et des conséquences catastrophiques, puisque des innocents ont passé des mois, voire des années en prison pour rien, simplement parce que ces experts ont jugé Myriam Badaoui et les enfants crédibles. »

Pas de doute, en ce domaine aussi, l'échec est patent. Une enquête bancale, des experts crus sur parole, des accusateurs déjantés, décidément, l'instruction ne voit pas une journée sans être mise à mal un peu plus. Le juge en a-t-il seulement conscience ? La Cour va le savoir très vite.

Chapitre 43

Le procès, Acte IV, scène 3
ou
L'entrée en scène du juge d'instruction

La journée du mercredi 9 juin 2004 est essentielle puisque vient témoigner Fabrice Burgaud. Cet homme d'à peine trente ans aux prémices de l'instruction sait que chacun l'attend au tournant. La presse, les avocats, les accusés innocents, tout le monde a des reproches à lui faire. Mais a-t-il idée des dégâts qu'il a commis ? Va-t-il enfin s'honorer d'un mea culpa ou au contraire camper sur ses positions ? L'instant est crucial, la tension à son comble.

*

— J'appelle Monsieur Fabrice Burgaud à la barre, annonce le président.

Le silence de la salle est impressionnant. Six policiers sont en position près des fenêtres masquées par du papier blanc pour éviter les appareils photos et les caméras indiscrètes de la presse. Le « petit juge » avance, protégé par des gardes du corps postés autour de lui. Sur interrogation, il se présente :

— Fabrice Burgaud, trente-deux ans, profession magistrat, domicilié à Paris.

Comme à tous, le président lui demande de dire la vérité, toute la vérité, sans haine ni contrainte, de lever la main droite et de dire : « Je le jure. »

En entendant ses premiers mots, le timbre de sa voix, je le

trouve égal à lui-même, dénué de toute expression, peut-être un peu moins sûr de lui toutefois, n'ayant sans doute guère la possibilité de se montrer mécanique en ces lieux. Néanmoins les réponses aux questions qui lui sont posées trahissent en lui l'homme. À l'observer de près, il me fait songer à un écolier ayant appris sa leçon, manifestement « briefé » avant de comparaître. Son leitmotiv ? N'être « qu'un technicien du droit ». Dès lors, avec une telle « philosophie », « tout le monde peut mentir, tout le monde peut se tromper », mais sa technique le protège de toute responsabilité !

Il commence par décrire comment il a été saisi de l'enquête et a étudié l'environnement des Delay, ainsi que leurs fréquentations. Il a vérifié ce qu'ont pu dire les enfants, puis les adultes, et vu si les différents éléments pouvaient se recouper. Ce qui l'a conduit à déterminer « trois catégories de personnes mises en cause » : celles « jamais identifiées, celles identifiées mais pour qui il n'y avait pas d'éléments suffisants et celles renvoyées devant les assises pour lesquelles les éléments étaient assez précis, graves et concordants ». Autrement dit, les dix-sept accusés font, selon lui, partie de ce groupe. Visiblement conscient de s'être trompé, mais ne pouvant l'admettre, on le sent éprouver le besoin de se protéger. Ainsi, il se cache derrière son successeur le juge Cyril Lacombe, en prenant soin de préciser avoir quitté la juridiction de Boulogne-sur-Mer en août 2002, donc que c'est ce dernier qui a signé l'ordonnance de renvoi. Il en profite pour vilipender le rôle de la presse et la médiatisation excessive ayant entouré cette affaire, faisant amende honorable sur un seul point : avoir rencontré des difficultés dans l'instruction du dossier en raison du nombre de personnes impliquées et de l'importance des investigations. Bref, pas l'ombre d'un regret.

*

Vient le temps des questions.

Le président lui demande pourquoi toutes les photos des personnes soupçonnées n'ont pas été incorporées dans le trombinoscope. Et lui d'expliquer que celui-ci a été fixé à mesure du développement de l'enquête. Une contrevérité qui suscite des cris dans la salle, les avocats de la défense parlant alors du docteur Leclerc, des époux Lepers, des huissiers de justice Guillaume et Terrier évoqués d'emblée mais pas inclus. Comme le président veut également savoir pourquoi, dans les comptes rendus de ses interrogatoires, Fabrice Burgaud énonce toujours qu'« il ressort des investigations que... », alors qu'il n'y a aucun élément, le juge se justifie en expliquant qu'une question fermée permet d'étayer la réponse ! Ce qui a de quoi faire peur. Pire, il affirme avec force avoir été prudent.

À une nouvelle question visant à connaître l'importance des preuves matérielles qu'il a pu recueillir, le magistrat est déstabilisé. Et contraint de confesser qu'il n'a trouvé aucune photo, aucune cassette vidéo, aucun ADN identique, que les recherches en Belgique comme dans le sex-shop de Boulogne-sur-Mer sont demeurées vaines et que les écoutes téléphoniques, y compris celles des cabines situées à proximité de l'habitation du couple Delay, n'ont donné aucun résultat. En somme, une débandade en règle, une déroute en rase campagne.

*

Avec les questions formulées par l'avocat général, Fabrice Burgaud va reprendre du poil de la bête. Il est vrai que, autant j'avais l'impression que les interrogations du président Monier étaient sincères, autant celles proférées par le représentant du ministère public me procurent un malaise. J'assiste en effet à un jeu de questions-réponses bien rôdé.

Quand Gérald Lesigne lui demande ainsi de préciser le rôle du magistrat instructeur, le juge s'étend, répond qu'il analyse les différents éléments à charge et à décharge et que le doute doit être débattu en cour d'assises. Il affirme en outre avoir toujours interrogé les enfants en présence de leurs avocats et avoir eu une approche critique de la parole de Myriam Badaoui. N'est-ce pas le bouquet ? Concernant son refus de contre-expertise, il argue qu'un premier expert ayant jugé les enfants crédibles, qu'un second étant parvenu à la même conclusion, il lui a pas paru utile d'en pratiquer une troisième. Quant à faire la différence entre crédibilité et vérité, l'idée ne lui en vient même pas.

Interrogé sur les confrontations anarchiques durant lesquelles les trois accusateurs parlaient entre eux, il fait mine de ne pas comprendre, admettant juste ne pas pouvoir exclure que les gens aient pu communiquer à ses dépens.

*

Après ces civilités courtoises, va-t-on enfin avoir droit à un véritable affrontement entre ce magistrat et ceux qui contestent ses méthodes ? En tout cas, ce n'est pas le premier des avocats des parties civiles à l'interroger qui va s'y atteler. Délibérément du côté de l'accusation depuis des jours, quasiment auto-investi d'une mission de procureur bis, il évoque le courage du juge et se contente de questions sur ses méthodes d'instruction et l'interrogatoire des enfants. Des politesses qui font fulminer les avocats de la défense, certains qualifiant leur confrère de « lèche-cul ». Ce qui n'empêche pas le magistrat instructeur de souvent botter en touche, rappelant volontiers le soutien obtenu par la chambre de l'instruction de la cour d'appel de Douai et la chambre criminelle de la cour de cassation.

Lorsqu'un autre avocat lui demande d'expliquer comment il a procédé pour recueillir la parole des enfants, Fabrice Burgaud montre qu'il ne manque pas de toupet puisqu'il indique que c'est un enquêteur « spécialisé » qui a procédé aux auditions alors qu'en vérité ils étaient quatre, dont un seul disposant d'une formation, à s'occuper des interrogatoires. Au confrère qui veut savoir si l'expertise réalisée par Mme Gryson pouvait être contestée et si le délai pour entendre les enfants n'avait pas été trop long, le juge rétorque qu'il ne souhaitait pas entendre les mineurs plusieurs fois, préférant dès lors retarder les auditions.

Une autre question le déstabilise un peu : celle concernant un médecin n'ayant pas été mis en cause alors qu'il avoua lui-même avoir consulté des sites zoophiles et pédophiles. Le magistrat admet sur ce point une erreur mais raconte n'avoir pas été plus loin, sous prétexte que les enfants avaient du mal à différencier une consultation médicale d'une agression.

*

Devant tant de confiance en son travail pourtant diablement mis à mal depuis le début mai, comment ne pas être estomaqué. Qui va parvenir à lui faire reconnaître ses erreurs ? Les avocats de la défense, particulièrement remontés et pas suspects de flagornerie ?

C'est maître Delarue qui attaque le premier. Comme à son habitude, mon avocat reste très courtois, notant avec ironie qu'il trouve un Fabrice Burgaud identique à celui qu'il avait quitté la dernière fois, à savoir nanti du même mélange de naïveté et de certitude, du même discours où ne plane aucune once de remise en cause. Mon conseil commence par lui demander ce qu'il pense des nouvelles déclarations entendues au procès, des différents rebondissements constatés, des propos innocentant les accusés tenus par Myriam Badaoui. Fabrice Burgaud se sort du piège en prétextant qu'il n'y a jamais de certitude et que lui s'est contenté d'appliquer les méthodes d'un magistrat instructeur.

S'attelant à détailler l'absence de preuves matérielles, le choix de croire en certaines paroles et pas à d'autres, aux raisons pour lesquelles certains ont eu la chance de devenir des « rescapés de la procédure », mon avocat multiplie les attaques en règle. Ainsi, il aimerait connaître comment le magistrat a procédé aux vérifications me concernant, sachant que Myriam Badaoui et son fils Dave n'avaient jamais dit la même chose. Le juge explique alors que les témoignages de Myriam Badaoui avaient été recoupés avec ceux des enfants, et que la revue homosexuelle retrouvée dans l'armoire d'Odile ainsi que la connexion à un site gay constituaient des preuves suffisantes. Comme le « fait » que Dave avait été menacé par ma femme – ce qui est faux –, qu'il avait reconnu notre chambre – là encore c'est faux – et que Sébastien avait fait état d'agressions sexuelles sur sa personne – toujours faux...

Ce qui conduit maître Delarue à présenter au juge, non sans humour, un inventaire à la Prévert :

« Il manque un mari à la boulangère ; le fils du taxi n'est pas le bon ; pour le prix d'un Legrand vous en avez deux ; l'huissier se démultiplie, de un on est passé à trois ; le crime est sans cadavre ; la ferme belge est introuvable ; chaque semaine, Dave allonge la liste, mais là vous dites “stop”. »

Et d'aboutir à la contradiction majeure de l'instruction : « Pourquoi ce qui serait vraisemblable pour les uns ne le serait pas pour les autres ? » Là, mon avocat égrène une multitude d'incohérences. Pourquoi le docteur Leclerc n'a-t-il jamais été mis en cause ? Pourquoi les époux Lepers sont-ils absents du dossier alors que Karim déclare qu'il manque cette infirmière dans l'album photographique ? Conséquence, maître Delarue achève sa démonstration en constatant que pour lui, juge d'instruction, les citoyens ne sont donc pas tous égaux devant la loi.

Face à cette avalanche de reproches, Fabrice Burgaud pèse soigneusement ses réponses. Il estime qu'il aurait été en effet souhaitable d'avoir toutes les photographies mais que tout le monde peut se tromper. Poussé dans les cordes sur différents points – ma photo dans le trombinoscope qui date de 1992 ; Dave qui me « reconnaît » comme étant l'image n° 14 alors que la mienne est la 25 ; Johnny qui ne se souvient que six mois après ! – et titillé sur le fait que ces incohérences ne profitent pas de la même façon aux Lepers qu'aux Marécaux, le juge se montre impassible. Comme il ne bronche pas lorsque mon avocat relève que je serais venu chez Myriam Badaoui en novembre 1998, alors que j'étais en vacances avec Odile à des milliers de kilomètres de la Tour du Renard, point aisé à vérifier en saisissant mes agendas, ce qui ne fut pas jugé utile de faire ! Comme il ne cille pas lorsque maître Delarue démontre la répétition des invraisemblances des interrogatoires où Myriam Badaoui commence par parler, Aurélie Grenon confirme et David Delplanque poursuit afin que les autres acquiescent. À la question de savoir si le magistrat instructeur ne regrette pas d'avoir écarté la solution de confrontations individuelles, Fabrice Burgaud rétorque que si elles avaient été séparées seraient apparus les mêmes mensonges et qu'il a privilégié les confrontations à plusieurs pour éviter de trop nombreux interrogatoires. Ce qui conduit mon défenseur à lâcher, désappointé :

— Vous êtes d'une naïveté inouïe ! En somme, pour vous, tout s'est bien passé !

Au fil des assauts de mon conseil, le magistrat affiche des

réponses dilatoires ou un silence prudent, rappelant régulièrement que ce n'est pas lui qui a « rendu l'ordonnance de mise en accusation ». Il se défausse. Et quand il se voit interpellé sur les déclarations à géométrie variable de Myriam Badaoui, quand mon avocat rappelle ses propos de plus en plus scabreux, violents, dérangés en lançant : « Est-ce que, là encore, vous ne vous posez pas de questions ? L'enquêteur belge vous apprend que l'histoire de l'enfant assassiné est une invention de toutes pièces, qu'il n'y a jamais eu de sex-shop à Ostende et qu'il n'y a aucune piste sérieuse quant à la ferme en Belgique. Ça plus ça plus ça plus ça ! Cela ne vous a pas fait tilt ? Que cette femme dise des bêtises ne vous a-t-il pas fait penser que les Marécaux étaient aussi innocents que les Lepers ? Des policiers affirment avoir attiré votre attention, alors pourquoi n'avez-vous pas voulu entendre l'enquêteur de police belge ? », le juge paraît décontenancé mais ne bronche pas, se contentant d'en dire le moins possible. Comme si on lui avait recommandé la plus grande prudence.

Maître Delarue lui demande ensuite s'il s'est interrogé sur le rôle tenu par les assistantes maternelles dans l'émergence de cette multitude de mises en cause. Fabrice Burgaud répond s'être posé des questions sur ce point comme sur le rôle de la presse, mais que puisque les enfants donnaient des détails, un fond de vérité devait exister. Quant aux accusations portées par Sébastien dans une audition, affirmant en avoir parlé au docteur Chemin ainsi qu'à un autre médecin, à la question de savoir pourquoi le médecin – qui a par ailleurs précisé n'avoir jamais reçu une telle confidence – n'a pas été entendu, le magistrat argue qu'il ne se souvient plus pourquoi. Et rappelle, comme une antienne, qu'il était toujours possible de saisir la chambre de l'instruction, que les « sages » de la cour d'appel ont entériné ses décisions...

Désireux de poursuivre sa démonstration, maître Delarue parle ensuite de l'interrogatoire des enfants, estimant que le magistrat aurait pu les faire visionner aux accusés conformément à la loi de 1998 et qu'une confrontation entre eux dans son propre bureau aurait été moins traumatisante que de venir à la barre. Ce à quoi le juge réplique qu'il n'y a pas eu non-respect de la loi de 1998 et que les enfants n'avaient pas été enregistrés parce qu'abusés justement devant des caméras.

*

Tandis que mon avocat s'apprête à lancer son estocade, un incident survient. Myriam Badaoui, sans doute agacée de voir qu'on ne s'occupe pas d'elle – alors que celui que d'aucuns présentent comme l'homme qui la passionne au plus haut point, et qui a écouté ses délires avec une oreille tellement complaisante qu'elle ne jure que par lui, est mis en cause – s'énerve sur son siège. Et, malgré plusieurs rappels à l'ordre du président, trouble l'audience. Conséquence, celui-ci doit la faire sortir.

Dès lors, une fois le calme retrouvé, maître Delarue peut conclure :

— Aujourd'hui vous répondez aux questions des avocats de la défense. Est-ce qu'en ayant privilégié la parole de Mme Badaoui et celle des enfants, vous n'avez pas fait prendre un risque considérable à l'institution judiciaire au détriment de tous les justiciables ? N'auriez-vous pas dû être plus circonspect dans la conduite de la procédure ?

Campé sur ses positions, Fabrice Burgaud refuse de s'engager sur ce terrain, invoquant le fait qu'il est présent en tant que témoin et ne peut donc prendre parti sur la notion de culpabilité.

*

Bien que sur la défensive, il faut reconnaître que durant cette passe d'armes il assure bien sa défense. Et qu'il a raison de rappeler que diverses chambres d'instruction ont confirmé ses décisions et que c'est effectivement son successeur qui a signé les renvois aux assises, que ce n'était pas son rôle d'apprécier les détentions, bref que tous ces actes ont été collégiaux. Maître Delarue, quant à lui, s'est montré particulièrement pointu et précis dans ses questions, ayant vraiment exploité toutes les contradictions et faiblesses du dossier, démonté les carences de l'instruction et démontré que ce procès relevait de la farce. L'autopsie de toute cette affaire à laquelle nous venons d'assister prouve, avec brio, que je suis innocent, non seulement des accusations de viols sur les enfants Delay mais aussi, et de manière encore plus évidente, des reproches d'agressions sexuelles sur mon fils Sébastien. Aujourd'hui, j'en suis certain : la messe est dite et je ne peux plus être condamné [1].

1. Il va sans dire que les autres avocats de la défense, un par un, se sont ensuite employés à mettre en porte-à-faux le juge Burgaud, à noter les incohérences de son instruction. Et à égrener les phrases qu'il aurait dites à certains accusés – du genre « vous n'êtes pas près de revoir vos enfants », « sois tu avoues, sois je te laisse en prison » –, propos qu'il conteste formellement, allant jusqu'à parler d'outrage à magistrat. Dans une atmosphère particulièrement tendue, voire électrique, maître Dupont-Moretti lui demande même qui sont les personnes venues avec lui dans la salle. Et Fabrice Burgaud d'admettre avoir été accompagné par un magistrat du parquet de Paris chargé de la communication. Cette présence explique-t-elle ses propos d'une prudence rare ?

Chapitre 44

Le procès, Acte IV, scène 4
ou
Encore des soubresauts

Le bastion de l'instruction mis à mal, la procession des témoins à charge et des experts reprend. Qui nous vaut de vivre de nouvelles palinodies et déclarations aussi inquiétantes que surréalistes tant elles attestent combien l'enquête a été menée en dépit du bon sens.

*

Accompagné de deux gendarmes, cité par l'avocat général, survient un ancien voisin de notre appartement d'Hardelot-Plage, avec qui ma femme s'était plusieurs fois disputée. Lequel déclare, contre toute attente, que nous faisions chambre à part, que je dormais avec mes fils tandis qu'Odile, elle, partageait sa couche avec d'autres enfants, et même qu'un jour il m'a entendu dire : « Tu as mis ton pyjama ? »

Maître Berton, le conseil de mon épouse, ironise en qualifiant ce témoignage de « capital », alors qu'il ne repose sur rien, et mon avocat demande à ce témoin s'il n'a pas entendu l'un de nous dire un jour : « Passe-moi le sel ! » L'instant, pour être cocasse avec le recul, montre surtout la volonté initiale d'accumuler un maximum de témoignages, même fragiles ou rocambolesques, censés nous faire passer pour des êtres déviants, avides, hautains et malveillants histoire de conforter les déclarations de Myriam Badaoui.

*

Mme Gryson, expert déjà entendu voilà quelques jours, se présente à son tour. Et l'un de ses rapports est taillé en pièces tellement l'explication qu'elle donne de dessins d'enfant banals apparaît aberrante. L'avocat de Sandrine Lavier lui assène même :

— Vous m'effrayez ; c'est la première fois que je rencontre dans une expertise autant de certitudes ; c'est la première fois que je vois un rapport sans indication de date, et cela aurait été nécessaire pour un rapport aussi péremptoire.

À entendre cette psychologue en effet, les analyses d'experts devraient être considérées comme des preuves, ce qui suscite un nouveau malaise dans ce procès hors norme. Même le président intervient, notant les contradictions entre son rapport et celui d'un autre psychologue sur ces dessins d'enfant.

*

Après la suspension d'audience, coup de théâtre. Maître Berton met en cause les compétences professionnelles de Mme Gryson, en indiquant qu'elle n'est « ni impartiale ni indépendante » parce qu'elle anime une association financée par le conseil général du Pas-de-Calais, lequel est partie civile au procès. Et de déposer des conclusions demandant à la Cour de prendre acte de cette partialité, précisant qu'à la différence d'un témoin lui-même ne peut la récuser mais qu'elle-même peut en revanche s'y résoudre afin de protéger son honneur. L'avocat général et les conseils des parties civiles vocifèrent, rejettent la requête, déclenchant encore un hourvari dans ce procès qui dépasse vraiment les limites.

Le lendemain, vendredi, Mme Gryson, tant décriée, est absente, le président de la cour annonçant son hospitalisation ! Estimant que « l'apparence d'impartialité et d'indépendance n'était pas réunie », de nouvelles expertises médicales sont donc ordonnées et six nouveaux psychologues nommés.

Pour maître Berton, cette récusation constitue une victoire, formulée en ces termes à la presse : « Depuis le début du procès, nous évoquons les failles et les incohérences de l'instruction, aujourd'hui la cour les reconnaît et les acte. » J'entends d'autres avocats affirmer qu'il s'agit tout simplement d'un nouvel exemple des dysfonctionnements de l'instruction.

*

L'audience de l'après-midi est consacrée à l'audition de quatre enquêteurs, trois de nationalité belge assistés d'un interprète, et un de nationalité française. Qui confirment que la ou les fermes en Belgique n'existent pas, qu'aucun des véhicules des accusés n'a fait l'objet d'un contrôle et que le meurtre de la petite fille a été inventé. Ces policiers belges soulignent que les enfants ont menti, n'étaient pas cohérents, mélangeaient tout et que beaucoup de choses ont été imaginées par Myriam Badaoui. Enfin un peu de bon sens dans cette salle.

L'audition du capitaine de police français est plus importante dans la mesure où c'est son service qui a initialement recueilli la parole des enfants. Interrogé, cet enquêteur fait état d'une formation dans ce domaine, mais quand on voit les vidéos et les retranscriptions partielles sur papier, on peut s'interroger sur ses compétences à recueillir des dépositions d'enfants. Quant à ses collaborateurs, il nous apprend qu'ils n'ont aucune qualité en la matière, ayant été formés par ses soins « sur le tas ». Il précise encore qu'il n'existe pas de salle aménagée pour entendre les enfants au commissariat de police de Boulogne-sur-Mer.

Le panorama du fiasco continue à défiler. Quel pénible baisser de rideau en ce dernier jour d'audience de la semaine.

Chapitre 45

Le procès, Acte V, scène 1
ou
Interrogatoires et souffrance

Anxieux, perclus de douleurs, ne ressentant plus les effets des médicaments pourtant absorbés à doses colossales, je m'absente chaque heure un peu plus. Je n'en peux plus de ce procès, de ces récits horribles, de certains de ces experts ayant joué à la roulette russe avec nos vies, de ces quelques hommes de loi enferrés dans leurs certitudes. Comme le médecin du centre psychiatrique me trouve arrivé au point de rupture, il me propose un marché : être hospitalisé mais pouvant aller assister aux audiences. J'accepte : mon destin ne se joue-t-il pas autant dans la salle d'examen que dans celle d'audience ?

*

Je me lève à 6 h 30 puis attends 8 heures pour aller me doucher. De retour, une infirmière m'attend pour une prise de sang. Tout le personnel soignant me connaît, me soutient, me réconforte en disant : « Quelle épreuve ! », « C'est bientôt fini ! » S'il m'est étrange de voir émerger cette notoriété de personnage public involontaire, je suis heureux de constater combien les citoyens comprennent le drame qui se déroule et déplorent les errements de la justice française.

Après le petit déjeuner, un ambulancier me conduit à la cour d'assises pour la septième semaine de procès. L'audience débute par l'audition du supposé gérant de sex-shops et de son fils,

Daniel Legrand père et fils. Une passe d'armes plutôt ennuyeuse mais rapidement expédiée pour le père ; une audition du fils plus longue, notamment à cause de la lettre de dénonciation envoyée à la presse et au juge d'instruction. Des interrogatoires récapitulatifs n'apportant rien de nouveau. Le président de la cour veut-il se donner du temps ?

*

Le lendemain, en constatant mon état de faiblesse, maître Delarue s'avoue perplexe. Au point d'envisager d'intervenir pour que je ne reste pas l'après-midi. Tandis que la première partie de séance est consacrée aux auditions du chauffeur de taxi Pierre Martel et de David Brunet, concierge d'immeuble, lesquels clament eux aussi leur innocence, je faiblis à vue d'œil. Et, avec l'accord du président, on accepte que je prenne du repos afin d'être en forme lors de mon propre interrogatoire.

Finalement, n'ayant pu assister aux séances suivantes, j'apprendrai par la suite que certains avocats de la défense, dont le mien, se sont insurgés contre la conduite de ces nouvelles auditions. Tout le monde croyait enfin assister à la confrontation entre les positions de chacun des accusés et l'état actuel du dossier, mais c'est à nouveau l'instruction écrite qui a servi de base, malgré ses erreurs. « Ce à quoi on assiste, dirent les avocats, apparaît totalement surréaliste, comme tout ce procès. » « On a évoqué avec humour il y a quelques jours "Il faut sauver le soldat Burgaud", on se demande aujourd'hui s'il ne faut pas renflouer le Titanic », ajouta un autre.

En conséquence de quoi d'autres accusés ont revécu le supplice du passage à la barre. Le prêtre-ouvrier, après avoir dû longuement parler de son engagement religieux, du poids de son abstinence et de sa foi, a ainsi juré sur la Bible qu'il n'avait jamais violé, agressé sexuellement ou même touché un seul des huit enfants qui l'accablent. Puis Roselyne Godard a été entendue sur les mêmes sujets qu'avant – comme si rien n'avait été mis à jour durant ces semaines de procès – conduisant son avocat à s'insurger des méthodes d'interrogation du président et à plusieurs fois se mettre en colère. Comme s'il fallait absolument protéger la machine.

*

Nouvelle journée d'audience. Où j'arrive conduit par un ambulancier. Comme je dois passer ce matin, la boule d'angoisse obstruant ma gorge a gonflé encore : au fond de moi, une certitude est en train de monter. Je suis d'avance condamné parce qu'il ne m'apparaît pas matériellement possible que je sois acquitté, même innocent : le scandale serait trop important et rejaillirait sur l'institution. Il faudra pour certains se rattacher à quelque chose à tout prix, et on va fondre sur les fabulations de Sébastien. Comment pourrait-il en être autrement ?

La séance débute avec la fin de l'interrogatoire de Roselyne Godard, petit bout de femme qui doit être d'une grande douceur et dont je reste persuadé de l'innocence, la jugeant seulement coupable d'avoir un grand cœur. Mais elle doit affronter des adversaires retors. Ainsi une avocate des parties civiles s'en prend violemment à elle, trouvant étrange sa présence le soir à la Tour du Renard, ses problèmes d'argent récurrents et sa générosité selon elle suspecte. Et de lui lancer : « Avouez, dites-le que vous avez eu des relations sexuelles avec Myriam Badaoui. » Maître Dupont-Moretti vient alors à son secours et, pour ne pas laisser ainsi salir sa cliente, rétorque à cette juriste qu'elle est « hystérique et malhonnête », la qualifiant également de « procureur de bas étage ». Face à cette volée de bois vert, sortant de ses gonds, la conseil des parties civiles lui décoche un « Ta gueule » avant de se tourner vers le public en faisant le V de la victoire avec ses deux mains. Mais où va-t-on si même les hommes de loi se comportent ainsi ? Le président se voit, devant le tumulte, obligé d'ordonner une suspension de séance.

À la reprise, les esprits se sont calmés mais ma pauvre boulangère, au cœur gros, finit écroulée sur sa chaise. C'est au tour de son mari, Christian Godard, d'apparaître. Lui aussi réaffirme son innocence. Par chance, il n'est pas questionné par les parties civiles, celles-ci ne semblant plus vouloir l'accuser. Odile est également entendue rapidement ; éprouvée, elle met un long moment avant de parvenir à expliquer attendre « avec impatience que ça se termine » ! Quant à mon audition, elle s'avère tout aussi expédiée, quinze minutes au plus. Je réponds juste à quelques questions de l'avocat général sur les jouets des enfants et à l'une des avocates des parties civiles sur les déclarations du concessionnaire Renault.

Le président ne m'interroge même pas, laissant à maître Delarue le soin d'intervenir. Sur Sébastien brisé, sur ma maison disparue. Et lorsqu'il veut savoir comment je ressens cette histoire, les larmes me viennent instantanément. Un lourd silence pèse sur la salle. Après un court moment, tremblant, je bredouille quelques phrases, rappelant le décès de maman, mon envie de revoir mes enfants, de réunir la fratrie, d'essayer de prendre un nouveau départ. Tout en précisant que jamais je ne parviendrai à oublier le mal qu'on nous a fait, à moi, ma femme, Thomas, Sébastien et Cécile. Quand le président clôt la séance, je suis fatigué, vidé, liquéfié.

Mon défenseur s'apercevant de ma faiblesse, j'obtiens l'autorisation de ne pas suivre la fin de l'audience pour me rendre à l'hôpital. Où je passe la journée à tout ressasser, informé le soir des péripéties du procès : les déclarations des enfants Delay qui ne nous mettent plus en cause ; le jeune Karim qui exprime même des regrets ; Sandrine Lavier apparue convaincante tandis que Franck s'est perdu en explications contradictoires ; Thierry Dausque niant tout...

*

Après une bonne nuit de sommeil, aidé par les médicaments, à l'hôpital psychiatrique, j'arrive au palais de justice assez tôt pour avaler un café avec Odile et des avocats mais aussi prendre connaissance des expertises effectuées sur les enfants Delay. Où, me concernant, je note ces propos choisis de Karim : « Marécaux n'a rien à foutre là. Je péterais même les plombs pour lui. Il est malheureux ce gars-là, il souffre autant que moi », mais aussi de Johnny : « Marécaux, c'est pas vrai. »

L'audience s'ouvre sur David Delplanque, qui reconnaît avoir violé trois des petits Delay mais met en cause le juge d'instruction dans sa façon d'avoir posé les questions. Après d'autres, maître Berton renchérit en citant mon cas lorsque j'ai été mis en cause par le même David Delplanque. Et de souligner qu'à chaque interrogation du juge, il affirmait ne pas me connaître, mais qu'à force d'insister, à la sixième question : « Êtes-vous certain qu'Alain Marécaux n'a pas violé les enfants ? », il a fini par murmurer : « Si, mais je n'osais pas le dire. »

Après la pause, Aurélie Grenon suscite un petit coup de théâtre, en livrant une nouvelle version de sa participation à cette affaire : désormais, elle se présente comme une victime. Et accuse Thierry Delay de l'avoir violée en 1998. À l'en croire, discutant un jour avec Myriam Badaoui dans leur appartement, celle-ci lui aurait expliqué ce qu'elle et son mari faisaient avec les enfants. Aurélie Grenon aurait alors cherché à quitter l'appartement, mais Thierry Delay aurait surgi d'une chambre pour l'agresser. Plus tard, elle et son concubin, David Delplanque, seraient retournés au domicile du couple Delay afin de faire l'amour à quatre, et c'est là qu'elle aurait caressé les enfants, sans toutefois « les pénétrer avec des objets ». Cette énième volte-face suscite l'ire de l'avocat général qui explique à la jeune femme qu'elle prend un risque important en trichant en permanence. Un avocat des parties civiles lui lance également qu'elle est en train de commettre une énorme ânerie. Une de plus ?

*

Je n'en peux plus. Tant de tension, d'invectives, de pression, me conduisent lentement au bout du rouleau. Le moindre murmure, la moindre parole, le moindre regard me vrillent l'estomac. Je ne supporte plus rien. Et surtout l'absence de mes enfants. Une bouffée d'air pourrait m'aider. Mais voudra-t-on me l'accorder ?

En fin d'audience, maître Berton, en l'absence de mon conseil, vient à mon secours en réclamant un allègement de mon contrôle judiciaire afin de m'autoriser à voir Cécile et Sébastien. Cela va-t-il se faire ? Je redoute le pire. En fait, l'avocat général émet un avis favorable et celui des parties civiles ne fait aucune opposition. Le président rend alors son verdict : « Mesure accordée ! »

Je n'en reviens pas. J'éclate en sanglots. Des avocats et des mis en cause viennent me soutenir. Je suis sur un nuage, me voyant déjà en train de prendre dans mes bras mes enfants ce dimanche, illusion ne connaissant pas la lenteur des rouages de la machine judiciaire qui doit au préalable organiser une rencontre avec de nouveaux experts, assistantes sociales, référents. Bref, il faut encore attendre. Oui, mais moi, voilà presque trois ans que je patiente.

Chapitre 46

Le procès, Acte V, scène 2
ou
Paroles d'experts

Le déroulement du procès ayant mis en cause la croyance absolue dans les dires des experts, un débat débutant dans les médias sur ce point, ils se voient désormais sur la sellette. Dans les tribunes de la presse comme à la barre de la Cour.

Lundi. Une experte expose la nécessité de s'entourer d'un certain nombre de précautions et de relativiser le contexte dans lequel la parole de l'enfant est recueillie. Un bémol face à certaines des certitudes affichées dans ce cénacle. Allant plus loin, elle met en cause les conditions dans lesquelles cette parole a été entendue au cours du procès et insiste sur l'obligation d'éviter les questions où l'enfant doit répondre par oui ou par non. Deux autres professionnels suivent. À l'une, le président reproche une trop grande prudence dans ses écrits, quant à moi, je découvre des conclusions évoquant Sébastien où il me met de nouveau en cause alors qu'il m'avait disculpé devant tout le monde. Comment peut-il changer ainsi de version sans subir l'influence de tiers ? Comment peut-il raconter que je le giflais souvent, que Cécile était ma « chouchoute », que j'avais peur de Thomas alors qu'en fait je note qu'il cristallise sur moi le comportement d'Odile, laquelle avait en effet un petit faible pour notre petite dernière, craignait notre aîné et tançait régulièrement Sébastien pour éviter les conflits ? Il me reproche encore de n'avoir jamais su établir un vrai dialogue, ce que je concède volontiers puisque mon travail absorbait la quasi-totalité de mon temps. Quand j'entends l'expert rapporter cela, la honte m'envahit, sachant pertinemment que je suis innocent et que jamais je n'ai agressé sexuellement mes enfants.

La psychologue décrit ensuite Sébastien comme un enfant brillant et intelligent ayant connu une mauvaise année scolaire parce qu'il se sentait dévalorisé. Et pour cause, je n'ai pas pu être à ses côtés pour l'encourager. Elle ajoute qu'il a beaucoup de copines, aimerait être pilote de ligne, apprécie la guitare classique et l'équitation, autant de détails que l'on m'a cachés et qui ont fragilisé les liens existant entre nous. Autre enseignement de ce rapport, mon fils vit douloureusement le procès, étant fortement angoissé des résultats et en proie à un sentiment d'autodépréciation intense.

Questionnée par maître Delarue, l'experte indique ne pouvoir dire si mes gestes avaient une connotation sexuelle mais estime que l'enfant l'a ressenti comme tel. Quant à ses atermoiements et revirements, cette psychologue convient qu'il est possible que Sébastien ait pu être influencé, voire manipulé... En fin d'audience, n'en pouvant plus, j'interpelle cette femme en lui demandant : « Je voudrais comprendre pourquoi mon fils dit cela car je n'ai jamais touché mon enfant. » Son silence ne m'apporte aucune certitude ni apaisement.

Meurtri par de tels propos, j'explique alors à mon avocat, ayant conscience de la peine de mon fils, que je suis prêt à m'accuser si cela peut l'aider, en somme prêt à me sacrifier tellement je culpabilise de n'avoir pas partagé ses douleurs. Mais lui, avec une grande pertinence, me rétorque que cela n'a aucun sens, qu'il me faut m'en tenir à la vérité stricte et songer à mes autres enfants, lesquels ont besoin de moi. Il a raison, mais quel échec personnel. Face aux journalistes qui m'interviewent, je reconnais avoir « oublié de vivre en travaillant trop dur et en être maintenant puni ».

*

Mon nom réapparaît lors de la prestation de la psychologue ayant discuté avec les quatre garçons Delay, femme modérée, qui a obtenu des réponses spontanées, donc vraies, car sans orientation ni influence. Je suis cité, certes, mais surtout disculpé. Karim me met totalement hors de cause ; Dave, toujours délirant, qualifie sa mère de « pute » et prétend qu'elle m'a un jour proposé d'abuser de lui et de ses frères mais que j'ai refusé – affirmation mise en doute par lui-même – et Johnny me blanchit totalement.

*

Durant la suite de cette semaine de procès, la parole des experts me passe peu à peu au-dessus de la tête, tant les psychologues, psychanalystes, psychiatres ou pédopsychiatres palabrent sans forcément se mettre d'accord. Comme rien ne me concerne, je me perds dans mes pensées, rongé par mes erreurs éducatives. Une phrase du livre de Paul Bensussan, *La Dictature de l'émotion*, tourne sans cesse dans mon cerveau : « Voulant rattraper le temps perdu, il l'avait fait avec maladresse, déphasé dans sa relation avec des enfants dont il n'avait pas suivi l'évolution. » La sentence n'est-elle pas adaptée à mon cas ? N'ai-je pas trop souvent transformé le peu de temps accordé à mes enfants en moments marqués soit par trop de sévérité, soit par une euphorie contagieuse mais passagère, ces humeurs dépendant de ce qu'Odile me racontait ? N'aurais-je pas dû, certains dimanches, me réserver pour les miens au lieu d'aller régulièrement travailler à l'Étude ? Et puis, comment n'ai-je pas perçu les signaux de détresse que mes fils m'envoyaient, trop claquemuré dans mon mode de raisonnement, mon éducation et mes horaires de fou ?

Le même Paul Bensussan affirme aussi : « Si l'enfant dit sa vérité, cela ne signifie pas qu'il dit la vérité. Et nous avons eu à examiner de très nombreux enfants, dont le récit avait été induit ou suggéré, soit par la sollicitude anxieuse de son entourage, soit par la multiplication d'interrogatoires domestiques extraordinairement mal conduits et suggestifs. Ces enfants étaient évidemment convaincus d'avoir subi ce qu'ils racontaient. Ils ne mentaient donc pas au sens strict du terme. Ce qui ne signifie pas qu'ils l'avaient réellement vécu. Et l'interprétation à la lettre de leur récit aurait pu conduire à des conclusions erronées. » Des propos d'une acuité exceptionnelle qui me frappent parce que, en les découvrant, je les ai crus écrits pour moi. J'ai même eu le sentiment que cet auteur connaissait mon intimité, était entré au sein de ma famille et me décrivait. Le récit de Sébastien, dans un premier temps spontané, fut à mon sens, quand on le reconsidère avec le prisme d'explications de cet expert, induit par un environnement hostile. Odile, qui comme moi a eu besoin de comprendre, l'a interrogé un jour et, face à ses affirmations, a pu constater que rien n'était vrai dans ses accusations contre moi. Et elle a eu la franchise comme l'honnêteté de me le rapporter. Mais Sébastien pourra-t-il un jour comprendre que rien de tout cela n'est vrai ? Je l'espère encore.

*

Jeudi. 10 heures passées. Et l'audience n'a toujours pas commencé ! On attend Myriam Badaoui. Aux dires des avocats, personne ne sait où elle et son escorte se trouvent. En fait, elle arrive peu après, les gendarmes ayant oublié d'aller la chercher à la maison d'arrêt. Décidément, ce procès réserve chaque jour sa surprise.

Myriam Badaoui refait soudain surface, et l'audience peut reprendre à midi, par une nouvelle audition de son mari. Qui reconnaît le viol de ses enfants, entre 1995 et 2000, mais réfute toute autre agression. Il précise à nouveau que seuls quatre adultes sont impliqués : lui, son épouse, et le couple voisin David Delplanque-Aurélie Grenon. Ce qu'il décrit est odieux, lui-même en est honteux, mais au moins a-t-il l'air sincère quand il s'exprime, à la différence de sa femme sous la coupe de laquelle il se recroqueville.

Pour bien imprégner l'esprit des jurés, mon avocat le supplie, en mon nom et en celui de mon épouse, de redire la vérité, cette vérité qu'il a déjà affirmée dans une lettre du 17 novembre 2001 adressée au juge d'instruction où, trois jours après l'arrestation de six des accusés, il avait écrit : « Je peux vous affirmer que ces personnes n'ont rien fait. » Et là, à nouveau, il nous innocente.

Mais cela suffira-t-il ?

Chapitre 47

Le procès, Acte V, scène 3
ou
Le tribunal des parties civiles

Le long procès d'Outreau approche de ses conclusions. Et, en ce jour de juin 2004, donne la parole aux représentants des nombreuses parties civiles, pour la plupart organismes ou associations de lutte contre la pédophilie. Une parole qui va vite se charger d'aigreur, voire de colère, confondre la défense des enfants et la dénonciation d'innocents, devenir une sorte de supplétif de l'accusation au grand dam de la défense. Avec des éclats et des tumultes à la clef.

*

Premier à monter au front, le conseil de l'association Enfance et Partage. Sur un ton vif, cette femme estime que la parole de l'enfant dérange et remet en cause la prudence recommandée dans les ouvrages de Paul Bensussan. Elle s'interroge sur le recueil de cette parole et s'étonne du laps de temps pouvant exister entre les déclarations d'un enfant reçues par une assistante maternelle et une audition par un juge d'instruction. Autant de questions légitimes mais un peu limites qui la conduisent à un nouvel éclat. En effet, à un moment, elle dérape et assène que les parties civiles ont subi la dictature de la défense accrochée à la thèse que « les adultes ne mentent jamais », avant d'accorder à Myriam Badaoui le prix de la première girouette de France. Emportée par sa passion, cette juriste verse dans le militantisme exacerbé, en arrivant à pleurer, larmes relevant à mon avis du jeu de scène.

Le conseil de l'association de Défense de l'Enfance et des Parents séparés est encore plus outrancière quand elle proclame que « tous les adultes ici présents sont coupables, les personnes ici ayant été triées ». Recherche-t-elle la vindicte ou la vérité ?

Tout aussi emportée, voilà désormais au micro celle qui représente l'association Enfance majuscule. Se demandant comment il est possible dans un pays comme le nôtre de voir des enfants violés, battus, humiliés pendant des années au nez et à la barbe des services sociaux et de la justice, elle assaille les accusés et pourfend l'objectivité de la presse. Des paroles qui font sortir les journalistes de la salle d'audience. Revenue à plus de mesure, elle se dit persuadée que certains des prévenus sont innocents quand, selon elle, de vrais coupables sont toujours dans la nature. Et de conclure en réclamant plus de moyens pour la justice afin de recueillir la parole de l'enfant.

D'emblée, l'avocat de l'association la Voix de l'Enfant affirme être un juriste militant de la cause des enfants et non un procureur bis. Et pourtant, il nie l'idée d'erreur judiciaire en la circonstance, considère qu'aucun doute n'est vraiment apparu et juge l'aveu comme une preuve absolue. En fait, on le devine, à ses yeux la sacralisation de la parole des enfants est obligatoire. Il concède par ailleurs que le dossier souffre de maintes imperfections, que l'enquête n'a pas été satisfaisante, que les conditions de réception de la parole des enfants ont été désastreuses, imperfections à mettre sur le compte de « la jeunesse d'un magistrat tout frais émoulu de l'école ».

*

Le caractère volontiers exagéré des péroraisons de ces différents représentants des associations fait bondir les avocats de la défense. Maître Delarue hurle dans la presse que : « C'est ignoble ! Comment des avocats qui n'ont été présents que deux jours lors du procès, et encore en dormant ce matin pour l'une d'elles, peuvent-ils faire et dire cela ? Et que devraient dire les associations de défense de l'enfance qui sont représentées de cette manière. Ce n'est ni sérieux, ni crédible ! »

*

Autre intervenant à distiller sa vindicte, le représentant du conseil général. Qui commence par Sébastien. Cette avocate m'assassine pendant cinquante minutes, insistant sur toutes les déclarations de mon fils, faisant le maximum pour éviter mon acquittement. Disant que mon petit est un enfant brillant, sensible, mature, pleinement conscient de ses paroles comme de leurs conséquences, elle prétend qu'il ignore ce qu'est la sexualité – ce qui est faux puisque je lui ai appris la fécondation de l'ovule et la procréation avec des mots simples – et sait établir une différence entre un geste volontaire ou pas, ce en contradiction avec maints experts. C'est une descente en flammes impitoyable à laquelle elle se livre, trouvant les mots pour me faire mal et m'atteindre. Pourquoi se polarise-t-elle ainsi sur moi ? Pourquoi consacre-t-elle presque une heure à distiller sur moi son venin et se contente-t-elle de dix minutes seulement sur chacun des cinq enfants qui se disent victimes de viols, pénétrations, agressions sexuelles et actes de barbarie ? Doit-on absolument faire passer le message que, même si l'instruction n'a pas manqué de failles, de « vrais pédophiles » ont été rapportés dans les filets ; que si différentes chambres ont soutenu le magistrat et maintenu ma détention provisoire, c'était à juste titre ?

L'audience s'achève à 19 h 15 et je reste prostré sur mon siège, la tête enfouie dans mes bras. J'attends que tout le monde sorte de la pièce pour me lever. Sans dire un mot. En ne voulant plus rien entendre. À quoi bon vivre, parler, puisque, désormais, je serai toujours pour certains, malgré la vérité, un être ayant osé attenter à son propre fils.

*

Maître Normand ouvre l'audience du jeudi 24 juin. Et là encore je me retrouve dans l'œil du cyclone.

Après avoir indiqué « qu'il serait insupportable que la parole d'un enfant puisse condamner un innocent, mais [qu'] à l'inverse il serait tout aussi insupportable qu'un enfant ne fût pas cru quand il désigne un coupable », ce qui à ses yeux constitue tout le dilemme du procès d'Outreau, il entame une étonnante description du dossier. En effet, s'il s'interroge sur la personnalité du juge Burgaud – tout en prenant soin par ailleurs d'affirmer que ce procès ne peut en aucun cas être celui de l'institution judiciaire dans son ensemble –, il estime que le magistrat instructeur, même s'il a sans doute manqué de clairvoyance et de bon sens, mérite la mention passable dans la conduite de ce dossier !

Puis il se pose des questions quant à la culpabilité de trois personnes. Dont moi. Un revirement étonnant puisqu'il y a quelques jours à peine, il me déclarait être convaincu de mon innocence dans les toilettes des « pas perdus » ! Pour lui, je dois prendre mes responsabilités sur la foi de mon serment d'officier ministériel. Ce qui reviendrait, pour moi, à accepter de mentir pour paraître honnête. Je ne peux, ni ne veux m'y résoudre.

Chapitre 48

Le procès, Acte V, scène 4
ou
Le réquisitoire

Gérald Lesigne parle durant trois heures. Trois longues heures d'un réquisitoire monocorde et monotone, qui n'épargne personne... à l'exception de la justice. Après tout, cet avocat général ne dépend-il pas directement du garde des Sceaux, sans doute désireux d'éviter un naufrage total de ce procès catastrophe ? N'est-il pas le père adoptif de ce dossier d'assises ? En somme, il va tout mettre en œuvre pour tenter de sauver les apparences d'une justice bien menée, équitable et bien rendue (sic).

*

D'emblée il consent qu'un enfant puisse mentir comme un adulte ou déformer des images en toute bonne foi. Et insiste sur la nécessité d'entendre cette parole avec des réserves, moindres toutefois quand les dires de l'enfant sont appuyés par ceux d'adultes. Il admet par ailleurs que l'assistante maternelle de Dave a été maladroite en lui tendant des « perches » l'ayant poussé à conforter ses déclarations – point important pour Odile et moi puisque c'est elle qui nous a mis en cause.

L'avocat général s'interroge encore sur le travail des experts « incapables d'alerter l'autorité judiciaire sur la fragilité des discours d'enfants » et précise qu'une réflexion nationale sera conduite sur la manière dont les paroles d'enfants doivent être recueillies. En fait, à ses yeux, l'enjeu majeur de ce procès tient aux mesures de détention provisoire qui, sur demande du juge d'instruction, ont été ordonnées par le juge des libertés et de la détention, puis confirmées par la cour d'appel. « La liberté est sacrée et la condamnation d'un innocent est le plus grand crime livré à la justice », assène-t-il. Surtout quand de telles mesures ont été décidées à cause d'un couple de « prédateurs » comme les Delay, ayant bâti selon lui une petite entreprise pour « vendre leurs quatre fils aux habitants du quartier ».

*

Après la suspension de séance, je deviens son premier sujet de réflexion. Rappelant que j'ai été appelé dans le procès suite aux délations de Dave Delay, camarade d'école de mon fils Sébastien, donc que je ne relève pas de l'affaire d'Outreau, Gerald Lesigne affirme qu'il peut m'être reproché des actes « inconvenants » envers mon fils. Pour lui, malgré la disculpation de Sébastien, mes propres protestations d'innocence, les avis d'experts en ma faveur, je suis dans une situation déviante envers un enfant dont j'avais la responsabilité. Et, dès lors, il demande à la cour de prononcer contre moi une condamnation à une peine modérée.

*

Au final, l'avocat général requiert dix condamnations et sept acquittements.

Dix-huit ans de prison ferme contre Thierry Delay pour le viol de cinq enfants, dont ses quatre fils. Alors qu'il était accusé du viol de quinze enfants dont deux avec tortures et actes de barbarie.

Dix-huit ans de prison ferme contre Myriam Delay Badaoui pour le viol de six enfants, dont ses quatre fils. Elle était accusée du viol de dix enfants.

Sept ans d'emprisonnement contre David Delplanque pour viols aggravés, agressions sexuelles et corruption sur cinq enfants, puis cinq ans pour Aurélie Grenon à cause d'agressions sexuelles aggravées et de corruption sur mineurs.

Il demande encore six ans contre Franck Lavier pour atteintes sexuelles, ainsi que deux ans avec sursis contre son épouse Sandrine pour corruption sur mineurs ; quatre ans de prison ferme contre le prêtre-ouvrier Dominique Wiel pour viols de trois enfants et agressions sexuelles sur deux autres ; deux ans de prison ferme contre Thierry Dausque ; dix-huit mois de prison contre le fils Daniel Legrand pour agressions sexuelles.

Et, enfin, hélas : dix-huit mois de prison avec sursis contre moi pour agressions sexuelles sur Sébastien.

Des acquittements ont été en revanche demandés pour la boulangère Roselyne Godard, pour son ex-mari Christian, pour Odile, le chauffeur de taxi Pierre Martel, Daniel Legrand père, Karine Duchochois et David Brunet.

*

Le couperet est tombé. Au pire, je n'ai plus qu'à me préparer. Je sais que les jurés vont aller dans ce sens, qu'ils vont croire ce que l'on dit sur moi alors que c'est faux. Mais le pire n'est jamais sûr, il y a désormais plus grave encore : non seulement je n'ai pas vu mes enfants grandir, mais désormais je ne les reverrai plus. Avec une telle tache sur moi, mes enfants croiront à la réalité dite au procès et bien des personnes prendront plaisir à les conforter en ce sens. Triste monde. Triste monde où ce que l'on sait de soi ne franchit pas les *a priori* et idées reçues des autres.

En sortant de la salle d'audience, beaucoup tentent de me réconforter, mais aujourd'hui je n'en veux plus de ce soutien. Mes enfants, eux, n'ont-ils pas oublié jusqu'à mon prénom ?

Chapitre 49

Le procès, Acte V, scène 5
ou
Place de la défense

Triste tableau. Comme une peinture des mœurs humaines, les mis en cause ne brillent pas de la même retenue. Tandis que les « acquittés » de la veille affichent des mines réjouies, les autres broient du noir. L'abbé Dominique reste confiant, mais Sandrine Lavier pleure et son mari se montre plus que maussade. Moi ? Je reste désabusé, à la fois abasourdi, meurtri et éreinté par le réquisitoire de Gerald Lesigne. Hanté par le sentiment d'être considéré par chacun comme un pédophile, un violeur et un abuseur d'enfants.

Pourquoi poursuivre son chemin avec une telle salissure à l'âme comme à l'honneur ? Si je ne sais plus où j'en suis, je sais où je vais aller : jusqu'au bout, jusqu'à la mort. Mais pas tout de suite. Après un dernier week-end avec Thomas, après une dernière accolade à mon père, je mettrai tranquillement et sereinement fin à mes jours. Pour clamer mon innocence mais aussi pour avoir enfin la paix.

*

Le défenseur de Sandrine Lavier est le premier à venir chercher l'acquittement de sa cliente, dénonçant la faillite du système judiciaire et l'incompétence du magistrat instructeur. Il en profite pour fustiger le procureur de la République de Boulogne-sur-Mer, qui n'est autre que l'avocat général, lui reprocher son aveuglement ainsi que d'avoir été juge et partie. Puis il souligne que les règles de procédure et de preuve ont été bafouées, notamment la présomption d'innocence, dénonce les experts charlatans apparentés à des cartomanciens, bref répertorie avec minutie les incohérences du procès. Dans l'après-midi, l'avocate de Thierry Dausque, toute jeune, estime que l'avocat général a requis l'acquittement pour les « notables » et n'hésite pas à réactiver la lutte des classes en prétendant que les « Marécaux » ne sont pas issus du monde de son client, ouvrier. Ce qui me met hors de moi, ces nuances sociales étant sans fondement dans un tel dossier. D'autant que j'ai obtenu ma charge à la faveur d'études acharnées payées grâce à des emplois d'été dans des centres aérés et des bourses universitaires. Elle effectue ensuite un parallèle avec le procès Dutroux, confirmant qu'Outreau n'a aucun rapport avec un réseau mais relève d'un problème d'inceste mal géré. Et d'aller plus loin en déclarant à la presse qu'« il y a d'autres enjeux derrière les acquittements requis au compte-gouttes par l'avocat général : la volonté de justifier des années de détention provisoire, ainsi que toute la question de l'indemnisation, car il va bien falloir réparer les dommages engendrés par cette affaire ».

Tandis que l'avocat de Karine Duchochois développe l'idée d'une responsabilité collective, parle de porosité, d'incohérence des preuves, d'indemnisations, d'empreintes génétiques des violeurs potentiels, le conseil de Christian Godard, que je connais par ailleurs, évoque le fameux trombinoscope et me lance : « Je parle de toi, Alain, mais je sais que tu n'as rien à voir dans ce dossier comme je l'ai dit dès le départ ! » Avec un langage simple, adapté, évoquant la parole des enfants de façon intelligente, posée et réfléchie, prenant soin d'élargir le débat, il souligne la nécessité d'en venir à des auditions séparées, arguant qu'il doit y avoir un avant et un après Outreau. Fort de la présomption d'innocence, concept intact depuis Voltaire, il réclame pour son client un acquittement au bénéfice non pas du doute mais de la vérité.

*

Vendredi. Fin juin. Je dois quitter le palais à 18 heures : Thomas a fait une nouvelle tentative de suicide, cette fois en avalant des morceaux de verre. Je retrouve Dany à Bailleul, qui me rassure sur sa santé. En revanche, elle est allée visiter Sébastien et Cécile et les a trouvés étranges. Pour elle, on leur bourre le crâne. Profondément dégoûté par tant d'adversité, je me demande comment appréhender cette ultime semaine de torture.

En la préparant par un dernier pèlerinage sentimental avant de raccrocher définitivement les gants ? Banco. Le samedi, je roule vers Samer pour revoir l'immeuble de mon ancienne Étude, aujourd'hui transformé en maison d'habitation. Puis je m'avance vers Hardelot, trop heureux de contempler une dernière fois la mer, et observe la maison que ma femme et moi avions fait construire. Si la commune a changé, la bâtisse est toujours aussi belle. Ma gorge se serre quand je songe qu'elle devait représenter les fondations d'un nouveau départ de notre couple en 2001. Ensuite, mon parcours initiatique conduit mes pas jusqu'à Wirwignes, histoire d'admirer une dernière fois cette belle demeure que nous avons été obligés de vendre durant notre incarcération. C'est l'endroit où j'ai vu jouer mes enfants, la maison des « rêves d'Odile », son coup de cœur.

*

« C'est la dernière ligne droite ! », lancent tous ceux que je croise. Certes, mais avec quoi au bout : une sortie de route fatale ? En attendant l'ouverture des portes du tribunal dans la salle des pas perdus, je donne à Odile des cadeaux pour Cécile dont c'est l'anniversaire en la priant de lui transmettre un gros bisou. Le fera-t-elle ? Est-elle devenue aussi froide et détachée de moi que certains membres de sa famille qui refusent même de me dire bonjour ?

La journée débute par la plaidoirie de l'avocat de Thierry Delay, un homme posé qui développe un discours clair, construit, pointant des criminalités sexuelles et l'hystérie collective ayant poussé la machine judiciaire à s'emballer. Revenant sur l'histoire du procès, du réseau de pédophilie international, du meurtre, des supposés actes de barbarie, du proxénétisme, de l'attitude ambiguë de Myriam Badaoui « fausse martyre mais vraie menteuse », il réclame une multitude d'acquittements partiels dans ce dossier qui « fond au soleil ».

Son confrère chargé d'aider Franck Lavier part de son côté bille en tête. Percutant, lui aussi conteste le travail des experts et s'en prend vivement autant au juge Burgaud qu'à l'avocat général Lesigne, dont il déplore le manque de « panache ».

*

Lorsque survient le tour de maître Berton, Odile, comme chaque accusé, s'assoit au premier rang. Et elle se trouve devant moi, en diagonale. Je regarde alors cette femme que j'ai tant aimée et que j'aime encore, désappointé de ne plus avoir d'odorat[1] alors que j'aurais tant aimé humer son parfum. Je voudrais aussi la toucher, passer tendrement ma main dans ses cheveux, lui dire combien je suis désolé de ne pas avoir été assez vigilant, assez attentif et assez aimant, lui confier que j'adorerais encore vivre avec elle, refaire un bout de chemin à deux, tenter un nouvel essai, et qu'il est difficile d'aimer quelqu'un qui ne vous aime plus. Mais tout cela relève du rêve, de l'utopie même. Entre nous, aucun lien ne reste, aussi fragile ou ténu soit-il. Ce que son avocat me confirme – après avoir lancé à « la reine Myriam », comme il l'appelle : « Vous avez joué avec la vie d'Odile, avec la vie d'innocents comme vous jouiez aux dames avec vos enfants, en trichant ! » – en m'annonçant que ma femme me quitte pour refaire sa vie en Bretagne. Et d'ajouter, coup de pouce en ma faveur, qu'on ne peut pas « condamner quelqu'un sur un malentendu » comme l'avait dit mon fils.

*

Midi. Déjeuner avec mon avocat qui développe devant moi les grands axes de son intervention, à savoir ne plaider que la vérité. Le plaidoyer de maître Bachira pour Aurélie Grenon, qu'elle qualifie « d'oiseau fragile dans les filets d'un chasseur », m'indiffère. Mon vague à l'âme se transforme en raz-de-marée

1. Autre conséquence de la grève de la faim.

d'angoisses. Maître Delarue doit prendre la parole. Et jouer le tout pour le tout, prouver cette vérité que personne n'entend : je suis innocent.

Brillant, éloquent, parvenant à faire sourire la salle en présentant Fabrice Burgaud comme un « petit juge qui a croisé la parole d'une mythomane avec la parole d'un enfant fou », il reprend point par point toutes les accusations, et notamment celles de mon fils, en les démontant, en rappelant qu'elles sont nées dans cette école où Sébastien fréquentait assidûment Dave Delay. Une prouesse de deux heures que je juge efficace, sans savoir à quoi elle servira. Bravo mais *alea jacta est* !

*

Le lendemain, nombreux sont ceux à venir me témoigner leur solidarité. Du réconfort qui, venu de journalistes, des familles des accusés ou de simples connaissances, me va droit au cœur. Entre les treize mis en cause a germé une sorte de « complicité » dans la douleur, si forte que nous avons pris l'habitude de nous encourager mutuellement. Et avant de passer l'épreuve des ultimes plaidoiries de la défense, cette solidarité rassure.

Maître Roy Nansion, intervenant pour David Delplanque, qualifie ce dossier de « procès de l'impossible ou plutôt de celui où tout est possible ». Vibrante, elle décrit son client comme « un garçon paumé, dans un immeuble pourri, en prise avec une tornade noire nommée Myriam Badaoui ». Il a été, selon elle, entraîné dans un procédé infernal par « des chasseurs de chair fraîche. »

Pour Daniel Legrand père, Julien Delarue cite la parole du Christ : « Ils ont des yeux et ne voient pas, ont des oreilles et n'entendent pas », parle de « la rafle du 14 novembre 2001 » et pourfend la méthode ayant consisté à jeter à la corbeille le code de procédure pénale pourtant là pour protéger le citoyen. Et ce conseil en colère supplie les jurés de « rendre la justice dans un dossier qui en a tant manqué ».

Après avoir réfuté à son tour la thèse du réseau, maître Lejeune, avocat de Dominique Wiel, décortique la célèbre missive des services sociaux du 7 juin 2001, lettre de cachet qui emporta dans la tourmente « le cercle des notables », et souligne point par point les qualités de son client prêtre. Affirmant que l'abbé est un pauvre parmi les pauvres, un humble parmi les humbles à qui elle confierait son propre enfant pour les vacances, elle conclut : « Laissez-le continuer à aimer son prochain plus que lui-même. » À mon sens, l'acquittement est assuré.

*

Maître Pascale Pouille plaide pour Myriam Badaoui. Un exercice particulièrement difficile. Immédiatement le ton est donné, et les avocats des parties civiles, qui brillaient par leur absence depuis le début des interventions de la défense, réapparaissent. L'avocat ose un parallèle entre le portrait tracé de l'épouse Delay et George W. Bush ayant fait croire au monde que Saddam Hussein avait amassé des armes de destruction massive. Vindicative, elle pourfend les avocats qui l'ont dénigrée, se disant blessée par « l'hostilité de ses confrères de la défense » et, même, par la « haine ambiante » qui règne dans la salle d'audience depuis le début du procès. Elle tente aussi d'alléger un peu le lourd fardeau de sa cliente en remarquant qu'« elle est la seule à avoir alerté les services sociaux pour que les viols cessent sur ses quatre enfants », la seule également « qui a toujours soutenu leur parole ».

En gros, considérant que Myriam Badaoui n'est pas la principale accusatrice, elle remet en cause les réquisitions de l'avocat général quand il dénonçait « la petite entreprise de prostitution » ou qualifiait le couple Delay de prédateurs. En définitive, elle implore les jurés de condamner sa cliente pour ce qu'elle a fait et non pour « ce qu'on veut lui faire porter ».

*

Et c'est à maître Dupont-Moretti de clore le défilé des avocats en défendant Roselyne Godard. Une plaidoirie brillante, qui souligne la souffrance des enfants, pointe du doigt la parole de Myriam Badaoui en lui lançant : « Vous êtes aux mensonges ce que Richter est aux séismes », avant de s'attaquer à la statue du juge d'instruction. Ironique, il lâche ainsi sans sourciller : « Traverser une vie et attendre Fabrice Burgaud pour exister, c'est pathétique ! »

À son tour, il remet en cause la façon dont la parole des enfants a été recueillie et estime que si ce procès pouvait servir à quelque chose, ce serait pour rappeler à chacun la nécessité du principe fondamental qu'est la présomption d'innocence. À ses yeux, le législateur doit repenser l'instruction et les relations entre le barreau et la magistrature, reconsidérer cette chambre de l'instruction qu'on appelle chambre des évêques, pur office de confirmation, et redonner aux experts une place adéquate avec « leurs collections d'insectes ».

En somme, je m'attendais à du grand spectacle et me voilà servi.

Chapitre 50

Le procès, Acte V, scène 6
ou
Attendre avant de dire adieu

Condamnation à tort, condamnation à mort. Ayant depuis longtemps prévenu mon avocat que je ne pourrais survivre à un verdict de culpabilité concluant cette mauvaise pièce de théâtre, le grand air du suicide revient se faire entendre à mes oreilles. Tout est prêt du reste. Par précaution, j'ai dilué cent vingt Tranxène® dans une bouteille d'eau, récupéré un tube de médicaments et une centaine de comprimés de Stilnox® et d'Anafranil®. Cette fois, pas question que j'en réchappe.

*

Dany me conduit à Saint-Omer et je n'ai jamais été aussi anxieux. Ni aussi en colère en songeant que des jurés inconnus doivent vous accorder l'absolution à vous, qui êtes innocent. Dans la rue du palais de justice, journalistes, photographes et cameramen s'agglutinent autour de moi pour quémander une phrase, une déclaration, mais je me contente d'un signe de la main. Sur mon banc, étouffé par l'angoisse, terrassé par l'appréhension, je me recroqueville sur moi-même. Une carcasse rabougrie d'huissier cloué au pilori qui ne croit plus ni en sa chance, ni en l'avenir, ni en la vie.

*

La Cour fait son entrée dans un cérémonial imposant. Pour la première fois, le président Monier attend que tous les jurés soient arrivés pour nous permettre de nous asseoir. Lorsque les défenseurs ont terminé, nous prenons chacun la parole. Si je m'étais rappelé ce détail de procédure, j'aurais pu préparer et peut-être réussir une déclaration fracassante, un peu comme ces diatribes enflammées des films qui émeuvent les foules et renversent la tendance, m'accuser d'avoir seulement été coupable d'avoir consacré ma vie à ma charge d'huissier de justice, coupable de ne pas avoir vu grandir mes enfants et de ne pas leur avoir consacré suffisamment de temps, coupable de ne pas avoir aimé assez ma femme ni répondu assez rapidement à ses appels aux secours, mais innocent de tous les crimes que l'on me reproche. Mais, au lieu de cela, je bafouille un médiocre : « Rendez-moi ce que vous pouvez encore me rendre ; mon couple a explosé, rendez-moi mon honneur et mes enfants. »

Après toutes les auditions, le président déclare le débat terminé, pose différentes questions au jury, conformément à l'arrêt de renvoi, puis donne lecture aux jurés de l'article 353 du code de procédure pénale, dont je retiendrai surtout le : « Avez-vous une intime conviction ? » Il est 10 h 30 en ce jeudi 1er juillet 2004 et ces hommes et femmes qui tiennent mon sort entre leurs mains quittent la salle d'audience pour délibérer. Ils n'en ressortiront qu'après avoir rendu leur verdict. Et libéré ou broyé ma vie.

*

Le suspens commence.

Nous restons dans la salle des pas perdus, allant et venant, pendus à nos téléphones portables. Quatre parmi les « accusés » se risquent à une partie de cartes, vite interdite par le procureur de la république de Saint-Omer jugeant ce jeu « indigne » dans l'enceinte du tribunal. Franchement, je me demande où réside le vrai manque de dignité dans cette affaire : permettre à des gens de se distraire aux cartes afin de tuer l'ennui et l'anxiété ou les envoyer en prison parce qu'ils sont innocents ?

De mon côté, j'arpente la salle d'audience, m'installant dans le fauteuil du président pour simuler un jeu de scène avec Christian Godard et Frank Lavier. Ensuite, je regarde ce que l'on voit depuis le poste des jurés puis m'arrête au bureau de l'avocat général. Là trône, en effet, au beau milieu du pupitre, bien visible, un courrier venant du procureur général en date du 4 juin 2004. Pourquoi cette missive se trouve-t-elle ainsi à la vue de tous, je l'ignore. Et me demande même s'il s'agit du seul fruit du hasard. De quoi s'agit-il dans ce document ? D'une comptabilité procédurale à la fois effrayante et montrant bien certains enjeux de ce dossier : notamment l'implication collective de multiples protagonistes dans le fiasco : *Dans le cadre des débats en cours devant la cour d'assises du Pas-de-Calais à Saint-Omer, explique le texte, les avocats des accusés ont mis en cause la compétence professionnelle et la solitude du juge d'instruction de Boulogne-sur-Mer qui avait instruit cette affaire. À ce sujet, j'ai l'honneur de porter à votre connaissance que les vérifications faites au greffe de la chambre d'instruction de la cour d'appel de Douai ont été rendues à propos de ce dossier, depuis 2001 et jusqu'en 2004, deux cent soixante arrêts, soit : pour le contentieux de la détention, deux cent quarante-quatre arrêts (quinze en 2001, quarante-neuf en 2002, cent six en 2003, soixante-quatorze en 2004) ; pour le contentieux de fond : six arrêts et sept ordonnances du président. Cinquante-trois magistrats différents du siège ont participé aux délibérés, onze magistrats du parquet général ont requis dans ces dossiers. Les magistrats de la chambre criminelle de la cour de cassation ont rendu le 15 octobre 2003 un arrêt rejetant les pourvois formés contre l'arrêt de mise en accusation et de renvoi de la chambre de l'instruction de la cour d'appel de Douai en date du 1er juillet 2003.*

En lisant ce texte, un frisson parcourt ma peau. Pas de doute, tout le monde s'est trompé et n'accuser que le seul juge Fabrice Burgaud serait désigner un bouc émissaire commode et exonérer trop aisément les autres. Autant de magistrats sont intervenus mais aucun n'a vu ce qui se passait. Immédiatement, une autre réflexion surgit en moi : puisque le nombre de professionnels impliqués est très élevé, il ne pourra pas y avoir treize acquittements. La justice devra se raccrocher aux branches, tenter de justifier les détentions arbitraires, bref préférera condamner des innocents plutôt que de jeter définitivement l'opprobre sur son fonctionnement.

*

14 h 15. Odile regarde un film avec la collaboratrice de son avocat. Derrière elles, Franck et Sandrine Lavier jettent un œil sur l'écran. Daniel Legrand père est assis sur son banc, le regard vide. Dominique Wiel prend connaissance de la fameuse lettre et s'avoue désemparé par la bêtise humaine. Roselyne Godard lit le journal, assise à sa place ; Thierry Dausque montre des yeux hagards ; Karine Duchochois somnole. Pendant ce temps, dans la salle des pas perdus, Aurélie Grenon discute avec deux policiers, Pierre Martel essaie de finir un article et David Brunet poursuit une sieste, imité par Christian Godard.

À 16 heures, le procureur de la république de Saint-Omer nous avertit qu'un cameraman va faire quelques prises de vue. Comme nous refusons d'être filmés, nous nous allongeons sur les bancs. À son départ, un factotum vient changer une ampoule du lustre. Le train-train continue. Je m'installe sur mon siège, salué par un confrère huissier de justice à Saint-Omer qui me souhaite du courage. Peu à peu, une réelle complicité se tisse entre tous les accusés innocents. Nous échangeons nos numéros de téléphone et nos adresses pour « créer un réseau ». En transformant tout en dérision, nous essayons de nous convaincre qu'il y aura treize coupables ou treize acquittés. Entre deux rires nerveux, nous tirons même des plans sur la comète, imaginant nous réunir après le verdict pour boire un verre ou sortir en discothèque. Et puis, à plus longue échéance, nous édifierons un collectif permettant de faire de ce procès un exemple à ne pas suivre.

Cette amitié naissante m'émeut mais aussi m'inquiète. Ne vendons pas la peau de l'ours avant de l'avoir tué. L'institution judiciaire s'est trompée une fois, elle peut commettre une nouvelle erreur. Pour tenter de chasser cette idée négative, je vais boire un café sous la surveillance d'un CRS. Soudain, mes douleurs à la poitrine réapparaissent, obligeant un pompier de service à prendre ma tension. Situation ubuesque entre toutes : le procureur de la république de Saint-Omer vient plaisanter avec moi. Sachant pertinemment que je n'ai pas déjeuné, il me demande ce que je désire pour ce soir. Je lui réponds : des crudités.

18 heures. Nous échangeons nos souvenirs de l'univers carcéral. Et défilent à nouveau l'instruction, les arrestations... J'apprends qu'une des accusées aurait, lors sa garde à vue, subi des violences physiques. Grâce à dieu, je n'ai pas bénéficié de ce « traitement de faveur ».

19 h 15. Notre nervosité monte d'un cran. Le stress est collectif. Et si là, je vivais les derniers instants de ma vie ? Craignant d'entendre le timbre de la cour et une condamnation, je sors de la salle d'audience. Une demi-heure plus tard, deux membres désignés de chaque famille nous rejoignent. Dany fait monter une personne du comité de soutien de l'abbé Dominique. Dans cette conversation d'un quart d'heure, ma petite sœur m'indique que le palais de justice est cerné par de nombreux CRS et les journalistes très nerveux.

20 h 30. Je suis seul dans le prétoire. J'ai mon blouson sur le dos mais je suis frigorifié. Je songe au procès fleuve, au gâchis engendré, aux innocents victimes d'un enfant fou. Je pense à tant de vies brisées et aux propos tenus par le juge Lambert qui, dans un livre, écrit : « Le juge d'instruction [...] possède cet incommensurable pouvoir, source de nombreuses erreurs judiciaires, d'orienter les réponses en fonction de la seule formulation des questions », et encore : « Le seul problème est que les magistrats ne sauront jamais être regardés comme de simples techniciens du droit, des énarques des codes civil et pénal. »

À 22 heures, un CRS m'extirpe du recoin où je me suis réfugié à l'abri des regards et des conversations. Somnolant, recroquevillé sur moi-même, le policier constate que je ne vais pas très bien et m'accompagne vers les pompiers. Encore une fois, c'est le psychique qui en prend un coup. Mon âme vagabonde : dans deux heures, nous serons le 2 juillet 2004 or un an auparavant, jour pour jour, j'entamais la grève de la faim qui me permit une libération conditionnelle. Est-ce un signe ?

*

22 h 45. L'attente dure. Le désarroi gagne du terrain.

Les discussions autour de moi sont moins vives, en comité restreint. Heureusement, la connivence perdure et nous échangeons des sourires, des paroles de réconfort, des gestes d'amitié.

Les avocats vont et viennent. Rien ne filtre de la salle des délibérations. L'appréhension se fait chaque seconde plus intense, plus forte, plus douloureuse. Je termine la pipe que j'étais en train de fumer et vais m'asseoir sur mon siège. Quand je vois nos défenseurs s'affairer et enfiler leurs robes noires, je m'interroge : est-ce bientôt le début de la fin ?

Seul, délaissé, j'aimerais prendre Odile dans mes bras mais elle m'ignore. Alors je songe à ma mère, morte par cette affaire. Quand la rumeur se répand qu'il y en a encore pour deux heures, je vois nos avocats replier leurs habits et repartir au bistrot. Un douloureux procès d'assises devient un bon procès quand on peut le refaire sur le zinc.

*

23 h 30. Rien de nouveau ! L'épuisement est à son comble. Dehors, plus de deux cent cinquante journalistes attendent devant le tribunal. La foule paraît tellement dense qu'il n'est plus possible d'entrer ou de sortir dans la ruelle. Selon un bruit de couloir, une des avocates des parties civiles aurait demandé à un policier combien de fourgons étaient prévus. Quand on lui aurait répondu « quatre », elle aurait jugé le chiffre tout à fait insuffisant. Revenu dans la salle d'audience, discrètement je vérifie mon tube de médicaments et ma bouteille de poison. L'heure du verdict approche. Dans tous les sens du terme.

*

Minuit sonne et nous sommes le 2 juillet 2004.

Lorsque des avocats commencent à regagner le tribunal, je suis pris d'une fatigue nerveuse incommensurable. J'ai un ouvrage en main mais je n'arrive pas à le lire. Alors, la tête dans les bras, je tente de me détendre.

Il est maintenant une heure du matin quand, assoupi sur un des bancs du prétoire comme d'autres avec qui je me suis mis tête-bêche, j'entends des rires nerveux, des discussions superficielles. Vingt minutes plus tard, le public et les familles sont invités à entrer. Devant la cohue et la bousculade, nous avons tous un air grave.

Chapitre 51

Le verdict
ou
Tout ça pour ça

Petit matin du 2 juillet 2004. 1 h 30.

— Les assises, vous entrez ! lance le policier habituel.

Je m'installe sur mon siège, fort de ma résolution : je quitterai ce tribunal avec ma sœur ou dans un corbillard mais en aucun cas menotté dans un fourgon de police.

Les accusés détenus entrent en piste, Myriam Badaoui en tête, sensiblement fatiguée malgré son éternel rictus ; suivie de Thierry Delay, égal à lui-même, et de David Delplanque qui conserve son air effacé. Par mimétisme avec les avocats, je note sur une feuille de papier les noms des dix-sept accusés. Mon estomac est noué par la peur, trop conscient qu'un jury populaire relève de la loterie. Les vautours siégeant au perchoir et les représentants des parties civiles semblent prêts à manger du cadavre.

Un peu avant deux heures du matin, l'huissier audiencier crie :

— La Cour !

*

Nous nous levons puis, invités à nous asseoir, le président annonce sans retard que « la cour d'assises rend son verdict » !

Il égraine alors nos noms un par un. Lorsque j'entends prononcer le mien, une panique me saisit. Tremblant comme une feuille, je me demande qui sont ces personnes qui ne me connaissent pas mais ont prononcé un jugement sur la base d'une mise en scène remarquablement interprétée à partir de laquelle ils ont forgé « leur intime conviction ».

*

Thierry Delay : condamné à vingt ans de réclusion criminelle. La Cour a retenu sa culpabilité pour le viol de neuf enfants et d'atteintes sexuelles sur six autres. Il est en outre condamné pour corruption de mineurs et proxénétisme aggravé.

Myriam Badaoui : condamnée à quinze ans de réclusion criminelle. Elle a été reconnue coupable de sept viols d'enfants. Elle est en outre condamnée pour dix atteintes sexuelles sur des enfants et pour cause de proxénétisme aggravé.

Dominique Wiel : condamné à sept ans d'emprisonnement pour les viols de trois enfants et d'agression sexuelles sur deux enfants du couple Delay.

David Delplanque : condamné à six ans d'emprisonnement pour les viols de trois des enfants du couple Delay. Il est en outre condamné pour atteintes sexuelles et corruption de mineurs.

Aurélie Grenon : condamnée à quatre ans d'emprisonnement pour des viols et des agressions sexuelles sur les quatre garçons du couple Delay. Elle est en outre condamnée pour corruption de mineurs.

Franck Lavier : condamné à une peine de six ans d'emprisonnement pour un viol sur sa belle-fille et de quatre agressions sexuelles sur les enfants du couple Delay.

Sandrine Lavier : condamnée à trois ans de prison avec sursis pour corruption de mineurs à l'encontre de trois enfants.

Thierry Dausque : condamné à quatre ans d'emprisonnement dont un avec sursis pour des agressions sexuelles sur deux des quatre enfants du couple Delay et corruption de mineurs.

Daniel Legrand, fils : condamné à trois ans de prison dont un avec sursis pour des agressions sexuelles commises sur deux enfants du couple Delay.

Daniel Legrand, père : acquitté.

Odile : acquittée.

Roselyne Godard : acquittée.
Christian Godard : acquitté.
Karine Duchochoy : acquittée.
David Brunet : acquitté.
Pierre Martel : acquitté.

Quant à moi, la Cour a suivi les réquisitions de l'avocat général parlant de gestes inconvenants envers Sébastien. Dès lors, je suis condamné à dix-huit mois de prison avec sursis pour atteintes sexuelles sur mon fils.

Le verdict tombe et me laisse abattu, désappointé, anéanti.

*

Maître Delarue tente de me parler, mais je n'écoute plus, serrant fermement comme une bouée de sauvetage mes poisons dans ma main. J'entends l'abbé Dominique crier, mais moi je n'ai plus la force de me révolter et de hurler contre cette injustice flagrante. Silencieusement, je me lève de mon siège, ne regardant personne, et rejoins Dany qui m'attend en bas de l'escalier. Avançant comme un automate, j'entre dans un autre monde déconnecté de toute réalité. Devant les journalistes qui attendent, mon avocat s'enflamme : « Tous les innocents n'ont pas été innocentés ; nous attendions une décision franche et nous avons une décision en demi-teinte, et, à bien des égards, difficilement compréhensible ! »

La honte de cette condamnation raisonne dans ma tête : « Dix-huit mois de prison pour agressions sexuelles envers son fils. » Ça y est, je suis devenu pédophile, abuseur d'enfant. Mais ça, je ne le supporterai pas.

Chapitre 52

La balle dans le barillet
ou
Laver soi-même son honneur

Mutisme complet. Dans la voiture qui me ramène chez Dany, je ne dis rien. Sur place, je n'échange pas le moindre mot. Immédiatement je me mets au lit et sombre dans le plus doux des comas : celui du sommeil qui anéantit malgré les épreuves.

En pleine nuit, des palpitations me réveillent. En sueur, l'œil noir, je veux faire disparaître ce corps puant, sale, entaché d'une condamnation répugnante, le mien. À travers la fenêtre, je vois tomber une pluie diluvienne. Si l'eau purifie, je connais la seule chose qui pourra laver la souillure entachant désormais mon honneur : faire un bras d'honneur à la vie horrible qui est désormais la mienne.

Je cherche mon sac à dos et mes poisons, mais il a dû rester au rez-de-chaussée. Pas de chance décidément. De peur d'éveiller les soupçons, je dois trouver une autre parade.

Mes poches de pantalon sont vides mais trônent, sur le bureau de la chambre, quelques médicaments abandonnés par hasard. Je découvre deux fioles de Theralene®, une plaquette de Stilnox® et une boîte d'Anafranil®. Ma résolution est désormais intangible : adieu la vie.

Lorsque j'avale le Theralene®, le choc est tellement fort que j'en ai le souffle coupé. Pour ne pas flancher, j'absorbe d'un coup le somnifère, le contenu de l'autre fiole, les comprimés d'Anafranil®.

Et je m'allonge, enfin heureux de m'endormir en route vers d'autres cieux.

Chapitre 53

Chez les fous
ou
L'enfermement douillet dans lequel je me complais

Le Theralène®, le Stilnox®, l'Anafranil®, mon cortège de fioles d'apothicaires n'aura donc pas suffi à me faire mourir. Une fois de plus, à ma grande surprise, à mon grand désarroi, je me réveille. Ce n'est pas faute d'avoir longtemps prié, la veille, une dernière fois. Les mains jointes dans l'obscurité, le regard tourné vers l'au-delà, j'avais chuchoté ces paroles : « Seigneur, je suis prêt. Maman, j'arrive... » À cet instant précis, j'étais bien, le corps engourdi, mes pensées allégées par la proximité du sommeil définitif.

Raté. Une infirmière me sort doucement du coma. Elle m'apprend que je suis arrivé hier matin aux urgences réanimation de l'hôpital Calmette de Lille. Passé le flou des premiers instants, je découvre avec effroi ma chambre truffée d'appareils médicaux, cette forêt de câbles chargée de ma survie. Aucune parcelle de mon corps n'est épargnée par cette surveillance médicale en réseau. Mon bras droit est attaché à un tensiomètre, le bout de l'index pris dans la pince d'un saturateur, et j'ai le thorax parsemé de plusieurs de ces petites ventouses qui branchent le corps humain sur écoute, en le reliant à différentes machines.

Je perds la notion du temps. Mon esprit vagabonde, pris dans le ballet incessant d'un va-et-vient entre hier et aujourd'hui, depuis ce passé encore si proche, où j'étais quelqu'un, vers un présent qui fait de moi une loque. Le verdict m'obsède, le verdict m'étouffe, et j'enrage de m'être manqué encore une fois.

Un médecin vient me signifier mon transport vers l'hôpital d'Armentières. Depuis le 14 novembre 2001, c'est mon septième séjour en hôpital psychiatrique. Pour moi qui n'avais jamais croisé de blouses blanches auparavant, étais sain de corps et d'esprit, ne prenant jamais de médicaments, quelle performance ! Mais cette « performance », n'est-ce pas plutôt la justice qui l'a accomplie ?

Je ne m'entends prononcer aucune parole. Deux brancardiers m'emportent déjà vers une unité médicale qui n'a rien à voir avec celles qui l'ont précédée. Cette fois, je suis admis en hospitalisation lourde. Moi qui croyais avoir tout connu de ces séjours pour malades mentaux, à Clermont, au centre Pinel d'Amiens, je touche le fond : plus d'habits, seulement un slip, une blouse, des chaussons. Cette fois, ça y est. J'y suis pour de bon. Je suis chez les fous.

*

Nous sommes le 3 juillet 2004, jour de mon arrivée à Armentières. Je retrouve ce que j'ai noté, ce jour-là :

J'arrive dans un service fermé à clefs. Deux infirmiers me donnent à manger une poire et des fraises. L'unité du service est propre, en bon état. Une pièce de vie où trône la télé, avec des fauteuils et des chaises. Le bureau des infirmiers se trouve en partie centrale. Ils sont nombreux, et je commence à comprendre pourquoi. Des gens chantent, d'autres crient, d'autres cherchent la bagarre. Grand couloir central. On me conduit dans ma chambre, la 2023. Le mobilier est succinct : un lit, une table de nuit et une armoire. Il y a même un lavabo. Je m'assois dans un fauteuil où je reste là, pendant une heure, à penser les yeux dans le vide. Le médecin de garde vient m'ausculter.

C'est une dame gentille, mais je ne sais pas lui avouer le crime pour lequel j'ai été enfermé. J'ai trop honte. Je retourne ensuite dans la salle où je reste dans un fauteuil, habillé d'un pyjama et d'une paire de chaussettes à titre de chaussons. À 18 h 45, c'est l'heure du repas. J'ai droit à un bol de soupe, des fruits et des légumes. On me fait prendre mes médicaments. De retour dans ma chambre, à 20 heures, un infirmier me donne trente gouttes de Théralène®, et je m'endormirai vite.

Me voilà dénué de toute autonomie, privé de toute initiative. Mes journées se déroulent sans moi, et je ne fais que suivre le fil d'un emploi du temps préprogrammé où je n'émets aucun choix, aucun désir. Je n'ai droit à rien, mais cela m'est égal. Surveillé vingt-quatre heures sur vingt-quatre, je ne suis même plus autorisé à faire quelques pas, seul, dans l'enceinte de l'établissement.

Chaque matin, on vient me réveiller, et je vais prendre ma douche, ce moment de grâce que j'attends, et qui me permet de me nettoyer dans les moindres recoins. Je me frotte à m'en abîmer la peau, tant j'ai une phobie de la crasse, dans tous les sens du terme, une crasse physique et mentale. Puis je dois rejoindre un troupeau de pensionnaires hébétés au pied de l'ascenseur. Je porte toujours le même uniforme, composé d'un bas de pyjama, d'un marcel et d'une paire de chaussons.

On nous compte et recompte en permanence, tels les enfants d'une école que l'on force à monter deux par deux dans un car, afin de s'assurer qu'aucun d'entre eux ne manque à l'appel. Puis, c'est le même rituel qui s'instaure pour la journée : déjeuner ; sieste – très longue ! ; télé et souper. En fin de journée, à 20 heures précises, la télé s'interrompt automatiquement. Une heure plus tard, dans ma chambre, la lumière s'éteint toute seule elle aussi.

*

Je suis un vivant qui meurt sa vie chez les fous, mais je ne m'en plains pas, même si je suis entouré de personnes qui ne sont pas de nature à donner le goût de vivre. Je note sur mon cahier les nouveaux arrivants, surtout les nouvelles arrivantes, dont je fais un portrait succinct. En général, un mot me suffit à les décrire : une « guindée », un « tas », une « maigrelette ».

Sur le coup, loin de toute cette boue judiciaire, et de tous ces mensonges proférés contre moi, je me sens presque heureux. Ma famille me rend visite, ainsi que quelques proches ; les doses médicamenteuses produisent l'effet d'un matelas douillet entre la réalité et moi, et ce sort d'interné perpétuel me paraît alors très acceptable. Je m'étonne même agréablement de ma capacité à ne rien faire. Je l'écris en toutes lettres :

Je ne pensais pas qu'il était possible de rester des jours sans rien faire. Dire qu'il est possible de rester oisif sans s'ennuyer, c'est vraiment superbe.

Mais les lignes qui suivent montrent, avec le recul, la gravité de mon état :

J'entretiens une amitié avec une pensionnaire comme moi, accidentée de la vie, et qui a elle aussi toujours des idées de suicide, mais je garde ma méthode pour moi, au cas où...

Je rencontre alors des problèmes d'alimentation, qui perturbent un peu cette vie végétative. Mon organisme agressé de toutes parts n'en finit plus de refuser ce qu'il acceptait, et appréciait autrefois sans problème. Un soir, j'ai mangé des cacahuètes, une gourmandise que j'apprécie plus pour leur consistance que pour leur goût, cette notion de saveur que je commence seulement à retrouver. Mais quelques heures plus tard, je paie la note en essuyant une sévère crise d'acétone. Et les arachides iront ainsi rejoindre la liste, de plus en plus longue, des aliments que je ne supporte plus : viande, bien sûr, et ce depuis des mois déjà, citrons, bananes, ainsi que tous les excitants (café, thé, tabac). Et je m'interroge sur les caprices de mon corps, cette drôle de machine, capable de résister à l'ingestion massive de doses médicamenteuses, mais devenu rétif, désormais, aux mets les plus simples : un thé, une cigarette, un jus de citron !

J'allais oublier de mentionner ce poids lourd et sourd qui ne me quitte pas, malgré tout le mal que le personnel médical se donne pour m'endormir dans une vie exempte de souffrance : l'envie de mourir. Cette tentation-là couve en permanence, tapie au fond de moi. Heureusement, les traitements de cheval auxquels je suis soumis forment une barrière qui m'empêche de passer à l'acte...

Mais le personnel soignant se méfie de ma ténacité, et mes tentatives réitérées me valent quelques privations pénibles. Ainsi je note :

Après la visite de Dany, à 16 heures, je soupe à 18 h 30, regarde les informations sur France 3, puis réclame mon cordon d'alimentation pour ma radio. En effet, ils craignent tellement que j'attente à mes jours que je ne peux l'avoir que sur autorisation. Un jour, je l'ai réclamé, et alors que j'allais regagner ma chambre, j'ai été pris d'une envie d'aller aux toilettes, où je suis allé avec le câble radio. L'infirmière me l'a tout de suite réclamé, et en plein effort, j'ai dû le lancer par-dessus la porte des cabinets !

*

Peu à peu, cependant, mon état s'améliore. Je constate qu'au fil des jours l'étau se desserre. Quelques semaines après mon admission, on me laisse circuler librement dans les couloirs de l'établissement. Sans changer de lieu, je passe d'un milieu fermé à un milieu ouvert. Va pour les promenades en pantoufles sur le carrelage à losanges. Dans mon fort intérieur, je me sens toujours aussi résigné, dénué d'émotions. Plus de joie, une peine diffuse. Cette vie à l'état de semi-légume va durer deux mois et demi. Jusqu'à ce qu'un médecin appose une étiquette sur ma réalité. C'est une chef de service au caractère bien trempé qui me reçoit, un matin. Sans ambages mais avec politesse, elle me signifie mon nouveau statut : handicapé.

Handicapé mental ? Les paroles qui se détachent de ses lèvres fines ne laissent aucun doute sur l'irréversibilité de mon état présent et futur, un homme incapable de se prendre en charge : « Pour vous, monsieur Marécaux, je sollicite l'AAH, Allocation Adulte Handicapée. Vous allez quitter l'hôpital pour rejoindre un logement thérapeutique. » Il s'agit là d'un petit appartement au sein d'une résidence surveillée. Je vivrai sous la surveillance constante d'un gardien. Il aura les clefs, pourra m'empêcher de sortir. Il gérera ma vie.

Surveillé, nourri, assisté. Je peux réclamer la visite d'un psy, d'un infirmier. On compose mes repas, mes allées et venues sont contrôlées, on veille sur mes occupations. Un centre de balnéothérapie me prodigue des séances destinées à soulager mon mal de dos chronique, ce dos qui porte les stigmates de ma grève de la faim. J'ai droit aussi à de douces promenades dans le parc.

Je pense alors que je suis enfermé pour longtemps, et cela ne me fait ni chaud ni froid. Je suis dans l'acceptation totale de mon sort, très content parce que je me sens protégé, à l'abri des harcèlements, du jugement des hommes et de ma propre honte. Me voilà devenu fataliste. Terminé, l'huissier de justice, l'homme qui hurle son innocence, qui pleure son passé. Puisque mon cher passé, celui d'avant le 14 novembre 2001, ne reviendra pas, l'avenir ne présente qu'un intérêt très limité, et je préfère me contenter de ce présent douillet.

Les capacités intellectuelles du gentil benêt que je suis devenu se réduisent à quelques lectures, quelques programmes télé, et ce réflexe que j'ai gardé, le seul, peut-être, depuis le jour de mon incarcération, de continuer à consigner par écrit le contenu de chaque journée. Replonger dans mes cahiers d'écolier me permet aujourd'hui de dire dans ce livre l'incroyable degré de débilité que j'atteignis alors.

Mes après-midi se meublent d'activités pour jeunes déficients mentaux ou vieillards stimulés dans quelque service de gériatrie. Ainsi, je note :

> *Aujourd'hui, avec l'ergothérapeute, j'ai choisi comme activité "la terre". J'ai fait des bonhommes en pâte à modeler. J'ai aussi décidé de fabriquer une crèche. Mais j'ai fait seulement les murs. Et dire que j'ai dû attendre quarante ans pour faire de la pâte à modeler !*

Une autre page de mon cahier journal indique :

> *Après le déjeuner, à 13 h 30, j'ai fait des traits de différentes couleurs à la gouache sur une grande feuille.*

Et une autre encore, qui ferait sourire mes enfants :

> *Aujourd'hui, il fait beau, je vais sortir dans le parc pour construire une cabane avec des billots de bois !*

Tout, j'accepte tout. Je plane sur ma vie.

Chapitre 54

Le sursaut
ou
Ce trop-plein d'injustices qui me pousse à faire appel

Le sursaut finira par se produire, mais il ne viendra pas du jour au lendemain. Il n'y a pas de remède miracle, pas de potion magique capable de réveiller un suicidaire qui se complaît dans le moelleux – rétrospectivement effarant – de l'enfermement psychiatrique. Simplement, au fil des jours, le handicapé de la vie que je suis devenu se voit rattrapé par une nouvelle existence qui s'impose à lui. Cette nouvelle vie qui se profile mêle quelques rares flashs de moments presque joyeux, auxquels succèdent de longues semaines sombres, gangrenées par une montagne de contrariétés de toutes sortes, de chagrins nouveaux, de soucis imprévus. Mais peu à peu, la tentation de repli se fait un peu moins hermétique, malgré une angoisse indicible que j'éprouve à oser me tourner vers l'avenir.

*

Une mauvaise nouvelle vient encore plomber l'horizon de mon futur proche : Odile veut divorcer. Elle me l'a dit elle-même, à Vannes, où elle s'est installée depuis son acquittement à Saint-Omer. Ce jour-là, j'ai pris le train très tôt pour lui rendre visite. Alors que nous marchions tous deux sur la côte, elle s'est empressée de vider son sac : elle aime un autre homme, elle a envie d'un enfant... Autant de coups de poignard qui me blessent encore un peu plus, même si j'arrive presque à la comprendre, tant je m'en veux, rétrospectivement, de ne pas lui avoir donné la vie qu'elle souhaitait. Je devais m'y attendre, mais je me refuse à le croire.

Je lui demande de patienter au moins jusqu'au procès en appel à Paris. Mais c'est trop lui demander. Je sens qu'elle est pressée. Elle me fait quand même visiter sa nouvelle maison, mignonne, mais petite, « indigne d'elle », comme je l'écris le soir sur mon cahier journal, « indigne du train de vie auquel je l'avais habituée ». Mais je sais aujourd'hui que le bonheur ne se mesure pas au mètre carré...

Cette séparation envisagée par Odile conduit mon avocat à préparer une première audience destinée à décider de la garde de nos trois enfants. Ce qui prime à mes yeux, c'est leur bonheur à eux. Même si l'idée de ne plus vivre avec eux sous le même toit me déchire le cœur, je ne songe pas à m'opposer au droit de garde réclamé par Odile. Maître Delarue n'y va pas par quatre chemins pour m'expliquer que nous n'avons pas le choix : « Alain, il faut laisser les enfants à Odile. Vous êtes malade, SDF, et sans emploi. »

Et fou ? Au milieu de tous ces problèmes qui surgissent et que je me dois d'affronter, je n'en suis plus si sûr...

*

Heureusement, quelques semaines plus tard, cette prochaine audience s'accompagne d'un cadeau qui, à mes yeux, n'a pas de prix : je vais revoir mes trois enfants. J'essaie de leur parler le plus souvent possible au téléphone, mais hélas, c'est surtout pour constater leur mal-être, leur incapacité à se construire, eux dont l'enfance véritable, l'enfance insouciante, entourée de leurs deux parents, a été stoppée nette, suite à leur enlèvement par la police qui les a privés non seulement de leur mère et de leur père, mais aussi, pendant plus d'un an, de nos familles respectives.

Foyer social d'adolescents pour le plus grand, familles d'accueil pour ma fille et mon plus jeune fils : tel fut leur destin à eux, un destin meurtri qui n'a jamais intéressé la justice, indifférente à une souffrance qu'elle ignore d'autant mieux qu'elle en est directement responsable. Je reviendrai plus loin sur ce scandale douloureux qui concerne tous les enfants des treize acquittés d'Outreau.

*

Mais en ce jour mémorable du 17 août, je me réjouis de pouvoir à nouveau les serrer dans mes bras. Rendez-vous est pris avec Odile et mon avocat, juste avant l'audience qui doit statuer sur leur garde. Après une nuit d'anxiété, je retrouve Maître Delarue à 15 heures, au café de la place du tribunal à Boulogne-sur-Mer, un établissement où j'avais moi aussi mes habitudes, du temps de ma splendeur... Heureusement, mon père et ma sœur Dany m'accompagnent.

Au sortir du café, je sens mes jambes se dérober. Je les aperçois enfin, sur le trottoir, les trois héros de ma vie. Mon sang se glace, j'ai l'estomac noué. Ém**u**, je ne suis capable que d'un bisou furtif. Je retrouve Sébastien, que j'ai revu dans les conditions si humiliantes, pour lui comme pour moi, du tribunal de Saint-Omer, et aussi Thomas, que je revois assez souvent, puisqu'il m'a été donné la grâce de lui rendre visite à son foyer. Mais pour Cécile, pour ma petite fille, c'est le choc : je ne l'ai pas revue depuis la rafle du 14 novembre 2001. Quatre années se sont écoulées depuis ce jour funeste où elle criait de terreur, alors que la police l'arrachait de mes bras ! Je la reconnais à peine, avec sa coupe de cheveux au carré et ses petites taches de rousseur sur le nez. Comme elle a grandi !

L'ambiance est tendue. Odile et mes beaux-parents sont là, les enfants n'osent pas parler, alors que nous devons évoquer leur sort devant le juge. Sans hésitation, le magistrat décide de confier leur garde à Odile, et je me range à cette sage décision. Pour le reste, j'avoue n'avoir rien écouté de ce qui s'est dit à l'audience, tant ces instants qui rayent définitivement mon ancienne vie m'apparaissent insupportables. Je me recroqueville sur moi-même, tente de m'enfermer dans un cocon aussi isolant que possible.

La fin de l'audience sonne comme une vraie délivrance, et j'ose enfin parler avec mes petits. Sébastien prononce devant moi ses premiers mots d'anglais, Cécile s'amuse à lire des phrases inscrites sur un tableau d'information. Thomas parvient tout juste à se détendre, encore tout bronzé de sa semaine passée dans un camp dans les gorges du Tarn. Mais son regard perdu me dit qu'il n'en a tiré aucune joie.

D'ailleurs, même si je suis volontairement resté sourd aux dires du magistrat, j'ai quand même appris au passage que mon fils aîné venait de passer devant un juge pour enfants et ce pour « dégradations volontaires », alors qu'il s'était amusé à casser des rétroviseurs. Voilà ce qu'une monstrueuse bavure judiciaire a fait de mon fils, bon élève avec un an d'avance avant notre arrestation : un jeune garçon détruit de seize ans qui refuse toute scolarité, tout apprentissage, tout avenir.

Très vite, d'ailleurs, Odile décidera de ne pas garder Thomas avec elle. Elle s'avouera incapable de faire face à ce garçon qu'elle trouve ingérable, trop dur. De retour en foyer social, mon fils commettra fugue sur fugue. Ce qui lui vaudra des convocations réitérées devant le juge pour enfants, une femme dénuée de compassion et qui, plus tard, l'obligera à lui dire « merci » pour la permission qui lui a été accordée de pouvoir tenter de revivre à mes côtés.

Merci de quoi ? De l'avoir privé de ses parents ? De l'avoir cassé psychologiquement ? De l'avoir jeté dans un de ces établissements pour enfants « difficiles » ?

*

Mais j'en reviens à ce jour où nous sommes réunis tous les cinq, fût-ce pour quelques heures, fût-ce pour conforter, hélas, l'explosion définitive de notre petite famille. Je quitte mes trois enfants sur de longues étreintes qui me laissent sans vie. Dans la voiture de Dany, je me sens vidé, lessivé. De retour dans mon lit, je m'effondre. J'ai un mal de crâne à ne plus pouvoir ouvrir l'œil. Le pire, c'est que l'image de mes enfants retrouvés et perdus ne suffit pas à mon calvaire. Avoir revu Odile une nouvelle fois, avoir marché dans la rue avec elle et nos trois enfants me rend fou. Elle va refaire sa vie en Bretagne. Elle en aime un autre. Mais moi, je continue de l'aimer. Elle reste alors « ma petite femme chérie ». Et sa demande en divorce n'y change rien.

*

Je reçois des visites, je fais la connaissance d'autres « accidentés de la vie », tous désireux d'en finir. Ainsi de Frédérique, une ex-chef d'entreprise mère d'un petit garçon, qui s'est défenestrée à la suite de graves problèmes financiers et clouée, en cette année 2004, dans un fauteuil roulant. Fred me montre des photos d'elle avant sa tentative de suicide : et je découvre, stupéfait, la très belle femme qu'elle fut, aujourd'hui méconnaissable, défigurée. Ces personnes souffrent elles aussi, et le témoignage de leur chemin de vie m'apporte un précieux réconfort.

Hormis ma propre famille, l'amour indéfectible qu'elle m'apporte depuis maintenant trois années, les anciens copains sont si rares qu'ils ne risquent pas de passer inaperçus. Parmi eux, bien sûr, Hervé Marcotte-Ruffin... Quelle chance j'ai eue de l'avoir à mes côtés ! Pendant toute cette période d'Outreau, il a tenu la main de mes sœurs, et celle de ma femme, avant qu'elle ne me quitte. Rien à voir avec ces « connaissances » qui ont détalé dès la première rumeur de ma pseudo-culpabilité !

Hervé est huissier de justice, lui aussi. Nous avons fait tous deux l'ENP (École Nationale de Procédure) à Arras et à Lille. Avant Outreau, il exerçait à Calais, et moi dans les environs de Boulogne-sur-Mer. Un jour que nous discutons, il me dit tout à trac : « Pourquoi tu ne viendrais pas travailler avec moi à l'Étude ?

— Mais, Hervé, tu vois dans quel état je suis... »

Avec le recul, je mesure non seulement l'étendue de sa gentillesse, mais plus encore celle de son courage. Vous rendez-vous compte ? Engager un ancien huissier de justice, condamné pour atteintes sexuelles sur son propre fils ? À Calais, une ville de province où le monde judiciaire tient dans un mouchoir de poche ?

Je refuse, je me dérobe en le remerciant pour son geste, mais il insiste. Et je finis par dire « oui ». Oui, j'accepte d'être embauché comme clerc débutant payé au Smic. C'est la seule voie qui s'offre à moi pour reprendre le chemin du travail, alors que j'ai démissionné de mes fonctions d'huissier. Oui, je vais avoir le courage d'affronter cette vie d'homme bafoué, dégradé. J'en ai des tourbillons dans le ventre. Mais c'est sans doute là un tournant décisif, une étape qui me pousse hors de ma cage de malade mental.

Mais rien n'est joué : je ne pèse alors que soixante-dix kilos, je pleure à tout bout de champ, et j'ai encore envie de mourir un jour sur deux. Un matin, pourtant, tout remonte à la surface : la souffrance de ces trois années de cauchemar, la colère, la rage. Je me dresse alors sur mon lit, me traîne jusqu'à la salle d'eau pour contempler dans la glace un Marécaux chétif au teint beige, l'homme que je suis devenu. J'ai envie de crier : « Non, je ne suis pas fou ! J'ai rien fait ! Burgaud va disparaître ! » Je ne sais combien de fois j'ai pu écrire cette phrase dans mes cahiers. Elle déboule à la pointe de mon stylo comme une urgence, me tient lieu d'exutoire. Elle me détourne de ma propre mort : BURGAUD VA DISPARAÎTRE.

*

Avec le soutien de ma famille, je vais donc tenter d'accomplir ce grand saut : m'extraire de cette résidence, moyennant un traitement et un suivi médical très stricts, et tenter de renouer avec la vraie vie. Le plus dur, c'est de trouver un petit logement alors que je suis condamné, ruiné, malade. Mais Hervé bataille pour moi, et en septembre 2005, j'emménage dans un studio d'une trentaine de mètres carrés. Mon père me dépanne d'un canapé, d'une table et de quelques chaises. À sa sortie de prison, Odile a gardé pour elle le mobilier de notre ancienne maison, y compris la vaisselle, le linge de maison...

J'ai ce sentiment presque burlesque d'enclencher la marche avant d'une voiture et... de partir à reculons ! D'un côté, ce nouveau départ est une renaissance ; de l'autre, je me retrouve vingt ans en arrière, quand je n'étais qu'un jeune étudiant fauché. Mais hélas, je cours sur mes quarante ans, et ma carrière brillante appartient au passé. Un passé brisé, saccagé, entaché d'une condamnation répugnante.

Pourtant, à certains instants, les clignotants s'allument au vert. Comme ce jour où un éditeur – celui qui me publie aujourd'hui –

vient à ma rencontre : lui aussi me dit banco pour un nouveau départ, faisant fi de ma condamnation à Saint-Omer, sûr de mon innocence.

Moi qui n'en mène pas large à l'idée de retravailler, je me surprends à secouer mon fils Thomas, à lui parler d'avenir. Je me souviens de ce jour où nous avons discuté de tout, de son futur, des possibilités pour lui qui refuse de reprendre des études, de s'orienter vers un apprentissage. C'est à cette époque-là que la fameuse juge pour enfants lui a permis de venir habiter avec moi dans mon petit studio, alors qu'il n'avait plus de chez lui depuis trois ans...

*

1er octobre 2004. Premier jour de travail au sein de l'Étude d'huissiers que dirige Hervé. Nous sommes à Calais à une trentaine de kilomètres de Boulogne-sur-Mer. En dépit de l'accueil sympathique de mes collègues, mes débuts s'avèrent plus que difficiles. Je n'ai aucune confiance en moi. Je fais tout mon possible pour m'intégrer dans l'équipe, mais j'éprouve un sentiment de honte. Je le dis sans détour : ce n'est pas facile de passer du statut de titulaire d'une charge d'huissier à simple employé.

Depuis le verdict de Saint-Omer, et mes passages à la télé, je suis devenu un personnage public que tout le monde connaît et reconnaît. Ainsi je note, le 18 octobre 2004 :

J'ai toujours peur des regards, je me sens coupable de vivre, moi qui suis devenu un père incestueux, condamné à 18 mois de prison sur un malentendu. J'ai l'impression que mes collègues de travail me le reprochent, me regardent d'un mauvais œil. Je fais maintenant du recouvrement amiable dans la France entière, et sur mes courriers de rappel, je n'indique que mon prénom, à la manière des commerciaux, tant je crains d'être démasqué...

Mais je progresse dans mon travail, et donne satisfaction à Hervé. Mine de rien, trois années d'arrêt, dans la vie d'un juriste, s'apparentent à un gouffre. De nombreuses réformes sont passées, les techniques ont évolué, notamment l'informatique qui a fait un bond spectaculaire. À moi de m'immerger dans les nouveaux textes, d'assimiler, en quelques mois, trois ans d'évolutions en tout genre. Les innovations auxquelles je dois faire face n'ont pas toutes un caractère purement juridique. Incarcéré avec le franc en vigueur, je suis libéré avec les euros !

Comme tous les Français, mais en accéléré, avec trois ans de retard, me voilà dans la jungle des sommes à multiplier par 6,5 ou à diviser par 6,5, dans un sens, puis dans l'autre. Et ce qui devait arriver arriva : alors que je réglais une série de factures, j'ai confondu les deux monnaies... et me suis cru riche. Du coup, j'ai émis une série de chèques sans provision et me suis retrouvé interdit bancaire ! Mon père m'a aidé à combler le déficit. Vous imaginez, un ancien huissier de justice qui retravaille chez un autre huissier, et qui émet des chèques sans provision !

Une autre fois, une seule et unique fois, j'ai donné du souci à mon ami employeur en pétant les plombs lors d'un contrôle de police sur la route. J'avais le portable à l'oreille, deux policiers me font signe de m'arrêter. Je me gare et ne bouge pas. Comme je n'arrive pas à baisser ma vitre, l'un d'eux frappe au carreau. Sans un mot, sans un regard, je donne mes papiers. Il me lance : « Vous pourriez me regarder quand je vous parle ! » Mon sang ne fait qu'un tour. Je décroche ma ceinture de sécurité, sors de la voiture et rétorque, nez à nez avec le flic : « Tu veux que je te regarde ? Alors je vais te regarder. » Il recule, m'interdit de le tutoyer.

C'est à cet instant-là que j'ai pété les plombs : « Je tutoie qui je veux, et surtout les flics ! Je m'appelle Alain Marécaux, l'huissier d'Outreau. Les flics m'ont toujours tutoyé, alors, pourquoi pas moi ? » Finalement, il m'a rendu mes papiers et m'a juré que j'aurais de ses nouvelles. Une fois de plus, Hervé m'a arrangé le coup, et j'ai échappé à un outrage à agent. Mais je me suis dit que jamais plus je ne perdrais mon sang-froid.

*

Tous ces coups de canif dans cette vie calamiteuse ne peuvent toutefois parvenir à occulter ce pas décisif que je viens d'accomplir. En dépit de toutes ces difficultés, je commence à entrevoir la sortie d'un premier tunnel, celui d'une autonomie retrouvée. Je touche mon premier salaire : 850 euros. Au moins, je pourrai manger midi et soir... Maître Delarue se réjouit de ce début de renaissance. À son cabinet, nous évoquons le procès en appel à la cour d'assises, qui s'annonce pour l'année suivante, en novembre 2005. L'échéance se rapproche.

À la fin de notre entretien, il vient plaquer ses deux mains sur mes épaules. Je le sais heureux de la combativité qu'il sent poindre en moi. « Alors, Alain, on y va, au feu ? » Je retrouve une force que je croyais anéantie à jamais. Une émotion nouvelle s'empare de ma grande carcasse osseuse : l'envie de me battre. Mais aussitôt, je me ravise : je n'ai plus un sou pour régler les honoraires ! Ce à quoi Hubert Delarue rétorque : « Ne t'en fais pas, c'est le service après-vente qui marche ! »

Chapitre 55

À la cour d'assises de Paris
ou
La révolte de six condamnés innocents

En fait, tout est déjà prêt, tant le dossier que nous aurons à plaider à la cour d'assises de Paris s'annonce identique à celui de Saint-Omer en juin 2004. Qu'avons-nous à dire d'autre que nous n'avons déjà décliné sur tous les tons, devant ce parterre de magistrats soudain fossilisés sous la charge de leurs propres erreurs ? Ces bévues en série, confortées à chaque stade de la procédure sans la moindre preuve, ce bug inédit dans toute l'histoire de la justice qui les a conduits à acquitter sept innocents sur treize...

À Saint-Omer, l'affaire d'Outreau s'est écroulée comme un château de cartes. À Paris, un an et demi plus tard, c'est la machine judiciaire qui s'apprête à imploser. Même si nous ne voulons surtout pas « vendre la peau de l'ours », nous sentons bien, nous, les six derniers non coupables, que le vent souffle enfin dans la bonne direction. Nous avons bien conscience, un an et demi après le verdict du 2 juillet 2004, d'avoir été condamnés dans l'unique but de sauver la face d'une justice en péril. Une des avocates de la défense l'a plaidé haut et fort, devant la cour de Saint-Omer : « Par la condamnation de six innocents à des peines "légères", la justice a voulu se raccrocher aux branches. »

Acquitter treize personnes d'un coup, c'était une trop grande claque pour les magistrats. L'impossible aveu de leur propre incompétence. D'où leur acharnement à trouver des coupables en condamnant six d'entre nous pour des peines moins lourdes. Des peines ignobles, infamantes, censées sanctionner des actes que nous aurions commis sur nos proches, notre entourage, nos propres enfants.

Je reviens en quelques lignes sur ce verdict de Saint-Omer :

Dominique Wiel, prêtre-ouvrier de soixante-sept ans, hélas voisin malchanceux des Delay, a ainsi écopé d'une condamnation à sept ans de prison pour le viol « furtif » d'enfants du quartier. Et le sinistre et cynique procureur Gérald Lesigne fait alors mine d'atténuer cette condamnation fantaisiste par d'odieuses « circonstances atténuantes » : « Il s'agit de quelqu'un qui n'a pas su maîtriser une pulsion rapide, expliqua-t-il le plus sérieusement du monde, et je crois que cela mérite d'être intégré à la peine. »

Le couple Franck et Sandrine Lavier (vingt-sept et vingt-huit ans), avait le malheur d'habiter dans la même cage d'escalier que le couple Delay. À défaut de pouvoir apporter la preuve de leur culpabilité sur les fils Delay, tous deux ont quitté le tribunal avec six et trois ans de prison pour « agression » et « corruption » de leurs trois filles.

Daniel Legrand (fils), lui, avait la chance de ne pas habiter le quartier. Mais puisque l'on n'a pas trouvé la moindre trace d'agression sexuelle sur aucun enfant de la Tour du Renard, on le condamne à trois ans de prison, dont un avec sursis, car « il pourrait », selon le même Gérald Lesigne, « avoir filmé les ébats pédophiles de la famille Delay ».

Quant à Thierry Dausque (trente-trois ans), autre habitant de la Tour Renard, il a été déclaré coupable de viol sur les enfants qu'il a eus avec sa concubine : quatre ans d'emprisonnement, dont un avec sursis.

Et puis il y a moi, l'huissier d'Outreau. Après avoir reconnu que je n'étais pas « quelqu'un qui relève de l'affaire d'Outreau », ce sont « des actes inconvenants » sur mon fils, qui m'ont été reprochés, assortis d'une peine de dix-huit mois de prison avec sursis. Traduction : faute d'avoir pu condamner un notable pour viol avec actes de barbarie, les magistrats se rabattent sur le père incestueux !

Toutes ces condamnations fallacieuses n'ont donc aucun lien direct avec le réseau de pédophiles, ce réseau de prédateurs sorti de l'imagination de Myriam Badaoui. C'est elle qui a jeté en pâture des noms de « notables » et de voisins, afin de mieux diluer sa propre responsabilité. Outreau, c'est cela, et uniquement cela : deux adultes enfermés dans leurs fantasmes qui font souffrir leurs quatre enfants, le couple Delay-Badaoui, lequel fait participer un couple de voisins, Aurélie Grenon et David Delplanque. Rien d'autre.

*

Je peine, dans ce procès aux assises de Paris, à retrouver le fil de mon cheminement personnel, tant les cinq ultimes naufragés de cette affaire d'Outreau et moi-même formons désormais une équipe soudée. Nous nous connaissons tous, nous comparaissons libres, bien que maintenus sous contrôle judiciaire.

Je conserve un souvenir émouvant de ces moments forts, de ces heures précieuses de fraternité, au cours desquelles nous pouvions enfin confronter nos expériences respectives. Chacun d'entre nous pouvait dès lors relativiser sa propre douleur. Ainsi ai-je pris conscience que mon refus de m'alimenter m'avait épargné plusieurs mois de prison, comparé à d'autres, comme Thierry Dausque, resté trois ans sous les verrous.

Je suis ému de les retrouver sur le banc des accusés, ce 7 novembre 2005.

*

Le procès tant attendu s'ouvre dans un climat de frénésie médiatique. Cette fois, la presse bruisse en notre faveur. Voilà plusieurs semaines que nous croulons sous les demandes d'interviews et de reportages. Le jour J, mes comparses et moi pénétrons enfin dans cette arène de la cour d'assises, tels des gladiateurs poursuivis par un ballet de caméras, de projecteurs, de micros qui se tendent.

Mais dans notre for intérieur, nous n'en menons pas large. La gorge serrée, je m'empresse de franchir les deux détecteurs de métaux pour prendre place sur une des six chaises disposées deux par deux, alignées en colonne les unes derrière les autres, comme à l'école. Je me retrouve au premier rang, sans voisin, car j'apprends que Thierry Dausque est hospitalisé. Je prends le temps de contempler cette salle au parquet rutilant, coiffée d'un haut plafond ciselé d'une fresque magnifique. Moins majestueux, les dossiers en bois réveillent mon mal de dos et ne sont pas sans me rappeler le supplice physique et mental de ma garde à vue.

À peine ai-je pris place que toutes mes réflexions optimistes s'envolent. Ne suis-je pas le plus mal parti d'entre tous ? Le seul mis en cause par les accusations de son propre fils ? Piégé par les questions « fermées » des psychologues, pollué par les confidences dégradantes d'un des fils Delay, qui était scolarisé dans la même école que lui, Sébastien a lâché des paroles malheureuses, des paroles innocentes dans sa bouche, transformées en bombes accusatrices contre moi.

Quel parent peut prétendre n'avoir jamais effleuré de la main, sans le faire exprès, le sexe de son enfant, au cours de jeux innocents, ou en l'aidant à se sécher après son bain ? Cette horrible accusation a fait de moi pour certains un pédophile, et l'a plongé, lui, mon petit garçon, dans une détresse qui lui a valu de tenter de mettre fin à ses jours à l'âge de treize ans.

*

Le temps d'identifier certains avocats déjà présents à Saint-Omer, la sonnette retentit déjà. « La cour ! » Sept personnes font alors grincer le parquet : la présidente, deux assesseurs, le ministère public composé de deux avocats généraux, deux greffiers et un huissier audiencier. À l'arrière-plan, une escadrille de gendarmes courtois, mais stricts.

Nom, prénom, adresse, profession : chacun d'entre nous se présente. L'avocat de Thierry Dausque apporte un certificat médical justifiant son absence, et le conseil de Franck Lavier en profite pour prendre la parole et réclamer un allégement du contrôle judiciaire de son client, qui l'empêche de voir son épouse... enceinte, « ce qui prouve bien, assène-t-il non sans quelques chuchotements rigolards, que le contrôle judiciaire n'a pas été scrupuleusement suivi ! »

Commence alors une longue marche à pas menus, une marche tellement lente et sinueuse, que je me demande, au tout début de ce procès, s'il s'agit bien du nôtre. Des heures à entendre aussi patiemment que possible la voix d'une vieille bique de greffière égrainer les mille cinq cent cinquante et une questions à l'ordre du jour. La litanie n'en finit plus, ponctuée de suspensions d'audience qui sont autant de bouffées d'air.

À la question 1112, enfin, c'est mon tour. Je sursaute à mon nom. Ce que j'entends est ahurissant : agression sexuelle sur mon fils légitime, mineur, ces faits reprochés étant censés s'être déroulés à Outreau et Samer. Samer est l'adresse de mon Étude, et mon fils ne s'est jamais rendu à Outreau ! C'est quoi, cette nouvelle farce ? Quand on arrive à 1515, j'ai envie de crier « Marignan ! » Mais je ne dois pas être le seul, et je préfère me taire.

*

Mais une fois entrés dans le vif du sujet, je constate que nous bénéficions d'un véritable atout : une présidente hors pair, un « vrai » magistrat, qui fait bien son travail. Odile Mondineu-Hederer possède toutes les qualités dont son homologue de la cour d'assises de Saint-Omer semblait dépourvu. D'emblée, je suis frappé par sa politesse. Alors que le président Monier de Saint-Omer allait s'asseoir avant même d'avoir pris le temps de nous jeter un regard, ce petit bout de femme attend que tout le monde soit là – assesseurs, jurés... – avant de prendre place.

Surtout, elle écoute. À Saint-Omer, chaque témoignage, chaque déposition, parole d'expert ou d'accusé était affublé du « Avançons ! » du président... À Paris, madame la Présidente ne dit plus « Avançons ! » mais : « Je vous écoute. » Oui, nous sommes passés du président « Avançons ! » à la présidente « Comprenons ». Et ça change beaucoup de choses. On sent qu'elle prend le temps de la réflexion. Pourquoi six faux coupables comparaissent-ils aujourd'hui devant elle, à la cour d'assises ? Jamais elle n'interrompt celui ou celle qui a la parole : une personne à charge, un témoin, un avocat. Personne.

La tension monte au fil des jours, au fur et à mesure que tombent une à une les dernières pièces du mince château de cartes. Le 18 novembre, Myriam Badaoui-Delay vient réaffirmer qu'elle est une menteuse mythomane, qu'ils n'étaient bien que quatre dans leurs déviances barbares. Elle réitère que les six appelants « n'ont strictement rien fait », et qu'elle a menti. Mais aussitôt, elle vise Burgaud : « Je sais que j'ai menti. Mais il faut aussi que le juge prenne ses responsabilités ! » Métamorphosé physiquement, son ex-mari Thierry Delay soutient ses déclarations : oui, ils n'étaient bien que quatre. Une seconde fois, nous voici donc définitivement blanchis au regard des viols commis sur les enfants victimes d'Outreau.

Mais Myriam Badaoui-Delay n'est pas la seule accusatrice à nous avoir jetés dans cette boue, avec la complicité de son mari, et du couple Delplanque-Grenon. Les petites victimes d'Outreau, elles aussi, nous ont accusés d'avoir participé à ces séances horribles. Si les psychiatres n'ont cessé – sans être écoutés – de prendre leurs distances vis-à-vis de ces témoignages et confidences arrachés aux enfants dans des conditions parfois rocambolesques, d'autres psychologues « experts » s'en sont donné à cœur joie dans leurs pseudo-interprétations à charge.

Les voilà eux aussi invités à s'expliquer devant le jury de la cour d'assises de Paris. Interrogés sur leurs « travaux », ils se défendent en affirmant que « leurs paroles ont mal été interprétées ». L'un d'entre eux, Jean-Luc Viaux, expert psychologue, lance un pavé à la tête des juges : « Tant qu'on paiera les experts à des tarifs de femme de ménage, vous aurez des expertises de femmes de ménage ! »

D'autres s'échinent à valoriser le contenu de leurs « travaux ». L'un d'eux affirme sans ciller que nous, les accusés, portions en nous les traits de l'abuseur sexuel : immaturité affective et égocentrisme. Ce qui fait lancer à Maître Dupont-Moretti : « Si l'égocentrisme est un critère propre aux abuseurs sexuels, alors, tous les avocats sont des abuseurs sexuels ! »

L'intervention d'une femme « expert » nous a carrément envoyés au cirque, même si elle n'avait pas conscience que le clown, en l'occurrence, c'était elle. Dans un langage très « psy », cette femme nous explique ainsi que l'un des enfants accusateurs a dessiné quelque chose de grave : une musaraigne avec une moyenne queue. Là, Maître Dupont-Moretti bondit de son banc :

« Madame l'expert, si la musaraigne avait eu une grosse queue, cela voudrait-il dire qu'il a été violé ? » La présidente rit, le jury se tord, les avocats pouffent...

Même les pauvres innocents du banc des accusés que nous sommes rient... jusqu'à ce que madame l'expert se tourne vers nous, et nous lance avec un grand sourire « Ah ! je suis contente ! Mes expertises vous font rire ! » Mais à cet instant précis, nous, les six, nous ne rions plus. Nos regards se croisent, tout comme nos pensées : « Et dire que les magistrats se sont basés là-dessus pour nous juger ! »

*

Des confrontations intelligentes avec nos jeunes accusateurs auraient sans doute débouché sur des résultats bien plus probants. Et justement, c'est au tour de Dave d'être entendu. Dave, ce petit garçon qui, depuis le début, m'accuse d'avoir participé à des « séances » chez les Badaoui-Delay. À la cour de Saint-Omer, il persistait dans ses accusations. Mais personne, alors, n'avait eu l'idée de lui poser une question simple : connais-tu Alain Marécaux, serais-tu capable de le reconnaître ?

Madame la Présidente, elle, va s'en donner la peine. Alors que le petit garçon arrive à la barre, elle lui demande : « Où est Alain Marécaux ? » Il se tourne vers le banc des accusés, cherche du regard, incapable de me désigner du doigt. On lui dit alors que c'est moi, Alain Marécaux. « Tu ne le reconnais pas ? » demande la présidente. Le petit garçon rétorque : « Non, je croyais que c'était l'avocat ! » Et Dave va parler, et il va finir par lâcher : « Pour Alain Marécaux, j'ai menti. »

Et moi je flanche. Car depuis le début, je sais bien qu'il ment, le petit garçon, puisque je ne le connais pas. Mais qu'il me le dise, là, devant tout le monde, à deux mètres de moi, j'en ai les larmes aux yeux.

*

Temps fort, ô combien émouvant : l'audition de mon fils Sébastien. J'attends ce moment depuis le début du procès, je l'espère en même temps que je le redoute. Avant même d'arriver à la barre, Sébastien vient directement m'embrasser : « Bonjour, papa ! » Et on l'interroge à nouveau, et cette fois il me disculpe, évoque un malentendu. Je suis soulagé, bien sûr, même si j'aurais voulu qu'il soit plus ferme dans son discours, l'entendre énoncer clairement : « La dernière fois, ce que j'ai dit était faux ». L'audience est suspendue. Nous nous jetons dans les bras l'un de l'autre, nous pleurons. Et je lui martèle qu'on punira les méchants qui nous ont fait du mal !

Oui, la parole des enfants est fragile et malléable. C'est l'une des grandes leçons à tirer de cette terrible affaire d'Outreau.

*

Mon dossier s'effondre, celui des époux Lavier s'effondre, tout comme ceux de Dominique Wiel, de Daniel Legrand fils, de Thierry Dausque. Coup de théâtre : Yves Bot, procureur général de Paris, débarque dans la salle d'audience sans même en avoir averti la présidente. À la surprise de tous, il présente des regrets, au nom de la justice, pour « cette véritable catastrophe ». Un geste fort, propre à nous rassurer définitivement.

Et pourtant, pas un seul d'entre nous n'ose crier victoire. Et si nous n'étions pas tous acquittés ? La condamnation de Saint-Omer n'a-t-elle pas prouvé que, même innocents, certains d'entre nous pouvaient encore être déclarés coupables ?

Verdict demain, jeudi 1er décembre 2005.

Chapitre 56

L'acquittement
ou
La fin du tsunami judiciaire ?

Ce procès d'Outreau, c'est un cas d'école, un ovni judiciaire, en ce sens qu'il a, de bout en bout, dérogé aux principes qui président au droit français. Il a bafoué celui de la présomption d'innocence ; il a érigé la règle de la détention provisoire au lieu et place du principe de liberté ; il a inversé la charge de la preuve qui appartient au ministère public en demandant aux mis en cause d'apporter celle de leur innocence. Les experts ont remplacé les juges, les avocats étaient des ennemis, le juge d'instruction n'instruisait qu'à charge...

Aussi, ce procès tragiquement exceptionnel ne pouvait-il engendrer qu'un verdict d'exception.

*

Fait rarissime, ce jugement en appel ne donnera lieu à aucune plaidoirie de la défense. C'est l'avocat général, dont le rôle est dédié à l'accusation, qui, de sa propre gouverne, prend la parole pour réclamer notre acquittement aux jurés : « Vous acquitterez ces personnes, non pas au bénéfice du doute, mais parce qu'elles n'ont rien fait. »

Puis c'est au tour du doyen des avocats de la défense de s'avancer vers le micro : « Nous demandons une minute de silence pour François Mourmand. » François Mourmand est le quatorzième acquitté d'Outreau. Cet homme de trente-deux ans de la Tour du Renard a été raflé, lui aussi, le 14 novembre 2001. Il est mort en détention d'une « surdose médicamenteuse » après un an d'emprisonnement. Il ne saura jamais qu'il est libre, qu'il est innocent aux yeux de tous.

À cet instant, je pense que si la mort avait voulu de moi, nous serions deux, là-haut, à contempler nos compagnons entrevoir le bout du tunnel. La mort, j'y ai échappé si miraculeusement, je l'ai fréquentée de très près lors de mes quatre-vingt-dix-huit jours de grève de la faim. Arrivé au seuil de quarante-huit kilos, j'ai connu des hallucinations, j'ai entendu mes os craquer. Au centième jour, j'en suis sûr, j'aurais rejoint François Mourmand.

Et là, un silence absolu s'installe. Une vraie scène de mime, sans geste, sans voix ni expression. Comme si chaque bribe de vie venait de s'envoler dans la seconde. Puis on entend grincer les pas des avocats de la partie civile qui se lèvent dans un même élan pour quitter l'allée centrale. Ces avocats représentent les associations dont le rôle est de défendre les enfants victimes d'agression. Eux croyaient dur comme fer à ce réseau de coupables pédophiles dénoncés par ces enfants martyrs. Ils ne digèrent pas ce qui arrive.

*

Et voici enfin le délibéré. Un délibéré de... sept heures et demie ! Presque huit heures d'angoisse, pour nous six, à tuer le temps, à tenter de penser à autre chose alors que nous ne pensons qu'à cela. Mes chers cahiers me permettent aujourd'hui de revenir sur certaines confidences que nous nous échangions pour nous détendre.

Ainsi du prêtre Dominique Wiel, qui évoque ces jours où il a été confronté devant le juge Burgaud, face à Badaoui, Grenon et Delplanque. Alors que les trois accusateurs se répondent les uns aux autres dans une cacophonie de déclarations aussi contradictoires qu'invraisemblables, Dominique se lève pour entonner la Marseillaise. Et il se justifie avec ces mots pleins d'humour : « J'avais bien pensé au *Te deum*, mais c'était trop religieux ; avec l'Internationale, je risquais d'être catalogué. Finalement, j'ai opté pour la Marseillaise ! »

Et nous rions pour ne pas pleurer. J'ai aussi noté cette anecdote de Christian Godard aujourd'hui décédé, le mari de la malheureuse « boulangère », confronté lui aussi aux coupables accusateurs face à Fabrice Burgaud. La scène qu'il me décrit en dit long sur le lien qui unissait la violeuse mythomane au petit juge : « Burgaud était là, assis à son bureau. Face à lui, Aurélie Grenon, David Delplanque et Thierry Delay. Nous attendions Myriam Badaoui. Et elle arrive. Burgaud se lève pour aller à sa rencontre et lui lance : “Bonjour ! Avez-vous fait bon voyage ?” »

Six ans après, j'en ai encore la chair de poule : vous imaginez, un pauvre innocent qui pourrit sa vie en prison séparé de sa femme, accusée à tort elle aussi, et qui voit une vraie coupable accueillie avec égards par un magistrat qui nous traitait, nous, les vrais innocents, comme les derniers des derniers ?

*

Les aiguilles de l'horloge de la salle des témoins, dans laquelle nous nous sommes réfugiés au cours de cette longue attente, tournent enfin... Alors que le verdict approche, un greffier nous invite à rejoindre nos bancs de la salle d'audience. On nous avait promis la délivrance en début d'après midi, il est un peu plus de 18 heures. Je n'en peux plus. Un ultime frisson d'angoisse m'étreint. Dominique Wiel lâche dans un souffle : « Ils seraient bien capables de nous condamner ces cons-là ! »

Et je panique. Mais oui, bien sûr, il a raison, Dominique. Ils ne vont pas tous nous acquitter. Ils ne le peuvent pas. Le fiasco serait trop grand. Et je me mets à cogiter sur les innocents que la justice refusera d'innocenter. J'enlève le petit Daniel, je mets de côté Sandrine Lavier, et je forme deux couples au choix du juge : Dominique Wiel ou moi, avec Thierry Dausque ou Franck Lavier, ce qui permettrait aux magistrats d'affirmer : « Vous voyez, cette affaire de réseau pédophile existait bien... Il y avait quand même des gens coupables ! »

Seule l'image de la présidente tend à me rassurer. Durant un mois, elle a tenu son audience de manière indépendante. Avec le recul, je me demande encore si nous aurions été disculpés de la même manière sous la baguette du président de la cour d'assises de Saint-Omer...

Plus tard, au début de l'annee 2006, j'aurai d'ailleurs l'occasion de remercier Odile Mondineux pour ce qu'elle a fait pour moi. Elle me répondra : « Je n'ai rien fait pour vous, mais pour la Justice. »

*

L'énoncé du verdict vient taire mes frayeurs : acquittement total, acquittement pour tous. Pour moi aussi, donc, l'huissier d'Outreau. Avec ce même ton autoritaire et souverain, la présidente donne lecture de l'arrêt : « À l'ensemble des questions qui leur étaient posées, la cour et le jury ont répondu "non". En conséquence, Thierry Dausque est acquitté ; Alain Marécaux est acquitté ; Franck Lavier, acquitté ; Sandrine Legrand épouse Lavier, acquittée ; Dominique Wiel, acquitté ; Daniel Legrand, acquitté... »

Quatre années effroyables, et, ce 1er décembre 2005, la fin de ce « Tchernobyl judiciaire », titreront le lendemain les journaux. Franck et Sandrine Lavier s'étreignent. Des sourires éclairent certains visages. Les applaudissements jaillissent, puis redoublent, alors que nos avocats nous rejoignent. Aucun d'entre nous ne parvient à s'extraire de son banc. Je suis au bord du coma, incapable d'exulter. Mes premiers sourires viendront plus tard, quand je savourerai enfin ma première soirée d'homme vraiment libre, entouré de ma famille et de mes trois enfants.

Nous quittons la salle d'audience sous une escorte de journalistes qui nous tendent leurs micros. Soutenu par Hubert Delarue, je pleure.

Impossible, en dépit de ce verdict libérateur, de me sentir heureux. Comment imaginer l'homme que je serai, demain ? Comment parvenir à oublier celui que je fus, avant Outreau, un homme heureux, comblé ? Le moindre coup d'œil dans le rétroviseur de mon existence se traduit par un crève-cœur. J'ai eu une femme, elle m'a quitté. J'ai eu une mère, elle est morte. J'ai été huissier de justice, je ne le suis plus. J'ai eu une maison, elle est vendue.

J'ai des enfants : les reverrai-je bientôt, aussi heureux qu'ils le furent, avant Outreau ?

*

Je fus aussi, pendant quatre ans, un criminel, un paria de la société. Me voilà libre, innocent, célébré. Et je ne sais plus où j'en suis. Et je ne sais plus « qui » je suis. Pourrai-je un jour renaître de toute cette boue ?

Chapitre 57

Burgaud face à ses propres juges
ou
Comment la justice ne s'excusera jamais

Ce réveil du 2 décembre 2005 a pourtant un parfum de victoire. La presse, qui nous a vraiment soutenus ces derniers mois, nous traite en héros. Les hommages pleuvent. Quelques heures à peine après l'énoncé du verdict, Pascal Clément, garde des Sceaux, donne une conférence de presse pour, à son tour, présenter ses excuses aux acquittés, au nom de l'institution judiciaire. Il promet des enquêtes, des sanctions, des réformes. Le 5 décembre, c'est au tour du président Chirac de nous exprimer, à titre personnel, toute son émotion, son soulagement. Lui aussi nous présente, en tant que garant de l'institution judiciaire, ses excuses. Il émet le souhait d'écrire à chacun d'entre nous, et il tiendra parole. Nous serons aussi reçus par Dominique de Villepin, le Premier ministre, qui nous assurera de son émotion, de son soulagement.

Et l'institution judiciaire elle-même ? S'excusera-t-elle enfin pour quatre années de calvaire infligées à des personnes accusées à tort ? S'excusera-t-elle pour ces treize vies marquées au fer et parfois complètement brisées, comme la mienne ? S'excusera-t-elle pour avoir causé la mort de François Mourmand, cet homme qui ne demandait qu'à vivre ? Jamais aucun des cinquante magistrats impliqués dans l'affaire ne s'excusera.

À la cour d'assises de Paris, juste après l'énoncé du verdict, l'avocat général se contente d'« exprimer ses regrets ». De simples regrets ! Incroyable.

Mais il y a plus terrible : Fabrice Burgaud est resté magistrat. Pire encore, d'autres juges directement impliqués dans ce carnage judiciaire ont carrément été promus !

*

À l'aube de cette année 2006, le fiasco d'Outreau semble pouvoir être traité en détonateur d'une réforme judiciaire que la société française appelle de ses vœux. Sans attendre, l'Assemblée nationale décide de créer une commission d'enquête parlementaire composée de trente députés, chargée de « rechercher les causes de dysfonctionnements de la justice dans l'affaire dite d'Outreau et de formuler des propositions pour éviter leur renouvellement ». Du 10 janvier au 12 avril 2006, la commission entendra deux cent vingt et une personnes, et ce au cours d'auditions publiques.

Le 18 janvier 2006, nous sommes, nous aussi, les treize acquittés d'Outreau, invités à notre tour à nous exprimer sur notre vision du système judiciaire dans le cadre de l'enquête retransmise sur la chaîne parlementaire. Chacun d'entre nous peut raconter son long calvaire, sous le regard du nouveau garde des Sceaux, ému, révolté par ce qu'il entend. Ces moments-là s'avèrent, de mon point de vue, plus cruels que libérateurs, en ce sens qu'ils me portent à me remémorer dans le détail non seulement les moments effroyables que je viens de vivre en détention, mais hélas, plus encore, à constater les ravages de cette machine à broyer, cette machine à tout perdre que représente à mes yeux le déroulement implacable d'une erreur judiciaire aussi infernale qu'irréparable.

*

Un mois plus tard, le 18 février 2006, c'est au tour du juge Burgaud de venir s'expliquer au pupitre. Moment crucial que nous attendons tous. Comment ce petit zélateur de la procédure inquisitoire qui ne prenait même pas le temps de nous regarder, sauf pour nous humilier davantage, va-t-il se comporter devant une assemblée chargée de lui demander des comptes ? Va-t-il reconnaître enfin ses erreurs ?

Notre présence est admise, mais tout juste tolérée : nous aurons le droit d'être dans la salle, mais à la condition de nous engager à rester silencieux. On nous a avertis : à la moindre intervention, nous serons invités dans l'instant à quitter la pièce ! Seuls sept d'entre nous souhaitent assister à cette audition, dont j'espère beaucoup et peu à la fois : entendre Fabrice Burgaud dire : « Je me suis trompé. » Interrogé sur le sujet par des journalistes de France 2, je donne spontanément mon opinion : « Je vivrais comme une injustice le fait que le juge Burgaud ne soit pas sanctionné », et j'ajoute : « Je vivrais aussi comme une injustice, aussi, le fait qu'il soit le seul à l'être. » Une subtilité bien inutile, puisqu'aucune sanction ne viendra ternir la toge d'aucun magistrat impliqué.

Aucun des sept acquittés présents ne peut oublier l'arrivée de Fabrice Burgaud flottant dans son costume gris, un petit écolier qui pince les lèvres, bras croisés. Il tripote son stylo et regarde vers le bas, tel un gamin pris en faute. Blême, la voix à peine chevrotante, il ânonne des lambeaux de réponses aux questions de Philippe Houillon, rapporteur de la commission, pourtant très clair dans son désir de savoir pourquoi le juge d'instruction s'est ainsi enfermé dans une accusation aveugle. On tend l'oreille pour entendre les bribes d'explications techniques de Burgaud : « On avait des interrogations sur l'ensemble des éléments... » « C'est une situation dramatique, j'sais pas quoi dire d'autre... »

Le rapporteur s'impatiente : « C'est notre liberté qui est en jeu, et vos réponses sont un peu courtes ! » Frustré de ne pas pouvoir intervenir, je serre les poings lorsque j'entends notre jeune bourreau lâcher cette contrevérité : « J'estime avoir rempli honnêtement ma mission. Personne n'est venu me dire que je faisais fausse route ! » Personne ? Et nos avocats, qui tentaient par tous les moyens de communiquer avec lui et qu'il ne prenait même pas la peine d'écouter ?

L'un des députés de la commission l'interrogera au sujet de son attitude jugée incorrecte envers moi, lors du décès de ma mère, dont il s'est mis à parler à l'imparfait, sans un mot de compassion, alors que je lui disais qu'elle venait de mourir : « Je crois que Mme Marécaux avait des problèmes cardiaques ! », répondra Burgaud, en guise de *mea culpa*. Une contrevérité afin de décliner toute parcelle de responsabilité. Une de trop. Je quitte la salle en pleurs. Décidément, il aura été pitoyable jusqu'au bout.

*

Dix ans après mon incarcération du 14 novembre 2001, je voudrais d'abord rassurer mes concitoyens sur un point précis : selon moi, Fabrice Burgaud constitue une exception parmi les magistrats, qui, pour la majorité, font correctement leur travail. Ceux qui laissent encore entendre qu'il y a des coupables parmi les acquittés pensent, en revanche, comme des Burgaud en puissance : ils n'ont pas compris qu'ils n'appartiennent pas à une caste d'intouchables et qu'un corporatisme exacerbé n'apporte rien à leur profession. Au contraire, cette dernière a souffert de l'incompétence d'un jeune juge d'instruction, mais aussi de la paresse intellectuelle de ses pairs, dont le rôle était notamment de surveiller son travail.

Fabrice Burgaud est, d'abord et avant tout, un très mauvais magistrat. Il connaissait parfaitement les codes, la couleur du formulaire correspondant à telle ou telle demande. Mais à côté de cela, il a simplement oublié l'humanité que son métier exigeait de lui, il a « oublié » les femmes et les hommes qu'il avait en face de lui. Il a omis l'essentiel. On dit souvent qu'il était trop jeune pour une telle affaire. Mais, dans les faits, cette « Affaire » avec un A n'a jamais existé. L'affaire, le soi-disant réseau international de pédophiles, c'est lui qui l'a créée de toutes pièces. Le casting du dossier, c'est Burgaud qui l'a monté.

Dès le départ, nous avons tous été traités en présumés coupables. Des coupables qu'il fallait faire avouer à tout prix, alors que les juges ne disposaient d'aucun élément matériel, et pour cause, puisqu'ils n'existent pas. Les seuls éléments dont ils espéraient disposer sont des aveux. D'où cette violence inquisitoire et psychologique qui devait nous pousser à avouer ! Si Aurélie Grenon comparaissait libre, c'était pour nous faire craquer, nous inciter à parler à notre tour ! Burgaud ne cessait de nous le répéter lors de ses interrogatoires : « Vous voyez, Aurélie Grenon, elle a dit qu'elle a violé les enfants, elle est libre... Dites comme elle, et je vous libère ! » Aux yeux de la police, puis de la justice, nous n'étions qu'une bande de sales résistants, des durs à cuire qui ne voulaient pas céder. Pendant toute l'affaire d'Outreau, Fabrice Burgaud a été un chef d'orchestre. Jamais, alors que les musiciens jouaient faux, il n'a cessé de battre la mesure.

Avec le recul, je crois qu'au tout début, il a cru à cette histoire de réseau pédophile. Mais je ne peux pas imaginer qu'il y ait cru jusqu'au bout. Comme la machine était lancée, personne n'a eu le cran de faire marche arrière. Et c'est totalement irresponsable. Pire, tout cela, d'une certaine manière, a « tué » ma mère, c'est par cela aussi que François Mourmand est mort. Que de vies gâchées, brisées par un aveuglement têtu !

*

Mais ce combat pour nous pousser à avouer des crimes que nous n'avions pas commis, le juge Burgaud ne l'a pas mené seul. Il avait, pour complice, une folle mythomane perverse, une vraie coupable qui n'en revenait pas que l'on puisse s'intéresser à elle : Myriam Badaoui. Au risque de choquer, je l'affirme haut et fort : le couple infernal, dans Outreau, ce n'est pas le couple de parents incestueux Myriam Badaoui-Thierry Delay, c'est le tandem Myriam Badaoui et Fabrice Burgaud. Ce sont eux qui ont monté ce réseau imaginaire, qui ont envoyé des innocents en prison. La mytho faisait tout pour donner satisfaction au juge, pour lui suggérer un par un tous les ingrédients propres à un bon réseau de pédophiles : un métallurgiste, un curé, un méchant huissier, un chauffeur de taxi chargé de transporter les enfants (indispensable puisque le réseau est censé concerner la Belgique, patrie de tous les vices), une commerçante ambulante qui faisait circuler les cassettes pornos, un jeune homme pour filmer les scènes et quelques voisins en guise d'acteurs supplémentaires !

Myriam Badaoui disait à Burgaud tout ce qu'il avait envie d'entendre. Pensait-il pouvoir détenir une part de vérité ?

Aussitôt, elle acquiesçait. Il faut lire, pour le croire, les lettres qu'elle écrit au juge au début de sa détention : « Vous me promettez la liberté conditionnelle, mais je suis toujours en prison. Jusqu'où voulez-vous que je mente ? »

Ces courriers sont dans le dossier...

*

En 2009, trois ans après l'enquête de la commission parlementaire, le juge Burgaud comparaît en audience disciplinaire devant le Conseil supérieur de la magistrature. Malgré les poursuites disciplinaires engagées par Pascal Clément, il persistera dans sa volonté de nier toute faute dans l'affaire de pédophilie d'Outreau. Il ne recevra de ses pairs qu'une simple « admonestation ».

Fabrice Burgaud poursuit aujourd'hui sa carrière de magistrat comme juge d'application des peines au parquet de Paris.

Aucune sanction, pas même un blâme, ne sera adressée à Gérald Lesigne, procureur de la République de Boulogne-sur-Mer, le père adoptif de ce dossier d'assises, la bonne conscience d'une justice inattaquable.

Mais il y a plus surprenant encore. Didier Beauvais, lui, a carrément été promu. Président de la chambre d'instruction de la cour d'appel de Douai, cet homme, dont la mission, en ces années 2000, était de contrôler le travail du juge Burgaud, a directement participé au naufrage d'Outreau. Pour les treize innocents en prison que nous étions, Didier Beauvais, c'était notre terreur. À chaque demande de remise en liberté, nos avocats devaient plaider devant lui. À chacun de ces rendez-vous, il les laissait parler, sans un mot, et leur lançait un « Sommaire ! » qui signifiait : « Abrégez ! » À chaque fois, la demande était rejetée.

Une chambre d'instruction se compose de trois magistrats. La seule présence de Didier Beauvais avait pour effet notre maintien sous les verrous. Les quelques rares remises en liberté qui ont été arrachées l'ont été en son absence !

*

Quelques années après le verdict, j'ai appris par le plus grand des hasards que Didier Beauvais avait été nommé conseiller à la cour de cassation, promotion élitiste par excellence, réservée aux meilleurs.

Faut-il tenter de comprendre ?

Chapitre 58

D'autres enfants victimes d'Outreau : les nôtres
ou
Comment la justice les a brisés dans l'indifférence

Il y a des signes qui ne trompent pas. Au cours de cette année 2006, celle qui suit mon acquittement, mes cahiers s'éclaircissent. L'écriture serrée des quatre années durant lesquelles j'ai été plongé dans l'enfer d'Outreau tend à se relâcher un peu. Je saute des jours, des journées remplies où j'oublie d'écrire. Outreau s'éloigne un tout petit peu.

Désormais, je suis un homme innocent à qui l'on vient serrer la main dans la rue. Des sourires timides éclairent le visage des passants. Certains franchissent le pas, s'avancent vers moi pour me témoigner leur sympathie, leur solidarité : « On a suivi votre affaire, on a pensé à vous. Mon pauvre monsieur, ce que vous avez souffert ! »

Un matin, au bureau, Hervé vient me proposer de devenir l'un de ses associés. La roue tourne dans le bon sens, cette fois. Et pourtant, une nuit de janvier 2006, je fais une bêtise, la dernière, je l'espère : je tente une nouvelle fois de mettre fin à mes jours. Cela m'a pris un soir, je voulais dormir pour de bon, dormir pour toujours. J'ai avalé le contenu de ma pharmacie personnelle, pas assez pour mourir, fort heureusement, puisque je reprendrai mes esprits en quelques heures, aux urgences de l'hôpital de Calais.

*

Même si, bien sûr, ce geste-là ne peut totalement se dissocier de mes souffrances passées, de toutes ces années où je suis devenu un être abject, un perdant de la vie qui ne retrouvera rien, mon suicide de 2006 s'enracine dans une plaie béante qui, à ce jour, ne s'est pas refermée : la souffrance de mes enfants. Avant d'avaler les cachets, j'écris un mot à Thomas, mon fils aîné, celui qui, de mes trois enfants, est le plus touché, le plus marqué.

J'ai alors cette prise de conscience insurmontable : je suis en train de remonter tout doucement la pente, je suis en train de m'en sortir. Au contraire, mon fils aîné, lui, s'enfonce : je le sens glisser, je le vois sombrer malgré le combat que je mène auprès de lui depuis deux ans. Ce soir-là plus qu'un autre, je me sens impuissant à le tirer de son mal-être. Interrogé sur cette détresse qui, un jour, l'a amené lui aussi à vouloir mourir, Thomas lâchera ces paroles à désespérer des parents : « Ma vie s'est arrêtée en 2001, à l'âge de treize ans. »

Et si je prends la peine de décrire, avec la plus grande pudeur possible, la blessure de mes enfants, ce n'est pas pour en faire des martyrs au grand jour, bien au contraire. Je sais combien une vie normale, une vraie vie d'adolescent enfin déconnectée de cette horreur d'Outreau leur est indispensable pour se construire, pour avancer.

*

Je le fais pour dénoncer des comportements policiers et judiciaires inimaginables au sein de la société française, une démocratie citée en exemple pour son souci du respect des libertés et des droits de l'homme. Or, le comportement de la police, ce 14 novembre 2001, me renvoie au souvenir des heures les plus noires de notre histoire.

Que l'on en juge : des dizaines de familles, arrachées à leur foyer, au petit matin. Des gens en pyjama, que l'on somme de s'habiller à la hâte, des enfants qui hurlent de terreur, que l'on sépare de leurs parents, pour les rassembler au commissariat. Tous les futurs acquittés ont vécu la même torpeur de se voir traités en criminels et de voir leurs enfants jetés eux aussi dans le néant, alors que nul ne pouvait douter de leur innocence. La rafle s'est étendue à de nombreuses familles de la Tour du Renard, à tous les enfants que la police soupçonnait d'avoir été abusés.

Une femme m'a un jour raconté avoir assisté, par hasard, à cette scène qui s'est déroulée sous ses yeux, alors que mon épouse de l'époque et moi-même étions dans les abysses d'une garde à vue inhumaine : des dizaines d'enfants qui crient, qui pleurent dans la salle du commissariat où on les a parqués. Des enfants qui ne savent même pas pourquoi ils sont là. À mon fils Thomas, alors âgé de treize ans, qui voulait comprendre ce qui se passait, un policier a dit : « Tes parents sont des pédophiles, des criminels. Ils vont en prendre pour vingt ans. »

Le soir même de notre emprisonnement, nos enfants iront dormir chez des étrangers. Peut-on imaginer leur frayeur ? Leur détresse ? Leur chagrin ? A-t-on pensé à ce qu'ils ont pu ressentir à l'école, dans les semaines qui ont suivi, quand ils ont dû affronter les moqueries salaces des copains qui leur disaient : « Ton père est un violeur, ta mère une salope. » Ils en resteront abîmés à jamais.

Mais il y a pire, peut-être : à cause de cette séparation brutale, les enfants d'autres faux coupables se sont définitivement détournés de leurs parents. Je ne peux me permettre, dans ce livre, de m'immiscer dans la vie de mes malheureux « condisciples » d'Outreau, mais je sais que, pour certains, ce carnage les a privés complètement de leurs enfants.

Et à l'heure où j'écris ce livre, certains parents ne les ont toujours pas récupérés ! Non parce que la justice ne veut pas leur rendre, mais parce que les enfants n'ont pas voulu, à la sortie de prison de leurs parents, retourner vivre avec eux. Je pense à ce jeune couple père et mère de fillettes en bas âge (deux et quatre ans, de mémoire). Les petits ont été confiés à une famille d'accueil pendant trois ans, trois années durant lesquelles ils n'ont plus vu leurs parents, ou si peu qu'ils se sont attachés à d'autres père et mère de substitution.

Et les familles d'accueil, qui ont sans doute fait de leur mieux pour combler le vide affectif dont ces bambins souffraient, n'ont pas pris la précaution de défendre l'image de leurs vrais parents, accusés à tort – mais ils ne le savaient pas, au début –, d'être des violeurs, des pédophiles. Comment ne pas dénoncer une telle aberration, un tel massacre ?

*

Les miens, les nôtres – car je n'oublie pas la souffrance de leur mère bien sûr –, ne s'en sont pas remis. Bons élèves avant leur enlèvement, mes fils sont aujourd'hui déscolarisés. Jeté de foyer en foyer sous prétexte qu'il était trop dur, Thomas a été privé de tous repères éducatifs et familiaux. Pendant trois ans, il a appris le respect des prisons, celui qui s'exprime à coups de poings. À dix-sept ans, il est reparti de zéro. Il a dû, non sans mal, réapprendre les principes liés à une éducation normale : l'écoute, le respect des parents, la tendresse. Il a dû lutter – avec moi à ses côtés – pour ne pas tomber dans la délinquance. Connaître une justice folle quand on est enfant, c'est très dur à surmonter. Il m'arrive encore de craindre pour son avenir.

Mais je ne veux pas me complaire dans ce tableau noir. Nos enfants vont mieux, aujourd'hui, et je voudrais surtout qu'ils sachent qu'ils sont encore en devenir. Je souhaite de toutes mes forces qu'ils parviennent à s'affranchir de ce traumatisme. Je l'ai souvent dit à mon aîné quand il flanchait · « Thomas, mon grand, il y a des portes qui s'ouvrent. Il faut que tu en tiennes compte. Outreau doit faire partie de notre passé, et non plus de notre présent, même si nous savons qu'il sera toujours là. »

*

J'insiste sur cette absence de soutien psychologique, pour ces enfants déracinés, pendant notre séjour en prison, et après l'acquittement. Rien ne justifiait la violence de ces placements – même provisoires – chez des gens qu'ils ne connaissaient pas, alors que des proches, des tantes, étaient prêts à les accueillir, à s'en occuper. Aucune main ne leur sera tendue par la suite, pas même lorsque nous serons libérés puis acquittés, et que nous demanderons à les retrouver. Je note d'ailleurs que la justice a été beaucoup plus efficace, infiniment plus rapide, pour nous arracher notre progéniture, en 2001, que pour nous la restituer quatre ans plus tard. Quand nous l'avons réclamée, le processus était soudain compliqué : « Il faut attendre un peu, ils ne peuvent revenir chez vous sans une instance judiciaire... »

Et quand nos enfants nous ont été rendus, pas un mot d'excuse, pas la moindre piste pour nous épauler. À eux de vivre avec la douleur psychologique d'un tel choc ; à nous, les parents ravagés, de nous débrouiller avec nos gamins détruits, de tenter de leur redonner goût à la vie, aux études. En cette année 2006, Sébastien habite chez sa maman, alors que Thomas demande à vivre sous mon toit. Je ne pourrai oublier les paroles du juge qui nous a reçus, mon fils et moi, et qui s'adresse à moi pour m'avertir de ce qui m'attend : « Je vous préviens, il est cassé. Mais vous pouvez le reprendre... »

Heureusement, ma fille, Cécile, a été moins touchée. Elle n'avait que six ans en 2001. Elle vit aujourd'hui chez sa maman, je pense qu'elle est heureuse, bien que je la voie très peu, et qu'elle m'appelle aujourd'hui « Alain ». Mon ex-femme et moi nous sommes disputés lors de notre divorce, et elle a pris parti pour sa mère.

Mais ce divorce aurait-il existé, s'il n'y avait eu Outreau ?

*

Je voudrais clore ce chapitre sur une note optimiste. Malgré toutes les difficultés qui subsistent aujourd'hui, malgré ces marques indélébiles qu'ils portent en eux, je garde l'espoir que nos enfants deviendront les adultes formidables qu'ils promettaient d'être. Même s'ils me reprochent parfois de me montrer un peu trop autoritaire avec eux, je crois faire tout mon possible pour les guider de mon mieux.

Je les aime.

Chapitre 59

Redevenir huissier de justice
ou
Prêter serment, en toge, devant ce même tribunal qui a signé mon incarcération

L'idée m'a longuement travaillé avant que j'y renonce : à ma sortie de prison, j'éprouvais une forte envie de devenir magistrat, de pouvoir mettre à profit ces passerelles qui permettent aux juristes de changer de profession judiciaire.

« Juge ? Avec ce que tu viens de subir ? », me demandait-on. Mais oui, justement. Et de fait, je crois détenir toutes les qualités qui feraient de moi un bon magistrat : je maîtrise bien les questions de justice civile, qui sont le lot quotidien d'un huissier, je connais mieux que quiconque la privation de liberté, et la notion d'injustice me parle comme à personne. Oui, j'en suis sûr, je pourrais être un très bon magistrat.

Je fais part de mes intentions à Hubert Delarue et à Hervé, lesquels, dans un même élan, chacun dans leur style, et non sans quelques efforts diplomatiques, me mettent tout de suite en garde : « Alain, méfie-toi, avec Outreau, tu as mis un pavé dans la mare ! Ils vont t'attendre au tournant ! » À la réflexion, je sais bien, aujourd'hui, qu'ils avaient raison. Si j'étais devenu magistrat, jamais je n'aurais obtenu la reconnaissance de mes pairs. Si j'étais devenu magistrat, je serais resté l'huissier d'Outreau.

Et puisque je resterai l'huissier d'Outreau, à jamais, n'est-il pas plus simple de le redevenir ? Dès 2006, Hervé me propose de devenir son associé. Il est titulaire de cette charge à Calais où je suis employé comme simple clerc. Son idée, c'est de créer une société avec un autre de ses clercs et moi-même. Et pour cela, nous devons à nouveau prêter serment tous les trois ensemble.

Le 14 mars 2007, donc, je redeviens huissier de justice. La charge étant située à Calais, c'est tout naturellement le tribunal de grande instance de Boulogne-sur-Mer qui va recueillir mon serment. Ce même tribunal qui, six ans plus tôt, avait pour mission de surveiller le travail du juge Burgaud. Ce même palais de justice où je venais menotté, encadré par deux gendarmes...

C'est normalement Gérald Lesigne, procureur de la République, qui, dans ses réquisitions, va demander au tribunal de recevoir mon serment. Ce même procureur qui, devant le juge des libertés et des détentions, avait réclamé mon incarcération ! Ce même homme, avocat général à la cour d'assises de Saint-Omer, qui a requis à mon encontre une peine de dix-huit mois avec sursis « pour actes inconvenants » envers mon propre fils. C'est « son » parquet qui, aujourd'hui, fait ses réquisitions pour Alain Marécaux.

Mais il n'est pas présent, Gérald Lesigne, en ce beau jour ensoleillé qui m'accueille dans cette salle d'audience où je suis si ému que j'en ai les jambes coupées. Tout le monde comprend qu'il ait trouvé judicieux de se faire remplacer... Dommage, j'aurais aimé entendre à nouveau son timbre monocorde articuler les mots de compassion que la présidente du tribunal a prononcés à mon intention.

En robe noire, sous les yeux de mon père, de mes sœurs, de ma marraine et de mes fils, je prononce la formule qui fait de moi à nouveau un officier ministériel : « Je jure de loyalement remplir mes fonctions avec exactitude et probité, et d'observer en tout les devoirs qu'elles m'imposent. » Dans les minutes qui suivent, je m'arrête sur certains regards, les mêmes que ceux qui assistèrent à ma déchéance. En ce jour solennel, je redeviens l'un des leurs.

Et la famille Marécaux peut redresser la tête, lessiver cet opprobre dont elle a tant souffert, quand mon nom faisait les gros titres des journaux. Il faut pouvoir sortir dans la rue, entrer dans un magasin, ou, pire, faire la classe – car j'appartiens à une famille d'enseignants –, lorsque vous êtes le père, la sœur, le neveu de « l'huissier pédophile qui faisait payer des dettes en utilisant les enfants... »

*

Une nuée de journalistes m'escorte aujourd'hui pour couvrir cet événement peu banal : un huissier qui fut envoyé en prison par un tribunal devant lequel il redevient huissier six ans plus tard. Une phrase circule en boucle dans ma tête : la roue tourne... À mes yeux, cette roue me ramène à l'endroit d'où je viens, à cette place que je n'aurais jamais dû quitter.

*

Suis-je le même huissier de justice qu'avant Outreau ? Sur le fond, je suis resté le même homme de loi atypique, bizarrement allergique au costume cravate. Je ne suis pas devenu, comme on pourrait le penser, un huissier infiniment plus humain que je l'étais déjà avant d'avoir subi personnellement l'une des pires descentes aux enfers sociales que l'on puisse imaginer.

Quand je vais chez les gens, je m'y rends seul, sans policier ni serrurier. Je frappe à la porte. Si personne ne répond, je laisse un avis de passage, assorti de mon numéro de téléphone. Et ce petit mot : recontactez-moi. Puis je repasse une deuxième fois, à une heure différente. J'ai toujours pris le temps de voir les gens, de leur expliquer ce qu'il leur arrive, et d'essayer de trouver avec eux des solutions qui permettent d'éviter la catastrophe des saisies. Voilà comment je considère mon métier, comme je l'ai toujours considéré, avant et depuis Outreau.

Mon humanité s'est cependant enrichie sur un point précis : une écoute plus attentive. Lorsque j'ai à exécuter un jugement rendu en matière correctionnelle ou en matière de police, si la personne condamnée souhaite m'expliquer le pourquoi de sa sanction pénale, je l'écoute. Avant Outreau, ma réponse était « Stop ! Je ne veux pas vous entendre, cela ne sert à rien. Le magistrat vous a condamné, vous êtes condamné. » Aujourd'hui, je m'assois, et je dis : « Je vous écoute. » Parce que je sais la valeur d'un tel réconfort, le prix de cette marque d'attention, quand bien même celle-ci ne pourra rien changer à l'exécution du jugement. Et dans mon marasme d'Outreau, les oreilles attentives m'ont beaucoup manqué...

*

D'autres réflexes, plus négatifs, hélas, viennent aujourd'hui encore empoisonner ma vie d'huissier, polluer ma vie tout court. Depuis cette salissure aussi injuste qu'ignoble, la présence d'enfants, quand ils ne sont pas encadrés par des adultes, me met mal à l'aise. Lorsque je procède à un inventaire du mobilier, par exemple, je prends garde à ce qu'il n'y ait pas de gamins dans les parages pour que jamais, à l'avenir, on ne puisse m'accuser d'une quelconque volonté de m'en approcher.

Des enfants, des préadolescents m'ouvrent-ils la porte ? Je refuse d'entrer en l'absence de leurs parents. Et si jamais je me trouve dans quelque foyer défavorisé où des bambins circulent « cul nu » dans la maison, je panique. Dans l'instant, je sens l'angoisse monter : « Et si on m'accusait d'avoir regardé les gosses ? » Là, je fixe mes mains, mes chaussures. Et je quitte la pièce au plus vite.

Tout ce qui me ramène, de près ou de loin, aux accusations proférées contre moi à Outreau, me rend paranoïaque. L'accusation de viol sur mineurs, c'est atroce. J'en viens aujourd'hui à me bénir de n'avoir pas été trop proche de mes enfants. Déjà qu'il m'était reproché de prendre des bains avec eux, que me serait-il arrivé s'ils nous avaient rejoint dans le lit le dimanche matin, pour une bataille de polochon ? Rien que d'y repenser, j'entends la voix d'un avocat de la partie civile marteler, devant les jurés de la cour d'assises de Saint-Omer : « Mais la machine à bisous d'Alain Marécaux, ce n'était pas anodin ! »

Ce traumatisme que j'ai subi, de voir l'amour innocent que je porte à mes enfants transformé, dans la bouche d'accusateurs, en perversion sexuelle, me conduit parfois à me détourner du moindre geste envers un enfant que je ne connais pas, même si ce geste est destiné à le protéger.

Ainsi de cette anecdote : un jour que je fais mes courses dans une grande surface commerciale, je vois les portes coulissantes de l'entrée du magasin se refermer sur une petite fille, dont le gabarit trop menu n'est pas identifié par le détecteur qui déclenche l'ouverture automatique des baies vitrées. Pincée par les portes coulissantes, la petite fille tombe en arrière. Avant Outreau, je me serais précipité pour la relever. Là, j'étais cloué sur place, incapable de bouger.

*

Je dois quand même reconnaître qu'il existe quelques très rares conséquences heureuses liées à mon traumatisme. L'une d'entre elles parlera à tous les rescapés de la mort : être enfin capable de savourer la vie. Moi, l'ancien stakhanoviste du boulot, l'ex-zappeur de vacances, le gâcheur de week-ends, je prends désormais le temps de savourer la vie. À tel point que lorsqu'Hervé m'a demandé mes conditions pour devenir son associé, je me suis entendu répondre : des vacances !

Des vacances. Ce mot-là était vraiment banni de mon existence d'avant Outreau. Des congés, je n'en prenais jamais. En juillet-août, ma femme d'alors partait seule avec les enfants. Je ne les retrouvais qu'une petite semaine, en m'arrangeant pour profiter du pont du 14 juillet, ou de celui du 15 août. Et même ces trois jours-là, je m'arrangeais pour qu'ils ne soient pas tout à fait fériés. Je vivais le téléphone vissé à l'oreille, il fallait que j'appelle l'Étude...

Aujourd'hui, c'est fini. Je suis un désintoxiqué du travail. Même si ce dernier reste pour moi une priorité, il n'est pas la priorité. Nous sommes trois associés au sein de l'Étude, et je profite de mes semaines de congés. Je prends des vacances, je veux du temps pour ceux que j'aime, ma compagne, nos enfants respectifs, nos petits-enfants, mon papa. Du temps pour moi-même, pour me distraire, m'évader, prendre l'air. Du temps pour soigner mon mal de dos chronique. Avant, face aux douleurs dorsales, je me gavais de médicaments ; aujourd'hui, je vais en cure, je consulte kinés et ostéopathes.

Du temps. Aucune somme d'argent, aussi alléchante soit-elle, ne parviendrait aujourd'hui à me faire rester à l'Étude vingt-quatre heures sur vingt-quatre.

C'est en ce sens que je suis toujours le même huissier, mais aussi, un autre...

*

Et puis, il y a ces surprises de la vie, qui, au hasard de mon métier, me font croiser l'un de mes ex-coreligionnaires d'Outreau. Comme ce jour où je suis mandaté par une société pour effectuer un constat dans un squat occupé par des migrants. La rue grouille de policiers chargés de déloger les « sans-papiers », et je suis mandaté pour constater les alentours, car l'immeuble, une fois évacué, sera démoli. Je commence mes constatations, tandis que la police fait barrage aux migrants et aux « no borders » qui souhaitent réintégrer les lieux.

Et qui vois-je arriver ? Dominique Wiel ! Mais oui, il est là, le prêtre-ouvrier, mon co-accusé d'hier. Il est là pour soutenir les migrants, et moi, je suis présent pour les expulser. Nous échangeons une poignée de main chaleureuse. Aurions-nous pu imaginer une telle scène, quand nous pourrissions nos vies dans nos geôles respectives ?

Épilogue

L'après Outreau, une aventure dont je ne voulais pas

L'après Outreau s'annonçait pour moi comme une nuit sans fin. Une existence soudain privée de toute saveur, de tout fondement.

Un être humain peut-il renaître quand il a tout perdu ? Quand il se croit brisé pour toujours ?

Au lendemain du verdict pourtant libérateur de la cour d'assises de Paris, en 2005, un jugement qui faisait de moi un homme innocent, donc vraiment libre, je n'en étais pas sûr.

Et puis, un soir, le téléphone a sonné à l'Étude. D'ordinaire, mon secrétariat filtre les appels, tant les coups de fil sont nombreux. Mais sans trop savoir comment, Sabine a franchi le barrage. Nous bavardons un moment. J'apprends qu'elle m'a vu pour la première fois à la télévision, lors de la retransmission de la commission d'enquête parlementaire. Elle me dit avoir pleuré à m'entendre, avoir désiré m'appeler. Je l'écoute, mais sans plus. Je me souviens lui avoir lâché cette remarque : « Vous prétendez me connaître, et vous ne m'avez même pas lu ! »

Elle achète le livre, me rappelle. Nous allons prendre un café à Calais. De cette rencontre naît une amitié : je lui parle de mes enfants, des week-ends en Bretagne où je vais leur rendre visite. Puis elle me présente son plus jeune fils, François, alors âgé de douze ans, puis Fabien, un autre de ses garçons. Et je fais de même, avec Sébastien. Je crois bien que nous nous plaisons déjà, et pourtant, je ne suis pas encore prêt.

Un peu plus tard, c'est elle qui m'invite à Dunkerque, où elle habite. Sur le chemin, je me dis que j'aimerais bien l'embrasser... et c'est elle qui m'embrassera la première, en m'ouvrant la porte. Voilà comment est née notre belle histoire. Sabine est infirmière de nuit. Je l'admire pour son courage, sa simplicité, sa gentillesse. Son amour se lit à travers ses gestes, ses attentions, ses envies de me faire plaisir. Elle m'aide à surmonter mes angoisses, fait son possible pour sécher mes larmes et exorciser les fantômes d'Outreau. Elle me supporte, moi, le pantin désarticulé, avec mon passé judiciaire, mon vécu carcéral, mes absences. J'aime la cage dorée qu'elle a construite autour de moi, je m'y sens à l'abri.

Nous avons reconstruit une famille : quatre enfants chacun, car je compte aussi Mathieu, un copain de mon fils aîné que je considère comme mon fils adoptif, et six petits-enfants. Nous rénovons une fermette dans la région de Saint-Omer où nous possédons une jument (qui vient d'avoir son premier poulain !), songeons à acheter une péniche pour naviguer sur les canaux... Nous partageons tant de choses ensemble !

*

Je dois aussi reconnaître que cette tragédie d'Outreau m'a permis de vivre des choses inimaginables. Avec mon livre en bandoulière, je me suis retrouvé, bien malgré moi, dans des séances de dédicace, sur des plateaux de télévision. Mon éditeur m'encourageait à sortir, me poussait à m'extraire de ma bulle : « Si, Alain, on y va, je t'accompagne ! » Et quand j'entendais Marc-Olivier Fogiel annoncer mon nom au sommaire de son émission, je pensais : « Mais qu'est-ce que je fais là ? »

Dans les cocktails parisiens, je me sentais tel un Ch'ti égaré à Saint-Tropez ! Mais je l'avoue, cette plongée dans un monde inconnu ne fut pas désagréable. J'ai pu parler avec des célébrités que je n'avais jamais aperçues que dans leurs œuvres. De nombreux journalistes m'appelaient pour me demander de participer à tel ou tel reportage, et les demandes d'interviews affluaient sur ma messagerie. Croyez-moi, ça fait plus que bizarre de passer du Marécaux derrière les barreaux au Marécaux sous les projecteurs !

*

Mais je ne voudrais pas que l'on ne se méprenne sur ce que je viens de dire : je ne suis pas, au final, un homme « pas si malheureux que cela », qui exploite ce qu'il lui est arrivé pour faire parler de lui. Je reste aujourd'hui un homme brisé qui tente de revivre, une victime judiciaire qui a à cœur de vouloir témoigner.

Chacun des treize acquittés a vécu « son » Outreau. Aucun d'entre nous ne vous racontera exactement la même histoire. Après l'acquittement, nous avons tous pris des résolutions différentes pour tenter d'en sortir. Certains ont fermé le dossier, pour se taire définitivement. D'autres, comme Dominique Wiel et moi même, ont mis toute leur énergie dans cette volonté de raconter ce qu'il nous était arrivé, pour dire : « Ce que nous avons vécu peut, demain, arriver à n'importe qui. Il faut secouer la machine judiciaire, changer ses repères. » Dominique a sillonné la France entière pour aller à la rencontre de gens soucieux de comprendre. Comprendre comment, dans notre pays, en 2001, et toujours, hélas, je le crains, en 2011, un tel naufrage judiciaire peut se produire, en dépit des progrès nés de la réforme Clément : vidéo dans les bureaux des juges d'instruction, vigilance accrue quant au recueil de la parole de l'enfant, possibilité de nommer des contre-experts ou de réclamer de nouvelles expertises. Une réforme de la garde à vue et des pôles de l'instruction sont toujours en projet.

*

Pour ma part, j'ai choisi de mettre mon effroyable expérience au bénéfice de causes dans lesquelles je me retrouve en adhérant à de nombreuses associations. Je suis actuellement président de l'association « Scolidaire » qui vient en aide aux enfants ayant des difficultés scolaires, trésorier de l'AIJAT (Association des Innocents Justiciés à Tort) créée par Roselyne Godard, membre du bureau de « France Justice », présidée par Denis Seznec. Je soutiens également l'association « Repousser les murs » destinée à soutenir les détenus, dont la présidente est Danièle Mercier, et aussi l'association « L'Ange bleu », présidée par Latifa Bennari, dont l'un des buts est d'éviter que le pédophile devienne un violeur d'enfants, mais reste abstinent.

J'ai choisi de témoigner en écrivant ce livre, dont j'espère qu'il parviendra à secouer les consciences, à faire bouger les mentalités, au sein de cette « caste » judiciaire beaucoup trop repliée sur elle-même.

*

Et puis, un jour de 2008, j'ai reçu un courrier m'informant qu'un jeune réalisateur, Vincent Garenq, souhaitait faire un film tiré de mon histoire. De cette aventure-là non plus, je ne voulais pas, au départ. Moi, le sujet d'un film ? Non, je n'avais pas envie d'être traité en héros, de voir mon histoire étalée sur pellicule. Surtout, je l'avoue, je craignais que le film ne corresponde pas à la réalité.

Ce fut une aventure magnifique, terriblement émouvante. Professionnel, méticuleux, patient, doté d'une véritable écoute, Vincent Garenq a fait de moi un consultant, veillant à ce que cette histoire soit, jusque dans les moindres détails, jusque dans les moindres ressorts émotionnels, celle que j'ai vécue. Onze versions de scénario ont été écrites, la douzième était la bonne !

*

Le film, *Présumé coupable*, est le récit fidèle de mon histoire racontée dans ce livre. Je me suis rendu sur le tournage, j'ai assisté à certains castings, donné mon avis sur les choix des acteurs : une Myriam Badaoui plus vraie que nature, une Aurélie Grenon calquée sur son modèle, un Fabrice Burgaud habité par son personnage.

Mais il m'a fallu du temps pour m'habituer à ce tremblement de terre intime : devenir le héros d'un film. Voir sur grand écran un Alain Marécaux fictif qui me fait pleurer tant il est devenu moi-même, le petit huissier de justice du Nord-Pas-de-Calais que l'on humilie, que l'on torture, pris dans cette infernale machine à broyer d'une justice déglinguée.

*

Et le comédien hors normes, hors pair, qui a perdu plus de vingt kilos pour devenir ce Marécaux qui voulait mourir, c'est Philippe Torreton. Lorsque Vincent Garenq me l'a présenté, je ne connaissais de lui que les rôles phare qu'il avait interprétés au cinéma et celui de la série télévisée *Les Rois maudits*.

Philippe Torreton n'a pas seulement été choisi pour ce rôle, il l'a revendiqué. Vincent m'a dit : « J'ai vu untel, et untel, ils sont bien, mais lui, c'est différent, il est dedans, c'est son trip. » Quand il a lu le scénario, Philippe a poussé des cris de rage. Il voulait incarner la destruction d'une vie, une vie normale d'homme paisible, qui, d'un coup, s'arrête à 6 heures du matin. Et moi qui ne connaissais rien au cinéma, j'ai vu ce qu'un tel acteur est capable d'investir pour graver dans sa propre chair les souffrances vécues par quelqu'un d'autre.

D'ailleurs, c'est lui, Philippe Torreton, qui est venu à ma rencontre. Nous avons déjeuné ensemble à Lille, avec Vincent Garenq et Christophe Rossignon, le producteur. Et là, je vois un gars qui me pose des questions intimes : « À ce moment-là, t'avais une barbe longue ? Et après, plus courte ? Combien tu pesais ? Qu'est-ce que tu penses de ça ?... Est-ce que tu crois que... Et l'idée de... » Et je me disais : « Merde, il est déjà dedans ! »

Philippe a maigri, il s'est rasé le crâne. Toute l'équipe était attentive à ces moindres détails. À tel point que j'ai donné à la production mes propres habits de malade interné ! Sans jamais savoir qu'ils pourraient un jour avoir une quelconque utilité, je n'étais jamais parvenu à les jeter. Il fallait voir la tête de la costumière, très consciencieuse, elle aussi, quand elle a vu arriver mon slip kangourou et mon marcel, tous deux griffés « EPSM » – Établissement Public de Santé Mentale ! J'ai aussi apporté le blouson de cuir d'aviateur que je portais lorsqu'on est venu m'arrêter et que j'ai dû quitter ma maison sur le champ, bousculé par deux flics. Je leur ai livré tout ça en leur disant : « Je vous donne le slip et le maillot, je ne veux plus les voir ! Vous me rendrez le blouson, il appartient désormais à Thomas... »

*

Un matin, lors d'un petit-déjeuner à Paris, Vincent Garenq me présente Fabrice Burgaud. « Son » Fabrice Burgaud, un jeune comédien sympathique, drôle, enthousiaste. Il prend place en face de moi. Il essaie de me parler, et je détourne le regard. Je ne peux pas lui dire un mot, tant il lui ressemble. Ce long moment m'a semblé une éternité, jusqu'à ce que je me secoue intérieurement : « Marécaux, arrête tes conneries ! » Vincent m'a alors fait visionner quelques scènes avec lui en juge, et là, j'étais au bord de l'évanouissement, tant je retrouvais la froideur implacable du vrai magistrat.

*

J'ai débuté cette nouvelle édition de mon livre par une promesse : celle de ne plus m'exprimer sur l'affaire dès le 14 novembre 2011, dix ans jour pour jour après mon arrestation. Je l'achève en me lançant un défi : être un jour capable de pardonner à Burgaud. C'est un accomplissement nécessaire au croyant que je suis, un sommet à atteindre si je veux vraiment guérir. La dernière étape de ma reconstruction.

Allez, je vais tenter de gravir cet Himalaya. Mais cela me prendra du temps, beaucoup de temps. Et ce n'est pas gagné...

Remerciements

Je tiens à exprimer mon affection à tous ceux qui m'ont soutenu et continuent à me soutenir dans ma reconstruction.

Bien sûr, ma famille, mes sœurs et beaux-frères, ma marraine et son mari, Jacques Deleu, qui m'ont aidé dans la mise en page de la première version de ce livre, sans oublier mes enfants, neveux, nièces et amis.

Et maintenant, Sabine, cette femme admirable qui, par son amour, panse mes blessures et m'aide à construire une nouvelle vie à deux, entourés de ses enfants et de nos petits-enfants.

Maître Hubert Delarue, ce brillant avocat, qui est devenu un ami.

Et bien sûr, les éditions Flammarion qui m'ont fait confiance après le verdict de Saint-Omer et qui aujourd'hui rééditent le livre ; la société de production Nord-Ouest, dont le producteur Christophe Rossignon m'a permis de vivre cette magnifique expérience cinématographique avec un scénariste-réalisateur exceptionnel, Vincent Garenq, et un acteur hors pair, Philippe Torreton.

Annexes

Quelques photos d'Alain Marécaux avant son arrestation, pendant son incarcération, durant sa grève de la faim.

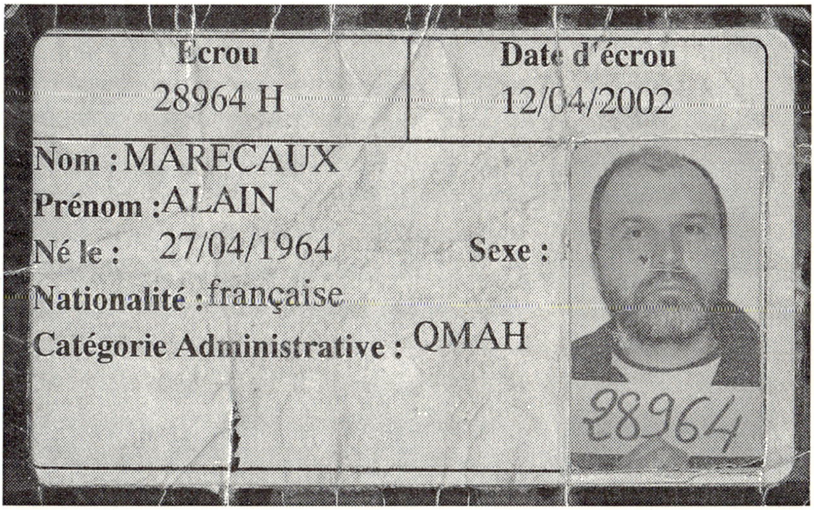
Ecrou
28964 H
Date d'écrou
12/04/2002
Nom : MARECAUX
Prénom : ALAIN
Né le : 27/04/1964
Sexe :
Nationalité : française
Catégorie Administrative : QMAH
28964

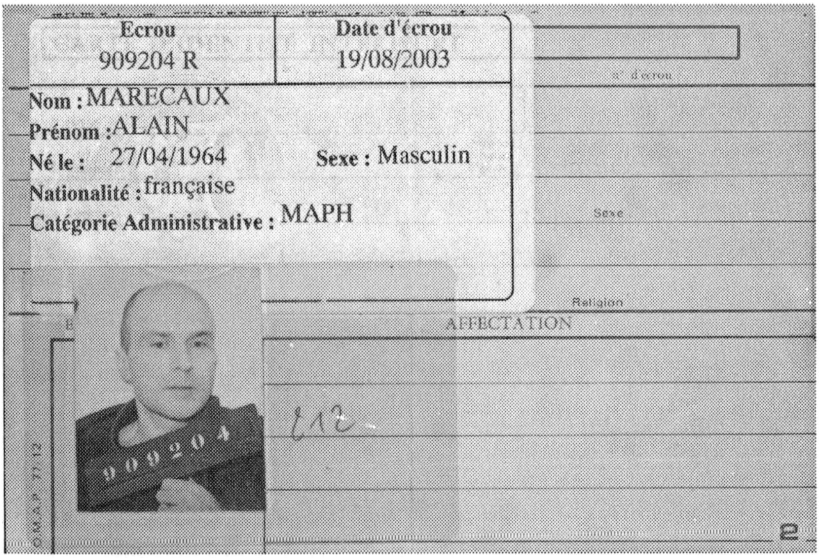
Ecrou | Date d'écrou
909204 R | 19/08/2003

Nom : MARECAUX
Prénom : ALAIN
Né le : 27/04/1964 Sexe : Masculin
Nationalité : française
Catégorie Administrative : MAPH

n° d'écrou
Sexe
Religion
AFFECTATION

909204

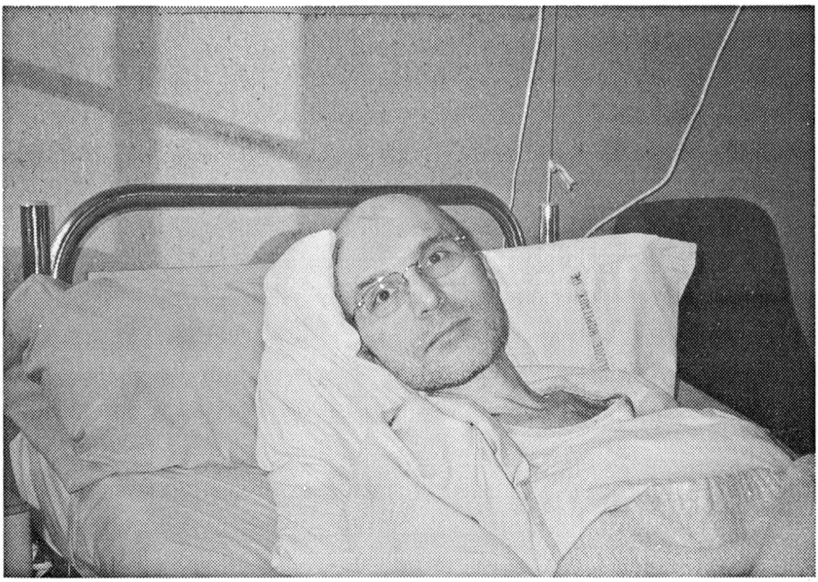

Table

Composition et mise en page

NORD COMPO
multimédia

Cet ouvrage a été imprimé
en mai 2011 par

CPI
FIRMIN-DIDOT

27650 Mesnil-sur-l'Estrée
N° d'édition : L.01ELKN000374.N001
N° d'impression : 105366
Dépôt légal : août 2011

Imprimé en France